U0678547

云南省哲学社会科学创新团队成果文库

教育治理能力现代化：
基于民族地区的调研

The Modernization of
Educational Governance Ability：
Based on the Research in Ethnic Minority Areas

李慧勤　李孝轩　著

社会科学文献出版社
SOCIAL SCIENCES ACADEMIC PRESS(CHINA)

国家社科基金项目"边疆多民族地区教育治理能力现代化研究"（15XMZ042）成果

《云南省哲学社会科学创新团队成果文库》
编委会

主 任 委 员：张瑞才

副主任委员：江 克 余炳武 戴世平 宋月华

委 员：李 春 阮凤平 陈 勇 王志勇

蒋亚兵 吴绍斌 卜金荣

主 编：张瑞才

编 辑：卢 桦 金丽霞 袁卫华

《云南省哲学社会科学创新团队成果文库》
编辑说明

《云南省哲学社会科学创新团队成果文库》是云南省哲学社会科学创新团队建设中的一个重要项目。编辑出版《云南省哲学社会科学创新团队成果文库》是落实中央、省委关于加强中国特色新型智库建设意见，充分发挥哲学社会科学优秀成果的示范引领作用，为推进哲学社会科学学科体系、学术观点和科研方法创新，为繁荣发展哲学社会科学服务。

云南省哲学社会科学创新团队从 2011 年开始立项建设，在整合研究力量和出人才、出成果方面成效显著，产生了一批有学术分量的基础理论研究和应用研究成果，2016 年云南省社会科学界联合会决定组织编辑出版《云南省哲学社会科学创新团队成果文库》。

《云南省哲学社会科学创新团队成果文库》从 2016 年开始编辑出版，拟用 5 年时间集中推出 100 本云南省哲学社会科学创新团队研究成果。云南省社科联高度重视此项工作，专门成立了评审委员会，遵循科学、公平、公正、公开的原则，对申报的项目进行了资格审查、初评、终评的遴选工作，按照"坚持正确导向，充分体现马克思主义的立场、观点、方法；具有原创性、开拓性、前沿性，对推动经济社会发展和学科建设意义重大；符合学术规范，学风严谨、文风朴实"的标准，遴选出一批创新团队的优秀成果，根据"统一标识、统一封面、统一版式、统一标准"的总体要求，组织出版，以达到整理、总结、展示、交流，推动学术研究，促进云南社会科学学术建设与繁荣发展的目的。

编委会

2017 年 6 月

目 录

第一章

导　论

一　问题提出

20 世纪 90 年代，欧美国家掀起了"治理"理论研究和实践研究的热潮。随即，治理这一理论也被引入教育领域，掀起了公共教育治理活动。在我国，教育治理的理论研究和实践活动大致在 20 世纪 90 年代末 21 世纪初开始兴起，并随着时间的推进呈现勃发之势。党的十八届三中全会提出"全面深化改革的总目标是完善和发展中国特色社会主义制度，推进国家治理体系和治理能力现代化""科学的宏观调控，有效的政府治理，是发挥社会主义市场经济体制优势的内在要求。必须切实转变政府职能，深化行政体制改革，创新行政管理方式，增强政府公信力和执行力，建设法治政府和服务型政府"。在这种背景下，教育治理研究和实践得到进一步推进和发展。

在新的历史时期，教育治理能力现代化的研究和实践必须提上日程。一方面，教育治理在推进国家治理现代化中发挥着基础性、全局性和先导性的重要作用。(1) 基础性。国家治理体系和治理能力现代化的关键是人的现代化。因此，国家治理现代化要切实提升全民族素质。教育作为人力资本的生产者，不仅是经济社会存在和发展的动力，更是国家治理体系和治理能力现代化的基础。在推进国家治理现代化的进程中，人的受教育程度及经教育后所获得的知识和才能已经成为促进国家治理现代化的决定性因素。因此，教育治理在国家治理现代化进程中发挥基础性作用，没有先进的教育治理理念、优秀的教育治理能力，不可能有好的教育，继而为国家治理现代化提供良好的"人才"和"知识"基础。（2）全局性。教育事关社会主义现代化建设的全局，事关国家治理现代化的全局。教育在社会发展各方面具有重要的功效，大到国家的工农业的发展、国防的建设、科技的现代化，小到一个地区的经济振兴、事业发展，都需要教育提供相应的知识、人才等加以支撑。① 因此，提高教育治理能力和水平在国家治理体系和治理能力现代化建设中关系到方方面面，发挥着全局性作用。（3）先导性。习近平总书记指出，推进国家治理体系和治理能力现代化，要大力培育和弘扬社会主义核心价值体系和核心价值观，加快构建充分反映中国特色、民族特性、时代特征的价值体系。推进国家治理现代化的首要问题是精神价值，它既是国家治理现代化的制高点，也是切入点、突破点和着力点。毫无疑问，弘扬社会主义核心价值体系和核心价值观离不开教育治理工作。由此可见，教育治理在推进国家治理现代化进程中发挥先导性作用。有研究者提出，教育治理是国家治理的重要构成，教育治理能力现代化是国家治理现代化的必然要求，教育治理能力现代化对我国教育现代化的发展产生了直接的影响。②

另一方面，从国际上看，推进治理能力现代化是教育发展的趋势。推进教育治理能力现代化，已进入各国政府的视野当中，并成为一项正在实施和推进的教育策略。20 世纪 80 年代中期以来，在基础教育领域美国政府开展了公共治理改革活动，其做法是在公立学校试行内部尝试多元中心治理，打破官僚制结构，并用"凭单制"形式推进择校制，整顿"失败"学校。③ 在日本，政府教育主管部门制定了一套完善的学校设置标准，涵盖幼儿园、中小学、高等教育机构，通过完善教育标准体系为质量提高提供了重要保障。在英国，政府通过信息公开制度实施多元主体治理。做法是：政府制定学校表现评价指标，将每一所中小学"学校表现表"向社会

---

① 王柯敏：《在国家制度文明建设中加快推进教育治理现代化》，《湖南教育（上）》2014 年第 7 期。

② 唐明良、张红梅、张涛：《基于教育治理能力现代化的职业教育治理体系构建》，《教育与职业》2015 年第 12 期。

③ 潘希武：《美国教育公共治理的公共性转型》，《比较教育研究》2012 年第 3 期。

公布，表现表包含学生群体、核心科目统一考试与教师评价结果、进步测量与增值测量、缺勤、教师、经费、督导评价等100多项评价指标和信息项目，从而，整个社会（包括家长、公众）能够全面了解学校的相关信息。① 不难看出，虽然各国教育治理方面的措施不一，但是，发挥政府、学校和社会各界的力量，形成合力，提高治理能力现代化水平是基本的目标指向。

事实上，近些年来，无论是政府，还是学校，在教育发展和管理方面都付出诸多努力，取得显著成绩。以基础教育为例，《2015年全国教育事业发展统计公报》显示：截至2015年底，全国共有义务教育阶段学校24.29万所，招生3140.07万人，在校学生1.40亿人，专任教师916.08万人，九年义务教育巩固率93.0%。全国高中阶段教育共有学校2.49万所，招生1397.86万人，在校学生4037.69万人，高中阶段毛入学率87.0%。简言之，教育发展形势喜人，成果显著。而这些，显然离不开政府治理改革和治理能力的提升，否则，当前的教育不可能有如此骄人的成绩。

综合上述，在今后一段较长的时间，必须关注和推进教育治理能力现代化的研究和实践，进一步提高教育治理能力和水平，为国家治理体系和治理能力现代化贡献"教育"治理的力量。

必须指出，在全国教育发展以及教育治理水平全面提高的背景下，必须进一步关注边疆民族地区教育治理能力现代化的研究和实践。这是基于以下两点原因。

第一，边疆民族地区教育发展迫切需要加强治理能力现代化研究和实践。客观地讲，边疆民族地区大多处在偏远的山区，自然地理条件恶劣，加上群众大多文化水平不高等客观条件，限制了本地区教育的发展。教育环境、资源设备、教学内容、师资、学校管理等多方面均存在很多问题。主要有：边疆民族地区对教育的重视程度远不如内地，教育发展起步较晚，文化积淀较浅；大部分边疆地区经济基础较差，经费投入不

---

① 李建忠、曾天山：《政策工具：国家治理教育的秘诀》，《中国教育报》2013年8月30日。

足制约着当地教育的发展；教师教育教学水平有限，真正能熟练使用多媒体教学手段的人为数不多；边疆民族地区的教育管理水平比较薄弱，政府、学校、社会和企业多元治理教育，提升教育治理水平的共治格局还在培育中，学校内部治理现代化水平偏低，使教育呈现出投入大、产出偏小状态，教育发展水平处于缓慢提升中。上述这些问题，亟须我们关注边疆民族地区教育治理能力，提出有效的提升策略，以推进边疆民族地区教育现代化水平提高。否则，边疆民族地区教育发展必将影响全国教育的总体发展。

第二，边疆民族地区教育发展迫切需要探索"独特"的治理能力和治理经验。如上文所言，边疆民族地区教育有这样或那样的问题，这些问题往往是非边疆民族地区教育或发达城市地区所不具有的。例如，边疆民族地区对教育的重视程度不够，文化积淀较浅，许多少数民族家庭不愿意把子女送到学校接受义务教育，一些地方的政府就通过发挥宗族中的积极因素和乡规民约来治理这一问题，效果较好。这种情况在非边疆民族地区或发达城市不多见。再如，对于边疆民族地区的少数民族儿童而言，他们的母语并非汉语，学习汉语对其而言就是一门"外语"，而现有的教育体制下，他们还需要学习英语，这样就增加了他们的学习负担，导致其厌学、辍学。面对此问题，是否可以有专门针对边疆民族地区教育的治理政策，这需要我们加以研究和探索。显然，边疆民族地区教育发展的特殊性迫切需要探索"独特"的政府治理能力，解决该区域独特的教育发展问题。

第三，边疆民族地区教育治理能力现代化经验有望提供治理"范式"。在认识论上，从一般到特殊，以及从独特到一般是两条认识事物发展的有效路径。在教育治理领域，前者可指将一般的治理经验用于特殊区域；后者可指将特殊区域的治理经验上升成为一般治理经验，加以推广。显然，边疆民族地区教育发展的特殊性，决定着其教育治理能力和治理经验具有特殊性。这一特殊的治理经验不仅能够解决该区域的教育难题，而且能够为区域外的教育治理提供新的治理范式和模型，为解决其他的教育发展难题提供新的思路、方法和切入点。就此而言，研究边疆民族地区教育治理能力现代化具有特殊的方法论意义。

二 研究意义

(一) 理论意义

研究边疆民族地区教育治理有不同的理论分析框架和切入点。有的从历史视角来研究，有的从财政视角进行研究，有的从政府与学校关系的视角进行研究，有的从学校视角进行研究。可以说，不同框架和切入点所研究得出的正确结论均对治理理论和边疆民族地区教育发展理论能达到观点深化和内容扩充的目的。本书从构建边疆民族地区教育治理能力现代化概念框架出发，对边疆民族地区教育治理能力建设进行现状调查，并对边疆民族地区教育治理的典型案例进行深度分析，以上述要素构建理论研究分析框架以及得到的结论，能进一步丰富我国教育治理理论以及区域教育发展理论的内容。

(二) 实践意义

长期以来，边疆民族地区教育发展处于落后状态，教育治理的经验和水平也相对有限，这无疑不利于当地经济社会的发展以及人民文化素质的提升。特别是，中央政府提出的治贫先治教的教育扶贫政策，更是把边疆民族地区教育发展的意义提到新的高度。教育要发展，治理要先进。没有先进的治理水平、治理经验和治理手段，边疆民族地区教育发展无疑成为一句空话。本研究系统梳理了我国边疆民族地区教育治理的现状、成绩以及存在的问题，在此基础上结合先进的治理经验和方法，提出我国边疆民族地区教育治理能力现代化水平的政策建议，重视建议的针对性、可行性和目标指向性，这对推动我国边疆民族地区教育发展和治理改革的实践有较强的现实价值。在本研究中，将对这些关键问题在理论上加以澄清：推进边疆民族地区教育治理能力现代化建设有何必要的现实意义？边疆民族地区教育发展和治理情况如何？设计何种反映边疆民族地区教育治理能力现代化的指标体系，助推教育新发展？边疆民族地区教育治理的经验教训有哪些？可以肯定，回答上述这些问题，能为边疆民族地区教育发展和治理水平的提升提出有效的应对方略，同时，对于推进国家治理体系和治理能力现代化建设有着重要的意义。

三 文献综述

党的十八届三中全会提出"推进国家治理体系与治理能力现代化"，紧随其后的全国教育工作会议就提出了"教育治理"。这是从国家和政府层面首次提出进行教育治理，也得到社会各界的认可和支持。可以说，进行教育治理，推进教育治理体系与能力现代化已然成为人们的共识。下面从教育治理、教育治理能力、教育治理能力现代化几个方面进行综述。

（一）教育治理的研究文献

已有研究主要从教育治理的理论基础、教育治理的目标与价值取向和教育治理的现状与存在问题等方面进行研究。

1. 教育治理的理论基础研究

教育治理的理论基础有马克思主义人学理论[①]、协同学理论、群体动力学理论、教育生态理论等。尹达认为，马克思主义人学理论、协同学理论、群体动力学理论和教育生态理论是教育治理的理论依据。马克思主义人学理论强调人的主体性，即要充分尊重人的自我发展与自我完善，挖掘人的潜能，激发人的主体精神和主体意识，促进人的健康发展；协同学理论强调"人"所处的系统各要素之间"联结"的重要性，为教育治理提供了重要的方法论基础，即教育治理要求教育系统各要素进行协同，还要求社会系统各组织要素内部进行协作；群体动力学理论提出教育发展必须凝聚作为系统活力的"人"的凝聚力，制定确切的群体目标，充分调动"人"的动机作用，这为教育治理阐明了群体行动目标的重要性；教育生态理论将教育置于生态系统理论的视角加以研究，为解决教育问题提供了新思路。[②]

① 袁贵仁、杨耕：《马克思主义人学理论研究》，北京师范大学出版社，2013。
② 尹达：《教育治理现代化：理论依据、内涵特点及体系建构》，《重庆高教研究》2015年第1期。

除上述理论外，教育治理的理论基础还有公共治理理论、社会学理论。公共治理理论应用于 20 世纪七八十年代各国进行的教育改革中，其观点是教育应由从政府"包办"向社会多元参与转变。柳燕和李汉学认为在公共治理理论指导下，政府管理教育的方式发生转变，从管理转向治理，从直接转向间接，从微观转向宏观。[①] 有研究者强调要转变政府职能，从微观管理转入宏观引导。陈宇卿认为治理显然并不是对原有管理模式的简单否定，而是对传统管理模式下政府角色定位的重新界定和调整，进一步强调政府在教育发展过程中引导、协调和服务功能的发挥。[②] 在公共治理理论的基础上，新公共行政理论强调要提高社会力量的参与程度。向帮华、贾毅和白宗颖认为"教育治理强调多元主体参与，关键是突出社会力量参与教育治理的力度"，并提出"在治理理论指导下，亟须转变政府职能，推进政府简政放权，鼓励社会力量作为独立第三方依法参与和监督教育治理；政府在公共治理中起到宏观决策与掌舵作用"[③]。有研究者认为要借鉴社会学的方法来发展教育治理。陈国华和张旭认为，"社会学的学科视角对教育治理研究具有一定的适切性，教育治理的结构限制与主体行动、目标与手段关系的研究需要借助社会学的相关理论资源，教育治理实践的运作过程，也需要借助社会学的经验研究方法"。[④]

2. 教育治理的目标价值研究

教育治理的价值取向方面，已有的研究主要集中在转变政府职能、增强学校自主性、加大社会参与力度等，并且在多元主体参与的教育治理过程中加强制度建设，确保教育治理稳定有序。袁贵仁认为，我国教育治理的路径和目标是"以转变政府职能为突破口，以构建政府、学校、社会新型关系为核心内容，旨在形成政府宏观管理、学校自主办学、社会广泛参与的格局，更好地调动中央政府和地方政府的积极性，更好地激发每个学

---

① 柳燕、李汉学：《浅析我国教育治理中"管办评分离"的改革路径》，《天津师范大学学报》2015 年第 3 期。
② 陈宇卿：《上海静安：重新明确政府在教育治理中的功能定位》，《人民教育》2016 年第 7 期。
③ 向帮华、贾毅、白宗颖：《社会力量参与教育治理的内涵、特征、理论依据及机制建设刍议》，《中国高等教育评估》2016 年第 3 期。
④ 程国华、张旭：《教育治理社会学的理论与方法初探》，《当代教育论坛》2016 年第 1 期。

校的活力，更好地发挥社会的作用"①。李金星、赵敏和蔺海沣认为，教育治理的重要目标是教育"管办评"分离的实现，"管办评"分离也是教育治理的良好方法和手段，其最终目的是"管办评"的适度融合与合力的形成。②蒿楠认为，教育治理要求多元主体共同参与，这使学校角色发生转变，亟须发展学校自主权。而学校自主发展的关键因素是相应办学自主权的获得、学校内部治理体系的构建以及学校文化的生成。③沈伟和项正娟认为，学校管理走向治理的举措可以从管理主体多元化，学校管理方式现代化，学校管理结构动态化，学校管理过程自主化、人本化，学校质量管理系统化这几方面展开。④

有研究者则强调治理要求协调个人与组织的权益、公平和效率，转变政府和教育主管部门的职能。石中英认为，教育治理的价值基础是指教育治理之策提出所依据的价值立场或主张，指出教育治理的价值基础主要是法治、自由、民主和公正四个方面。⑤潘希武认为，教育公共治理中的主要价值冲突是个人权利与共同善治的冲突以及效率与公平之间的冲突，这两种冲突对教育公共治理政策的制定和调整有重要影响，为此，教育公共治理需要做出结构上的改进以适应价值冲突的需求，要在公平与效率冲突之间做出治理结构上的调整，以调和冲突。⑥蒲蕊认为，在肯定各方社会性力量在教育治理中的重要地位和作用的同时，还必须认识到社会参与的有限性和各种限制性因素。因此，推进教育治理中的社会参与，必须不断完善社会参与的技术和策略。

还有研究者认为教育治理要强调教育专业精神和教育行业自律，回归到教育培养人、促进人的发展的本质定位上，但主旨还是要加强社会的参与。王洪才认为："升学大战愈演愈烈表明教育治理缺位，进行教育治理

---

① 袁贵仁：《深化教育领域综合改革加快推进教育治理体系和治理能力现代化——在 2014 年全国教育工作会议上的讲话》，《人民教育》2014 年第 5 期。

② 李金星、赵敏、蔺海沣：《教育治理中"管办评"分离及其实施》，《教学与管理》2016 年第 6 期。

③ 蒿楠：《论教育治理体系下的学校自主发展》，《教育理论与实践》2016 年第 29 期。

④ 沈伟、项正娟：《教育治理语境下我国学校变革的实践与反思》，《教育发展研究》2015 年第 8 期。

⑤ 石中英：《教育治理的价值追求》，《中国教育报》2015 年 4 月 30 日。

⑥ 潘希武：《价值冲突中的教育公共治理结构调整》，《外国教育研究》2007 年第 2 期。

呼唤社会参与。社会参与治理要求发挥教育专业精神以增强教育行业自律，如此才是教育治理的根本，实现教育治理就是要切断教育功利主义的联动机制，保护教育的内在追求，使教育回归本位，承担理想人格塑造的使命，无法担负社会重托的教育将是失败的教育。"①

3. 教育治理的现状问题研究

第一，对教育治理存在的问题进行整体论述。曲中林认为，教育体制改革的深化使教育领域内的各种社会关系分化和改组，而目前我国教育秩序与科学发展观不协调是一个重要问题，亟待解决。② 褚宏启认为当前教育治理还存在一些认识上的偏差，如将治理与管理对立，认为"治理"的提出是对"管理"的否定，治理比管理更先进。这是一种非此即彼的二元思维，否定原来所做的一切。③ 吴全会、刘贵宝认为，信息不对称问题严重制约了各治理主体参与教育治理的能力，成为教育管理改革的瓶颈。他们从信息论的视角分析传统教育管理体系和教育治理体系的信息流，清晰展现了信息不对称对教育管理造成的负面影响。④ 高原认为"我国当前对教育治理的研究主要集中在教育治理中的政府角色和公共参与、治理的机制与模型、治理体系的顶层设计等方面。这些研究几乎都是从制度（权责）和技术（模式）的角度切入，而没有从整个社会背景介入进行思考"⑤。陈亮和李惠从教育治理法治化的角度提出当前教育治理法制化存在"教育法治不健全、缺乏权威性，教育治理结构脆弱，教育法治观念淡薄等现实困境"⑥。张旭认为我国现行教育管理体制依然存在教育政策制定不科学、教育行政烦琐、教育管理偏颇、教育评价体系不健全、教育局长专业化程度不高、中央层面改革力度不足等突

①　王洪才：《教育失败、教育焦虑与教育治理》，《探索与争鸣》2012 年第 2 期。
②　曲中林：《重构教育新秩序：中国教师协会与教育治理》，《广西师范大学学报》2010 年第 4 期。
③　褚宏启：《关于教育治理的几个关键问题》，《人民教育》2014 年第 22 期。
④　吴全会、刘贵宝：《信息公开：教育治理中信息不对称问题的救治之道》，《教育与管理》2015 年第 10 期。
⑤　高原：《市民社会：教育治理研究的新视角——基于我国当前研究现状的思考》，《教育理论与实践》2016 年第 10 期。
⑥　陈亮、李惠：《论教育治理法治化》，《高校教育管理》2016 年第 7 期。

出问题。① 赵刚提出"家庭与学校合作是现代学校制度建设所必需，缺少了家庭教育的教育治理体系只能事倍功半，会产生许多的教育问题"②。王晓辉对基础教育、职业教育和高等教育统一进行分析，认为当前教育治理存在"基础教育的择校热、入学机会不平等、职业教育在国家教育体系中地位有待提高、学历文凭与职业证书衔接问题、高等教育中校长治校、教授治学和师生参与情况还有待完善等问题"③。

第二，对普通教育治理进行分析。陈丽和宋洪鹏就教育治理对部分高中校长进行专题调研，结果显示："近四成校长提出建立管办评分离机制是建立现代学校治理体系最关键的要素；绝大多数校长认为希望学校拥有选人用人权"和"依法治校"，"校长负责制的落实"是学校建立现代治理结构和民主监督建设中做得最好的工作；超过半数的校长认为"当前学校'自主发展'是学校最需要加强的方面"④。任友群强调教育信息化，认为，教育管理信息化已成为从"教育管理"向"教育治理"转变的必要条件，并认为"教育治理"理念又是教育管理信息化建设顶层设计的理论基础。⑤ 高原认为公益性沦丧是当前公共意识异化的表现，这也体现在公共参与教育治理的过程中。从利益的视角入手，可以构建一个公共参与教育治理的"参与主体－利益分配"分析框架，进而弥补缺失。在教育管理向教育治理转型的过程中，应当注意公共参与过程中私益与公益的平衡。⑥ 姚松提出将大数据应用于教育治理，认为"大数据能有效地促进教育治理理念的转变，但当前教育治理大数据意识缺乏，将大数据与教育治理相结合，是一个极为重要的时代命题"⑦。褚宏启认为，教育治理的推进，关键

---

① 张旭：《以县为主管理体制下教育治理现代化的困境与突破》，《现代教育论丛》2015 年第 2 期。
② 晓肇：《中国教育学会第 27 次年会分论坛"家校合作：现代学校教育治理新体系"综述》，《家校合作教育》2015 年第 1 期。
③ 王晓辉：《中国教育治理之愿景》，《北京师范大学学报》2009 年第 5 期。
④ 陈丽、宋洪鹏：《北京普通高中校长眼中的现代学校治理体系建设》，《中小学管理》2015年第 3 期。
⑤ 任友群：《教育治理视域下的教育管理信息化顶层设计》，《中国教育信息化》2014 年第 18 期。
⑥ 高原：《论公共参与教育治理的公益性危机——利益分析框架的构建与利益问题的反思》，《现代教育管理》2015 年第 8 期。
⑦ 姚松：《大数据与教育治理现代化：机遇、挑战与优化路径》，《湖南大学教育科学学报》2016 年第 2 期。

在于建构教育治理体系，这是提升教育治理能力、实现治理现代化的基础工程，从侧面反映出当前的教育治理体系还不完善。① 褚宏启和贾继娥还撰文讨论了利益相关者、社会组织、学校、政府在教育治理中的地位与作用，并提出对各利益主体之间的参与权限和范围进行规制。② 高原基于目前教育管理向教育治理转型过程中公共参与的缺失，提出公共参与教育治理的利益分析框架，并提出建议。③ 高原还认为当前对教育治理的研究几乎都是从制度（权责）和技术（模式）的角度切入，而没有从整个社会背景介入进行思考。市民社会蕴含了丰富的社会学和政治学意义，市民社会成为教育治理研究的新视角。④ 蒲蕊认为，在现代教育治理中应让家长、社区等积极参与，这对教育服务的有效供给和公平保障，以及提高政府教育管理的有效性具有重要作用。⑤

（二）教育治理能力的研究文献

主要涉及教育治理能力的表现与现状、教育治理能力的对策等方面的研究。

1. 教育治理能力的表现形式

教育治理能力的表现形式方面，陶西东认为一个组织的治理层或治理体系所表现出的治理能力主要体现在"一定时空范围内，多元治理主体（包括组织内部与外部）之间互动合作、集体行动的多元能力体系及其提升过程"⑥。龙献忠、周晶和董树军认为"治理能力的提升是一种能力的整体性转换，仅依靠某一主体的力量无法实现"⑦。田联进从治理体系与治理

① 褚宏启：《教育治理与教育善治》，《中国教育学刊》2014 年第 12 期。
② 褚宏启、贾继娥：《教育治理中的多元主体及其作用互补》，《教育发展研究》2014 年第 19 期。
③ 高原：《论公共参与教育治理的公益性危机——利益框架的构建与利益问题的反思》，《现代教育管理》2015 年第 8 期。
④ 高原：《市民社会：教育治理研究的新视角——基于我国当前研究现状的思考》，《教育理论与实践》2016 年第 10 期。
⑤ 蒲蕊：《论教育治理中的社会参与》，《中国教育学刊》2015 年第 7 期。
⑥ 陶西东：《治理能力现代化的衡量标准》，《学习时报》2014 年第 12 期。
⑦ 龙献忠、周晶、董树军：《制度逻辑下的大学治理能力现代化探析》，《江苏高教》2015 年第 3 期。

能力之间的辩证关系入手，认为治理体系与治理能力之间的关系是"治理能力需要在治理体系中得到孕育，治理体系中蕴藏的理念、精神、效能需要治理主体激发；治理体系是通过具有治理能力的主体进行建设、不断完善"①。姚德超和冯道军强调治理能力与现代化技术相结合，认为边疆治理能力的重塑就是要"在提升制度执行力的同时，通过学习与培养现代治理技术，实现治理能力的现代化，从而助推边疆治理的整体性现代化"②。

2. 教育治理能力的现状

教育治理能力的现状方面，贡和法认为目前中小学校的治理水平在不断提高的同时，存在"学校教学粗放低效的现象；教育改革存在路径依赖现象；办学行为存在有法不依现象。我国教育治理能力相比西方发达国家而言，整体上还处于低度发展水平"③。沈亚平和陈良雨认为当前存在"教育治理主体间决策贡献不够均衡，教育治理主体对环境适应迟缓，教育治理主体的资源吸纳能力不强，多元主体教育治理力量差异消解教育治理合力"的问题。④ 思齐认为当前教育治理能力还存在"学生创新精神、实践能力不足，学校缺乏特色、办学活力不足，教育与经济社会发展的联系不紧密，国际竞争能力不强等问题"。针对这些难点，要从强调办教育转向强调管教育，加强各方参与，才能提升教育治理能力。⑤

3. 教育治理能力的提升

沈亚平和陈良雨将"知识治理"引入教育治理，提出知识治理为教育治理能力的整合与提升提供了方向。知识治理旨在通过不同治理主体间知识的扩散、共享、理解与整合，促进不同治理主体达成问题解决的治

① 田联进：《大学治理体系和大学治理能力建设论要——利益相关者视角》，《四川理工大学学报》2015 年第 3 期。
② 姚德超、冯道军：《边疆治理现代化转型的逻辑：结构、体系与能力》，《学术论坛》2016 年第 2 期。
③ 贡和法：《对提升学校治理能力和水平的几点建议——基于目前中小学内部治理现状的分析与思考》，《江苏教育》2014 年第 43 期。
④ 沈亚平、陈良雨：《人民满意视阈下教育治理能力提升途径研究》，《学术论坛》2015 年第 6 期。
⑤ 思齐：《提高教育治理能力势在必行》，《教育文汇》2014 年第 4 期。

理方式。① 为了提高教育治理能力，聂洪超提出在"管理体制、招生制度、教师队伍素质、班主任队伍素质、教育行政机关人员素质等方面的改革提升，同时在学校体艺文化特色、品牌专业、学校法制，安全等活动载体"上具体提升教育治理能力。② 张国华强调人民群众在提升教育治理能力方面的作用，认为"确保人民群众知情权、参与权、表达权、监督权行使畅通，以促进教育公共服务体制与供给方式的创新"才能全面提升教育治理能力。③ 刘冬冬和张新平认为，提高教育治理能力，可以从规范主体的权力、维护教育事业秩序稳定，以及提供优质教育服务等能力入手。④ 石中英认为，提升教育治理能力，最根本的在于"深入学习社会主义核心价值观中关于法治、自由、民主、公正的内涵和要求，并在教育行政和学校管理实践中加以具体化，使得整个教育体系充满活力"⑤。王洪华提出教育督导是现代教育治理体系的重要组成部分，为此从"依法规范教育督导行为、不断完善教育督导标准、健全教育督导机构、强化专兼职督学队伍建设等来促进教育治理能力建设"⑥。

（三）教育治理现代化的研究文献

就目前对教育治理能力与教育治理体系现代化的理论研究来看，主要从教育治理现代化的体系构建、教育治理能力建设以及实现路径等方面展开的。

1. 教育治理现代化的体系构建

已有研究从多个视角进行教育治理现代化的体系研究。沈亚平提出，教育治理体系现代化是为实现教育治理的各种体制机制紧密联系、持续互动，并实现由传统教育治理体制机制向现代教育治理体制机制持续、渐进

---

① 沈亚平、陈良雨：《教育治理现代化中知识治理的逻辑与运行机制》，《湖北社会科学》2016 年第 9 期。
② 聂洪超：《细化工作措施，提升区域教育治理能力》，《河南教育》（基教版）2015 年第 Z1 期。
③ 张国华：《依靠群众参与提升教育综合治理能力》，《基础教育改革动态》2014 年第 9 期。
④ 刘冬冬、张新平：《教育治理现代化：科学内涵、价值维度、实践路径》，《现代教育管理》2017 年第 7 期。
⑤ 石中英：《现代教育治理的四个价值基础》，《中国教师》2015 年第 5 期。
⑥ 王洪华：《完善教育督导机制提升教育治理能力》，《北京教育（普教版）》2014 年第 9 期。

变革的，非完全静态的过程。① 刘美堂从区域教育治理现代化体系构建的角度指出，区域办学政府要切实履行职责，区域教育部门要理顺管理机制，区域教研部门要理顺研究方向，区域学校团队要理清发展思路四点建议。② 王晓辉从治理的理念出发，提出教育治理的理论构思包括三方面的内容：首先，尊重教育主体的多元化；其次，建立协商式的教育决策机制，并以评估为教育政策调节工具；再次，以系统导航来构建教育宏观管理机制。③ 褚宏启从多元共治的角度提出，完善教育治理体系是推进教育治理的关键，其核心是通过分权和集权两种方式调整优化共治主体的权责关系，解决政府宏观管理能力不足、学校办学自主权不够、学校内部治理结构不完善、社会参与教育管理不够等突出问题。④

2. 教育治理现代化的能力建设

已有对教育治理能力建设的研究，主要是从教育治理能力的意义、教育治理基本原则、治理体制、治理模式、知识治理、管理信息系统建设六个维度展开的。

从教育治理能力建设的意义来看，徐艳国提出，治理能力是国家教育制度执行力的集中体现，提升教育治理能力，才能把良好的教育政策设计转化为推动教育现代化的切实行动，把全社会更多的资源转化为推动教育现代化的正能量，形成治理能力与治理体系良性的互动格局。⑤

从教育治理基本原则来看，别敦荣等提出，遵循科学治理、民主治理、依法治理、过程治理四条基本原则，能够指引高等教育治理体系和治理能力现代化的进程朝着既定的轨道有序地展开，最终实现高等教育治理的现代化。⑥

---

① 沈亚平、陈良雨：《现代化视域下中国教育治理体系的重构》，《湖北社会科学》2015 年第 8 期。

② 刘美堂：《如何推进区域教育治理体系与治理能力现代化建设》，《中小学校长》2014 年第 9 期。

③ 王晓辉：《关于教育治理的理论构思》，《北京师范大学学报》（社会科学版）2007 年第 4 期。

④ 褚宏启：《教育治理：以共治求善治》，《教育研究》2014 年第 10 期。

⑤ 徐艳国：《关于教育治理体系和治理能力现代化建设的分析》，《中国高等教育》2014 年第 17 期。

⑥ 别敦荣、韦莉娜、唐汉琦：《高等教育治理体系和治理能力现代化的基本原则》，《复旦教育论坛》2015 年第 13 期。

从治理理念的角度，李春玲提出，政府要树立合法性（即社会秩序和权威被自觉认可和服从的性质和状态）、共治性（实现利益相关者共同治理）、责任性（即行政权力具有服务于社会公众的义务）、协作性（即政府、学校和公民社会分享公共权力，共同管理公共事务）、效能性（即公共治理能力的强弱以及由此产生的成效）五种治理理念。① 张旭认为，在以县为主的教育管理体制下，实现教育治理现代化离不开教育公平、弱势群体补偿、平衡正义观、相关利益群体、扎根等理论的支持。② 李立国结合智库建设提出，教育治理现代化需要教育研发机构发挥专业作用，为政府专业服务职能的转移提供支持，促进"管办评"分离的落实和实现。③

从知识治理的角度，沈亚平、陈良雨等提出，建立于知识传递、分享、交流、整合等方式基础上的多元治理过程被称为知识治理。知识的共享与创新能够促进各种教育治理主体达成共识。④

从教育管理信息化的角度，杜占元提出，我国教育管理信息系统的"第一阶段"建设已取得明显成效，"第二阶段"应更加强调各级各类教育管理信息系统的广泛应用和数据价值的深度挖掘及应用；更加重视通过管理信息化提升各类教育机构的管理水平（尤其是信息化力量最薄弱的中小学和学前教育机构）；更加注重破解制约教育管理信息化发展的体制、机制难题；更加重视数据的精准科学和实时生成，以此加快推进我国教育治理现代化。⑤

3. 教育治理现代化的实施路径

就目前针对教育治理能力与教育治理现代化的实施路径的研究，可划分为治理主体、治理机制、教育决策、教育治理法制化、文化治理、教育经费供给、教育舆情、制度创新、"管办评"分离等维度。

---

① 李春玲：《政府教育治理能力现代化的路径探究》，《全国教育管理学科专业委员会第13届学术年会》，2014。
② 张旭：《以县为主管理体制下教育治理现代化的困境与突破》，《现代教育论丛》2015年第2期。
③ 李立国：《大学治理的转型与现代化》，《大学教育科学》2016年第1期。
④ 沈亚平、陈良雨：《教育治理现代化中知识治理的逻辑与运行机理》，《湖北社会科学》2016年第9期。
⑤ 杜占元：《以教育管理信息化推动教育治理现代化》，《中国教育网络》2015年第5期。

　　就治理主体与治理机制来看，褚宏启等提出，在教育治理中不同主体的价值是独特的，政府的主导、利益相关者的多种利益表达、学校的自治、社会组织专业化的智力支持对于教育治理都有其独特贡献。多元主体参与教育治理能够推进教育管理现代化。① 王洪才提出教育治理的根本出路在于社会参与，教育专业组织的地位受到尊重并强化专业自律才能从根本上治理教育中的乱象，并为人们提供公平的教育机会。②

　　从教育决策的角度，陈良雨提出，在教育治理现代化进程中，政府在保留必要的宏观决策权的前提下，推进一部分决策权在不同教育治理主体间的共享，让学校和相关社会组织在法律允许的范围内，围绕教育发展的相关问题自我决策、自我管理，既是教育决策科学化、民主化的必要条件，也是教育治理现代化的重要保障。③

　　从教育治理法制化的角度，王琼娟提出，用法治精神引领教育现代化治理的法治方向。一是明确政府部门及教育行政部门的职权；二是通过合法程序、合法的制度执行体系，理顺政府与教育行政部门、教育行政部门与学校等各种关系，明确政府、学校、教师、学生、家长、社会等各类教育关系当事人的权利义务；三是增强执行力，建立有效促使义务得到履行及权利得到保障的问责机制；四是推进政务公开，强化教育督导，打造教育阳光服务平台，提高权力运行的透明度和公信力；五是在推进教育治理体系和治理能力现代化建设的过程中坚持做到每一项重大改革、重大决策都有法可据。④

　　从文化治理的角度，杨春芳提出，文化治理在推进教育治理现代化中具有基础作用。作为教育治理的主体的学校必须重新审视学校文化建设，努力形成文化治理实践的行动自主与文化善治，唤醒文化自觉，实现文化

---

① 褚宏启、贾继娥：《教育治理中的多元主体及其作用互补》，《福建教育》（小学版）2014年第 12 期。

② 王洪才：《教育失败、教育焦虑与教育治理》，《探究与争鸣》2012 年第 2 期。

③ 陈良雨：《教育治理现代化视域下政府能力陷阱研究》，《教育发展研究》2015 年第12 期。

④ 王琼娟：《从依法治教走向教育法治化——深入学习十八届四中全会精神，坚持教育现代化治理的法治方向》，《教育观察月刊》2015 年第 8 期。

内生，重视文化自省。①

从教育经费供给的角度，刘纪蕊提出，为解决公立学校的"教育供给"不能满足多数留守家庭的"教育需求"，转而寻求收费的民办学校的不公平问题，我们可以将视线逐渐转向介于"政府"和"市场"之间的第三方组织，即非政府非营利组织，借助第三方力量来发展公共教育。②

从教育舆情的角度，何欣蕾提出，互联网时代的到来，给教育治理带来了新的挑战，同时危机处置与科学决策迫切需要教育舆情研究强大的助力。目前教育舆情研究处于起步阶段，教育舆情研究需要专业的科研机构作为支撑力量，亟须转变研究视角、改进研究方法、加强跨界合作、注重舆情的分析研判与预测等工作，进而发挥教育"智库"的作用。③

从制度创新的角度，唐宗清提出，合同制有助于形成"责任政府""有限政府"的教育治理模式，为学校拓展了经营管理的制度空间，有助于教育引入竞争机制。④

从"管办评"分离的角度，李金星等提出，"管办评"分离的长远目标是促进教育的科学发展以及教育治理体系和治理能力的现代化建设，"管办评"三大部门只有在相对独立的基础上，互相帮助、互相补充才能形成教育治理合力，促进整个教育事业的不断发展。⑤

（四）边疆民族地区教育治理的研究文献

中国的陆地边疆省区包括东北的黑龙江、吉林、辽宁三省，华北的内蒙古自治区，西北的甘肃省、新疆维吾尔自治区，西南的西藏自治区、云南省和华南的广西壮族自治区。下面对边疆民族地区教育治理研究的理论与实践进行梳理。

---

① 杨春芳：《治理现代化与学校文化建设》，《教育科学论丛》2015 年第 16 期。
② 刘纪蕊：《"富百姓、穷政府和弱学校"现象及教育治理》，《开放教育研究》2015 年第 6 期。
③ 何欣蕾、王保华：《治理视角下的教育舆情研究：问题与对策》，《现代传播（中国传媒大学学报）》2015 年第 3 期。
④ 唐宗清：《合同制：教育治理的制度创新》，《外国中小学教育》2006 年第 7 期。
⑤ 李金星、赵敏、蔺海沣：《教育治理中"管办评"分离及其实施》，《教学与管理》2016 年第 6 期。

1. 云南教育治理能力现代化研究

已有研究主要针对的是提升云南教育治理能力的对策。主要包括法治建设、教育公平、师资建设、义务教育均衡发展、民族教育（民族教育特征、提升民族教育质量、民族教育内卷化）、教育经费治理等维度。

从法制建设的角度，云南省教育厅政策法规处提出，从建设地方教育法制体系不断完善、依法行政深入推进、法制宣传教育扎实开展、依法治校稳步推进四个方面切实提升教育治理体系和治理能力现代化。[①]

从教育公平的角度，有研究者提出，加强和落实政府责任，从政策上保障义务教育的投入到位；完善财政支付体系，建立一套有利于义务教育均衡发展的政策；明确政府责任，从师资上合理配置，平衡学生的素质；充分发挥现代信息技术的作用；从根本上完善义务教育制度，加强对义务教育均衡发展的监测，健全义务教育均衡发展评估制度。[②]

从师资建设的角度，李国庆提出，经过过年努力，云南省初中教师的培养已经满足需求，然而没有普及九年义务教育的地方初中教师需求量大，极缺乏初中教师，更为严重的是这些地方没有能力支付新来教师的薪水，面临两难困境，这就要求加大扶持新来教师薪水的力度。[③]

张海涛提出加强经济补助，提高政府公共服务能力；优化教育资源，提高教学质量；招贤引智，提高教师总体素质；优化教育发展环境，构建和谐教育的建议。[④]

从民族教育的视角，李孝川指出，云南边境地区民族教育具有边远性、封闭性、分散性、低层次性、不平衡性、复杂性等特征，其管理应注意特殊性。[⑤]

从教育经费治理的角度，张满英提出，要加强对规范教育收费行为的

① 邱言锋：《提升教育治理体系和治理能力现代化之路——云南省教育厅法治建设工作综述》，《云南教育视界》2015年第2期。
② 万方：《云南省义务教育均衡发展问题研究》，硕士学位论文，云南财经大学，2013。
③ 李国庆：《云南省边疆民族地区义务教育发展问题研究》，硕士学位论文，云南大学，2012。
④ 张海涛：《少数民族地区义务教育均等化探究》，硕士学位论文，华中师范大学，2013。
⑤ 李孝川：《云南边境地区民族教育的发展困境与出路——非传统安全的视角》，博士学位论文，华东师范大学，2014。

政策和办法进行调查研究；加大治理教育乱收费的工作力度，提高乱治减负的效果。① 陈国华和吴晓蓉针对云南省某县的教育调查提出该地区的义务教育治理陷入了"有增长无发展"的内卷化困境，表现为治理的规章制度繁复与治理的形式化、治理的目标错置与异化以及治理的机构庞杂与低效化等问题。②

2. 其他地区教育治理现代化研究

东北边疆方面，陈丽娟提出，在理论上教育现代化至少包括三方面内容：一是教育在物质层面的现代化；二是在制度层面的现代化；三是教育观念层面的现代化。以上述为依据，对黑龙江农垦区教育现代化问题进行研究。③ 冯建全对黑龙江农村现代远程教育情况进行问卷调查，对取得的成绩和存在的问题进行分析，并提出改进策略。④ 罗英智和雷宁以辽宁省三个县为例分析农村学前教育集团化发展管理模式，认为集团化发展管理模式促进了县城学前教育的整体、均衡发展。⑤ 周亮和李桂荣以吉林省蛟河市拉法九年制学校为例，提出改进该校远程教育管理能力的方法，认为应该从加强组织领导、完善管理制度、做好培训和研讨、加强资源库建设等方面着手。⑥

华北边疆方面，李洁引进多中心治理理论对内蒙古自治区学前教育的发展状况进行研究，并提出其在发展过程中存在的问题和解决对策。⑦ 宋晓梅针对内蒙古自治区边疆基层教育治理情况进行研究，并认为该地区存在基层教育陷入部门主义、基层教育呈现萎缩态势、基层教育社会功能发

① 张满英、陈志江、郝奎明：《对北京、云南治理教育乱收费的工作调研》，《调查与思考》2016 年第 5 期。
② 陈国华、吴晓蓉：《民族地区义务教育治理内卷化研究——基于云南省 Z 县的教育调查》，《教育发展研究》2014 年第 2 期。
③ 陈丽娟：《黑龙江垦区教育现代化问题研究》，硕士学位论文，辽宁师范大学，2002。
④ 冯建全：《黑龙江省农村中小学远程教育管理调查研究》，硕士学位论文，黑龙江大学，2014。
⑤ 罗英智、雷宁：《农村学前教育集团化发展和管理模式探析》，《现代教育管理》2014 年第 11 期。
⑥ 周亮、李桂荣：《强化现代远程教育管理促进有效教学质量提高——吉林省蛟河市拉法九年制学校远程教育管理的实践》，《电子世界》2012 年第 2 期。
⑦ 李洁：《多中心治理视角下内蒙古学前教育发展问题研究》，硕士学位论文，内蒙古大学，2013。

挥不足等问题。①

西北边疆方面，马能福针对甘肃省留守儿童教育和管理提出了推进户籍管理制度改革、构建留守儿童教育管理和服务工作的制度框架等对策建议。② 赵根喜对甘肃省少数民族地区教育现状进行分析，得出少数民族地区的教育还存在教师缺乏，合格率低；经济落后，财力紧缺，办学条件差；家长文化素质低，观念落后，学生辍学率高等问题。③ 刘猛以新公共服务理论为视角研究新疆维吾尔自治区乌鲁木齐市中学教育管理问题。通过调查、走访发现该市中学教育管理存在教育目标不明确、教育手段僵化、教育模式落后等问题，针对上述问题分析原因并提出对策建议。④ 罗叶青以新疆阜康市为研究对象，深入研究该地区教育管理模式，提出进一步完善民族地区教育投入的发展模式、探索教育管理体制模式的变革与完善、坚持教育结构内部的"内涵式发展"模式改革、构建区域内教育与经济、社会协调发展等建议。⑤

华南边疆方面，何伟华和黄玉鑫针对广西壮族自治区 8 个少数民族聚居区边境县的基础教育进行研究，发现其基础教育发展存在发展程度低于全区平均水平，教育观念比较落后，学校办学条件简陋，师资队伍水平不高，城乡教育发展不均衡等问题，建议政府逐步健全规范、稳定基础教育经费保障机制，统筹整合项目、逐步改善学校办学条件。⑥ 侯莉敏认为在公共资源有限的前提下，探索并构建多元文化的农村学前教育发展模式是促进农村学前教育建设中的重要任务，研究者以"广西壮族自治区农村儿童早期教育发展与发展项目"为契机，探索政府及社会力量合作治理教育的方式——以"政府主导"为前提，形成"政府主导统筹、技术

---

① 宋晓梅：《内蒙古边疆治理中基层教育作用研究——以包头市达茂旗为例》，硕士学位论文，内蒙古大学，2016。

② 马能福：《甘肃省农村留守儿童教育管理问题研究》，MPA 学位论文，兰州大学，2008。

③ 赵根喜：《甘肃省少数民族地区教育现状及对策思考》，《社科纵横》2006 年第 5 期。

④ 刘猛：《新公共服务理论视角下新疆中学教育管理改革的研究——以乌鲁木齐中学为例》，硕士学位论文，新疆工业大学，2013。

⑤ 罗叶青：《新疆阜康市农村教育综合改革与发展模式研究》，硕士学位论文，西南大学，2011。

⑥ 何伟华、黄玉鑫：《少数民族边境地区基础教育发展问题探讨——以广西壮族自治区边境 8 县（市、区）为例》，《广西师范大学学报》（哲学社会科学版）2013 年第 5 期。

团队支持指导、非政府组织沟通参与"的三方协作行动机制。[1]

（五）对已有研究的评价

1. 研究已取得的成绩

（1）已有研究成果系统、丰富。总体来看，对教育治理能力现代化的理论和实践研究比较系统。各方面的研究除涉及基本内涵、特点等主题外，还对教育治理存在的问题以及问题的成因进行研究，并提出了相关的解决对策。

（2）研究视角多维、全面。例如，就研究视角来说，已有的研究从治理基本原则、治理模式、治理体系建构等维度展开分析，并由此得出观点和结论。

（3）研究方法定性与定量结合。王晓辉分析了教育治理的理论构思[2]；尹达分析了教育治理现代化的理论依据、内涵特点及体系建构[3]；程国华和张旭论述了教育治理中社会学的理论与方法[4]；石中英探讨了当前教育治理的价值追求[5]；高原在《论公共参与教育治理的公益性危机——利益框架的构建与利益问题的反思》一文中，强调在教育管理向教育治理转型的过程中，应当注意公共参与过程中私益与公益的平衡。[6] 定量研究方面，陈丽和宋洪鹏通过对北京普通高中校长进行访谈，探讨中学校长眼中的现代学校治理体系建设。[7] 贡和法对学校治理能力和水平提出几点建议，针对目前中小学内部治理现状进行了调查研究。[8]

---

[1] 侯莉敏：《促进西部地区农村学前教育发展的行动研究——以广西壮族自治区农村儿童早期教育与发展项目为例》，《基础教育研究》2016 年第 19 期。

[2] 王晓辉：《关于教育治理的理论构思》，《北京师范大学学报》2007 年第 4 期。

[3] 尹达：《教育治理现代化：理论依据、内涵特点及体系建构》，《重庆高教研究》2015 年第 1 期。

[4] 程国华、张旭：《教育治理社会学的理论与方法初探》，《当代教育论坛》2016 年第 1 期。

[5] 石中英：《教育治理的价值追求》，《中国教育报》2015 年 4 月 30 日。

[6] 高原：《论公共参与教育治理的公益性危机——利益框架的构建与利益问题的反思》，《现代教育管理》2015 年第 8 期。

[7] 陈丽、宋洪鹏：《北京普通高中校长眼中的现代学校治理体系建设》，《中小学管理》2015 年第 3 期。

[8] 贡和法：《对提升学校治理能力和水平的几点建议——基于目前中小学内部治理现状的分析与思考》，《江苏教育》2014 年第 22 期。

2. 研究存在的不足

（1）研究主题存在盲点。就收集到的文献显示，大多数研究围绕理念、体制、模式等展开研究，提出的建议也是针对学校和师资建设的居多，针对政府如何创新治理方式方法以及社会组织如何参与治理的内容较少，同时，对云南、贵州、东北边疆等区域教育治理研究亟待开展。

（2）理论研究过多，实证研究偏少。已有研究成果中大多数属于理论研究，采用问卷、访谈等方法开展实证研究的相对较少，今后对教育治理现代化领域的实践研究亟须加强。

（3）研究方法单一。根据现有文献来看，绝大部分研究者采用文献调查法，采用问卷、访谈等方法的研究者只有一小部分。今后，对治理的研究应采用问卷、访谈、案例分析等方法进行综合研究。

四　理论基础

（一）马克思主义人学理论

人学，从字面上理解是关于人的学说，是从人的本质、人的价值、人的发展等方面来思考的学说。关于人学的概念到目前为止还未形成一个明确统一的界定，赵士发认为"人学是从整体上反思人的生存和发展、人的本质与价值等问题的学问"[1]。从古至今先哲们从未放弃对人学的探讨，赵士发认为人学思想大体经历了古代自然主义的人学思想、中世纪神秘主义的人学思想、文艺复兴时期人文主义的人学思想、近代唯物主义的人学理论、德国古典哲学时期理性主义与人本主义的人学理论。马克思主义人学理论是对各个时期人学理论的批判继承，提出了新的理论与观点，从抽象的人转变为具体的人，重视人的发展，强调人的主体性。

马克思人学理论是教育治理的理论基础的组成部分，因此教育治理理论重视人的发展，强调人的主体性。一方面从人的个体出发，以人为核心强调人的本质价值与发展，人不再是"理性的动物"而是一切社会关系的

---

[1]　赵士发：《马克思主义人学观的历史变革及其当代启示》，《武汉大学学报》（人文社科学版）2009 年第 2 期。

总和。教育治理理论以人为基础，重视个人的自我完善与自我发展，重视人的主体性。另一方面，从教育治理系统组成要素出发，人作为教育治理系统组成要素的基础，将个人目标与教育治理总体目标相结合，以个人的发展促进教育治理整体目标的达成。

（二）协同理论

协同一词最早出现于古希腊，表达"协同合作"的含义。《现代汉语词典》中将协同解释为"各方相互配合或甲方协助乙方做某件事"。H. 伊戈尔·安索夫最早将协同思想用于管理学中，他在《公司战略》中提出公司的整体价值并不等于公司各组成部分价值的总和，而是整体价值应大于公司各组成部分价值的总和。20 世纪 70 年代，协同思想作为一门学科出现，德国著名物理学家赫尔曼·哈肯提出协同学，"协同学是研究由完全不同性质的大量子系统（诸如电子、原子、分子、细胞、神经元、力学元、光子、器官、动物乃至人类）所构成的各种系统。研究这些子系统是通过怎样的合作才在宏观尺度上产生空间、时间或功能结构的"。[1] 协同理论有两个重要观点，首先，协同效应，在外部监控有效的系统中，各个要素存在非直接相关的相互作用，并通过相互替代、相互竞争等达到系统内部有序，即系统从无序走向有序。其次，自组织，从静态上可以理解为在一个开放的系统中通过各要素相互作用形成一个新的结构；从动态上可以理解为从一个状态演变到另一个状态即从无序到有序或从旧有序到新有序。自组织的存在需要两个条件，其一是开放系统，其二是各子系统可以相互作用。

协同理论作为教育治理的理论基础，其协同思想体现于教育治理的各个方面。在教育治理理论中，可将教育治理作为一个宏观系统，政府作为外部监控的重要参量，学校、市场、社会是宏观系统中的子系统，通过子系统的相互作用，达到教育治理的有序状态。

（三）教育生态理论

教育生态理论是生态学在教育学领域中的运用。英国生态学专家坦斯

---

① 赫尔曼·哈肯：《高等协同学》，郭治安译，科学出版社，1989。

烈将生态学定义为"所谓生态系统，包括整个生物群落及其所在的环境物理化学因素。它们是一个自然系统的整体。而在成熟的生态系统中，这些因素接近于平衡状态，整个系统通过这些因素的相互作用而得以维持"①。结合生态学的相关概念，关于教育生态理论的研究最早出现于 20 世纪 30 年代，美国学者沃勒将生态学引入教育学并在《教育社会学》一书中提出"课堂生态学"；20 世纪 60 年代，美国教育学者阿什比提出"高等教育生态学"；1976 年，美国学者克雷明于《公共教育》一书中正式提出"教育生态学"，至此，教育生态学理论正式作为一种理论而进行研究。

教育生态学理论将教育置于生态系统理论的视角加以研究，将教育与生态环境联系起来，人作为教育的主体与客体，人类对教育的影响不容忽视，教育的发展离不开教育生态系统，教育系统中各因素存在相互影响、相互制约的作用。教育生态理论在教育治理中的运用，为教育治理研究提供了新的视角、新的思路与方法。

(四) 公共治理理论

"治理"一词源于古希腊语和拉丁语，意为"控制、引导、操纵"，1989 年，世界银行首次使用"治理危机"一词来形容当时非洲危机的情况，自此以后，"治理"一词被广泛使用。20 世纪 70 年代，西方资本主义世界发生经济危机，政府规模过大，效率低下，进而引发信任危机，人们逐渐认识到"超级保姆型政府"的弊端，新公共管理应运而生。20 世纪 80 年代，新公共管理也遭遇困境，市场化导向、对效率的过度追求等问题，使人们越来越关注公平正义、社会公益等。公共治理理论产生于 20 世纪 80 年代，是对传统公共行政和新公共管理的继承和超越。公共治理理论的产生是直面传统公共行政的"政府失灵"与新公共管理的"市场失灵"的结果，公共治理理论试图寻找国家、市场和社会的重新定位。罗西瑙将"治理"的概念定义为"它既包括政府机制，同时也包含非正式、非政府的机制，随着治理范围的扩大，各色人等和各类组织得以借助这些机制满

---

① 凌玲、贺祖斌：《教育生态学视野中的区域教育规划》，《教育发展研究》2005 年第 9 期。

足各自需要，并实现各自愿望"①。俞可平将"治理"理解为："官方的或民间的公共管理组织在一个既定的范围内运用公共权威维持秩序，满足公众需要。治理的目的是在各种不同的制度关系中运用权力去引导、控制和规范公民的各种活动，以最大限度地增进公共利益。所以，治理是一种公共管理活动和公共管理过程，它包含必要的公共权威、管理规则、治理机制和治理方式。"②

公共治理理论首先用于政治研究，此后被引用到经济学、管理学等领域。教育治理是公共治理理论在教育领域的运用，打破原有政府"包办"式教育模式，强调多元主体参与，为解决教育问题提供新的视角和方法。

（五）社会学理论

社会学作为一门独立学科最早出现于1838年，孔德提出社会学理论相关概念。有关社会学概念还未形成一个学界普遍认可的界定，社会学家乔纳森·特纳在谈到社会学时说："科学理论总是力求超越具体事件和时间的局限。理论是一般的、基本的、永恒的、普遍的。"③ 由此可见，社会学理论是对社会事实一般的、基本的、普遍的概括。

社会学理论作为教育治理的理论基础，为教育治理理论提供独特的分析视角。教育治理是治理主体在教育实践中作用于治理客体的行为，教育治理处于特定的社会结构与社会关系之中，因此教育治理运用社会学理论视角进行分析必不可少。首先，教育治理需要处理好治理主体之间的关系，各主体都处于社会大环境之中，由此，教育治理可以运用社会学分析，处理好各主体之间的关系。其次，目标价值取向相契合，社会学理论的最终目标是促进社会的进步发展，而教育治理的目标是通过治理行为，改善教育行为，促进教育发展。由此可见社会学理论与教育治理的深层次目标价值取相契合，所以社会学理论是教育治理必不可少的理论支撑。

---

① 詹姆斯·N.罗西瑙：《没有政府的治理》，张胜军、刘小林等译，江西人民出版社，2001。
② 俞可平：《推进国家治理体系和治理能力现代化》，《前线》2014年第1期。
③ 乔纳森·特纳：《社会学理论的结构》，邱泽奇译，华夏出版社，2001。

（六）网络治理理论

20 世纪后期以来，全球化工业化进程加快，社会出现新的问题与挑战，公共治理难以满足社会变化需要，网络治理理论应运而生。网络的概念可理解为"联结一组人、物或事件的特殊关系形式。存在于网络中的一个人、事物或事件，可以被称为行动者或节点"[①]。网络治理离不开网络社会与网络组织。网络社会是信息化时代最鲜明的标志，它使人类社会发生巨大的变化，曼纽尔·卡斯特认为网络社会的出现是信息时代的表现。网络组织是一群依靠共同的目标或爱好联结在一起的组织。在教育治理理论中，教育治理主体政府、社会、市场、学校处于网络社会之中是一个网络组织，各主体相互联系、相互影响形成网络关系。网络治理认为治理行为是一个多中心整合而成的网络组织，而教育治理则是由政府、学校、社会、市场组合而成的网络组织，在这个网络组织中，各主体为共同的目标进行资源的优化整合进而达到最优效率。在教育治理中，由于教育环境具有复杂性和不确定性，政府难以独自进行管理，政府需要动员利益相关者参与管理，在各主体的博弈中相互依赖、通力合作，达成相对稳定的关系网络。网络治理理论在教育治理中提供独特的视角和思路。

五　研究内容

本研究遵循为什么、是什么、怎么样、应如何的逻辑开展研究。首先，分析梳理边疆民族地区教育治理能力现代化的必要性；其次，梳理分析什么是边疆民族地区教育治理能力现代化，并建构其具体指标体系；再次，根据指标体系进行实地调查，全面剖析边疆民族地区教育治理能力的成绩和问题，并对边疆民族地区教育治理的典型案例进行分析，梳理有效经验借鉴；最后，提出具有针对性和可行性的边疆民族地区教育治理能力提升建议，以进一步推动我国边疆民族地区教育治理实践的发展。

除第一章"导论"之外，各部分安排如下。

---

① 张康之、陈倩：《网络治理理论及其实践》，《新视野》2010 年第 6 期。

第二章"教育治理能力现代化的实证设计"。主要是建构教育治理能力现代化指标体系概念，分析其理论合理性和可行性，并给出可操作的方案设计，为开展边疆民族地区教育治理能力现代化问卷调查和整个研究框架的设计奠定基础。

第三章至第五章是边疆民族地区教育治理能力的现状分析。其中第三章"基于问卷调查的教育治理能力现状分析"。依据教育治理能力现代化指标体系概念制定问卷、访谈提纲，并开展文本分析和个案研究，并对调查实施过程进行分析。根据调查结果，呈现边疆民族地区教育治理能力的现状。

第四章"基于政策文本的教育治理能力现状分析"，根据政策文本分析的视角对边疆民族地区教育治理进行分析，梳理有效个性化经验借鉴。

第五章"教育治理能力存在的问题及其原因"，基于问卷调查、政策文本和典型案例的现状分析，归纳总结当前边疆民族地区教育治理能力存在的主要问题，并进行分类的原因分析。

第六章"教育治理能力现代化的主要经验"，通过国内外教育治理的案例进行分析，梳理有效的一般性经验借鉴。

第七章"边疆民族地区教育治理能力现代化对策研究"，在明确边疆民族地区教育治理存在问题和原因的基础上，借鉴国内外先进的教育治理经验，结合边疆民族地区的特殊性，提出边疆民族地区教育治理能力建设和提升的政策建议。

六　研究方法

文献研究法。通过"中国知网"等数据库工具，依托高校图书馆，收集与边疆民族地区教育治理能力相关的成果，如论文、著作、报告以及其他资料。

问卷调查法。采用标准的问卷调查法，依托相应的前提文献进行边疆民族地区教育治理能力现代化的概念化，设计指标体系，并进行概念的操作化，向云南省边疆民族地区中小学校长、教师、学生以及教育局领导、管理干部发放问卷，了解边疆民族地区教育治理能力的成绩和问题的现状。

政策文本分析法。本研究采集的数据主要围绕三个维度：政府教育治理能力、学校治理能力建设情况、社会主体参与教育治理情况。在政府教育治理能力方面，主要采集有关州市，县区近三年出台的能体现出"教育治理能力"的政策文件，以及最新的教育事业统计数据。由本州市或县区教育局提供。在学校治理能力建设方面，主要由子课题负责人到所辖区域的城镇、农村中小学进行调研，采集调研学校的相关资料。至少采集能反映教育治理能力强弱情况、具有代表性的城镇、农村的高中、初中、小学各一所。在社会主体参与教育治理方面，主要由子课题负责人采集本地州或县区的人大或政协、新闻媒体、家长委员会、地区高校等参与教育治理的材料。如提案、新闻报道等文字材料。

实地调查法。深入云南省内各州市政府、教育系统、学校开展实地观察、访谈和座谈，从政府、学校、社会三个方面了解教育治理能力建设的现状、成效、经验、问题及影响因素。具体采用观察、访谈、座谈，针对政府教育部门领导及工作人员、校长、教师、学生家长、学生进行访谈，收集资料。通过实地调查云南省边疆民族地区中小学校长、教师、学生以及教育局领导、管理干部，了解他们对边疆民族地区教育治理能力的看法和观点，分析挖掘边疆民族地区教育治理能力的成绩和问题。

个案研究法。对边疆民族地区教育治理能力建设中发现的典型案例进行深入研究和分析，提炼出在边疆民族地区具有一定推广价值的教育治理经验。具体采用深度访谈法，针对政府教育部门领导及工作人员、校长、教师、学生家长、学生进行调查，收集质性资料。通过当地课题协作人员收集案例资料方案如下：在入选案例的要求方面，主要从以下方面考虑：能反映教师流失、控辍保学、校园安全、依法治校、教师交流轮岗、教学仪器设备使用、管办评分离、乡村教师支持计划、城乡或校际差距、教育均衡发展、外籍学生教育服务与管理、民族学生特殊政策等。在案例采集要求方面，着力于搜集本州市或县区具有代表性、典型性或独特性，能够客观反映出本地区教育治理能力的案例 3～5 个。用事实说话、以案例呈现，以简短的语言分析和总结，每个案例 500 字左右。

德尔菲法。综合运用德尔菲法，咨询在边疆民族地区教育发展和教育治理方面有丰富经验的专家和学者，使研究设计和研究结论更加完善。

第二章

教育治理能力现代化的实证设计

一　教育治理能力现代化概念的基本内涵

边疆民族地区教育治理能力离现代化还有差距。其一，教育治理多元主体尚未形成。教育治理能力是教育治理主体在治理的实践中为达成治理目标所具有的素质，但据边疆民族地区教育治理现状，教育多元治理主体尚未形成。其二，边疆民族地区治理参与机制有待完善。教育治理过程需要多方利益主体参与、协商、博弈，在治理中，参与机制尤为重要，但在边疆民族地区，治理参与机制有待完善。其三，政府部门治理能力有待提升。教育治理是在教育现代化进程中出现的新理念，政府部门对于教育治理的把握有待完善。总体而言，依据教育治理能力现代化的要求，在教育治理中，政府不再"包办"教育，独自提供教育资源，而是转为多方利益主体共同参与、协商、决策的机制，使教育资源得到最优配置。在教育治理中，政府角色要转换，化"掌舵"为"划桨"。因此，政府部门的教育治理能力需要依据现代化的要求逐步提升。

（一）教育治理及教育治理能力

1. 教育治理的内涵特点

我国研究者对教育治理内涵的定义如同对治理的定义一样，迄今还没有一个统一的认识。不管从国家层面还是从学术研究层面，研究者们对教育治理的定义都强调政府、社会、学校、市场等多主体共同参与。

在学术研究层面，对教育治理进行界定最早的是王晓辉。王晓辉从"governance"的内涵来理解治理，他根据全球治理委员会对治理的定义得出，中国教育治理之关键是"要建立新的教育改革决策机制、教育管理协商机制、教育政策保障机制和教育系统检测机制"，并指出"教育治理"就是"尊重教育主体的多元化、以契约联结政府与学校、以协商为基本教育决策机制、以评估为教育政策调节工具和构建教育系统导航机制"①。彭兴蓬和彭桂蓉在强调主体多元、协调、评估的基础上，还增加了教育权力的规制和多方参与等内容，提出："教育治理是教育者和受教育者教育权的保障和实现；在教育权清晰界定之下，教育治理应该思考如何限制公权力、保障私权利的充分实现；教育治理需要政府、社会、学校、家庭等各方面的支持和合作，尤其需要国家、社会团体等教育经费的投入；教育治理，是教育效果的检测、评估和方法的改进；教育治理不仅仅是措施的实施和效果的即刻显示，它需要更大的文化空间和时间跨度来予以实现；教育治理，要实现教育系统内部与外部的协调以及内部与外部的有效连接；我们追求的教育治理，不是单向度的服从和管理，而是双向度的参与。"②褚宏启从共治与善治的角度来定义教育治理，认为教育治理是指"国家机关、社会组织、利益群体和公民个体，通过一定的制度安排进行合作互动，共同管理教育公共事务的过程"③。经分析、比对与权衡，柳燕和李汉学认为教育治理的定义应包含6个核心要点：一是政府职能的转变；二是政府、学校、市场、社会等多元管理主体；三是管理手段多样化；四是强调各主体之间的自愿、平等与合作；五是体现现代教育的内涵与特征；六是提倡学校自我管理、自我约束和自我发展。④ 张杰认为，教育治理的核心在于构建政府、学校、社会的新型关系。⑤ 尹达从"人"的角度出发，认为教育治理的本质是能够更好地指导学习者学会学习，从而促进指导者与学习者的共同发展，实现个人"人性的解放"和社会"生产力的提

---

① 王晓辉：《关于教育治理的理论构思》，《北京师范大学学报》2007 年第 4 期。
② 彭兴蓬、彭桂蓉：《浅论我国教育治理的长效性》，《长春理工大学学报》2010 年第 2 期。
③ 褚宏启：《教育治理：以共治求善治》，《教育研究》2014 年第 10 期。
④ 柳燕、刘汉学：《浅析我国教育治理中"管办评分离"的改革路径》，《天津师范大学学报》2015 年第 3 期。
⑤ 张杰：《教育治理视域下教育中介组织的角色定位》，《教育理论与实践》2015 年第 34 期。

升"。① 陈雪梅从学校主体性的角度强调，教育治理在于转变往时的管理方式，强调学校的主体性，强调自我管理，认为教育治理在于激发学校发展的内驱力，使学校不断从"上级管理"走向"自我治理"②。

对于教育治理的特点，与教育治理的界定一样，也呈多样化。滕世华认为"治理不是作为单一主体的政府的统治和管理，而是多元主体参与的民主化管理"③。褚宏启认为教育治理的突出特征是"多主体参与的合作管理、共同管理、共同治理"④。尹丽春从高校的层面认为，教育治理的参与主体是政府、高校、第三部门和市场机制，它们各自承担着不同的任务，相互之间具有不可替代性。⑤ 张彩霞、史亚飞等认为教育治理是教育管理的一种高级形态，反映了教育的现代精神，但其核心特征仍集中体现在民主性，关键问题在于正确处理权力与权利的关系。⑥ 褚宏启和贾继娥认为教育治理的典型特征是"多元主体参与的共同治理，即善治，教育治理的直接目标是善治"⑦。从上可以看出，研究者们一致认为教育治理的最基本特征是体现多元性、民主性。

2. 教育治理能力的内涵

教育治理能力往往被理解为教育活动中多元主体联合行动促进教育事业发展的综合能力，"关于教育治理能力的理解，可以根据国家治理能力的内涵进行分析推演，即教育治理能力是在制度规范下，政府协同各教育治理主体共同参与教育公共事务，并促进教育事业发展进步的综合性的能力"。⑧ 通常而言，对教育治理能力的界定有三种取向，分别将教

---

① 尹达：《教育治理现代化：理论依据、内涵特点及体系建构》，《重庆高教研究》2015 年第 1 期。

② 陈雪梅：《全面优化教育治理体系打造包河教育品牌》，《第四届皖台基础教育论坛交流合集》，2015 年 9 月。

③ 滕世华：《公共治理理论及其引发的变革》，《国家行政学院学报》2003 年第 1 期。

④ 褚宏启：《教育治理：以共治求善治》，《教育研究》2014 年第 10 期。

⑤ 尹丽春：《基于多元主体参与的高等教育治理模式研究》，《黑龙江高教研究》2014 年第 7 期。

⑥ 张彩霞、史亚飞、洪泳伶、梁沛华、王烁：《治理能力现代化背景下学生教学管理参与权强化及学业指导制度构建》，《教育论坛》2016 年第 7 期。

⑦ 褚宏启、贾继娥：《教育治理与教育善治》，《中国教育学刊》2014 年第 12 期。

⑧ 沈亚平、陈良雨：《人民满意视阈下教育治理能力提升途径研究》，《学术论坛》2015 年第 6 期。

育治理能力解释为治理主体的能力、制度能力和治理的主体与客体这三个角度进行分析。教育治理主体不只有政府，还包括学校、社会组织、市场三个部分。有学者认为，从教育治理的主体来看，教育治理能力本质是"反映了教育治理主体运用一系列的教育制度和法律来管理和规范各方面教育事务的能力。如规范主体的权力、维护教育事业秩序稳定，以及提供优质教育服务能力"①。

此外，还有研究者从主体客体的角度来界定教育治理能力。唐春和唐建华认为"治理能力包含治理的效率和治理的合意性，即治理的主体和客体相互协作的能力"②。陈金芳和万作芳结合上述治理主体的能力和制度执行的能力，侧重于教育治理的过程性，认为教育治理能力包括三个主要构成要素：理解能力、执行能力和创新能力。理解能力主要是指对于代表大多数人利益的教育价值观的认同与维护；执行能力指教育治理体系的制度形成能力、制度实施能力、制度调适能力等；创新能力指制度学习能力与制度创新能力。③ 董辉和杜洁云认为教育治理能力可以理解为参与治理的主体在教育治理实践的过程中应具备的各项专业能力与合作共事的能力。④

3. 教育治理能力的构成

依据教育治理能力现代化概念，综合国内相关的文献资料，国内对教育治理能力研究的分类主要有四类：治理主体能力，教育治理体系与制度能力，治理主体与客体能力，教育治理的能力内涵。

治理主体能力依据教育治理的构成主体来划分。滕世华认为"治理不是作为单一主体的政府的统治和管理，而是多元主体参与的民主化管理"⑤。尹丽春从高校的层面认为，教育治理的参与主体是政府、高校、第

---

① 刘冬冬：《积极推进教育治理现代化的若干思考》，《辽宁教育行政学院学报》2016年第2期。
② 唐春、唐建华：《教育治理体系和治理能力现代化研究》，《重庆电子工程职业学院学报》2014年第5期。
③ 陈金芳、万作芳：《教育治理体系与治理能力现代化的几点思考》，《教育研究》2016年第10期。
④ 董辉、杜洁云：《对教育治理及其体系与能力建设的认识与构想》，《教育发展研究》2015年第8期。
⑤ 滕世华：《公共治理理论及其引发的变革》，《国家行政学院学报》2003年第1期。

三部门和市场机制。各自承担着不同的任务，相互之间具有不可替代性。[①]
综上可知教育主体是多元的，大致可分为政府、学校、社会组织，市场四
部分的能力。推进教育治理能力现代化，合理有序的治理体系必不可少。
因此需要按照权责明确原则确定教育治理中的主体地位。政府方面，教育
行政部门由创办向监管转变，由"划桨"向"掌舵"转变，由教育管理向
教育治理转变。学者董辉、杜洁云提出"重新定位政府角色，形成'政事
分开、权责明确、统筹协调、规范有序'的现代公共服务政府教育管理体
系"[②]。学校方面，学校应有更大自主权，掌握真正的办学权力，根据相关
规则，形成合理完善的学校内部治理体系。王柯敏提出"一是要完善学校
的内部治理结构，重点是加快推进学校章程建设……二是要坚持依法治
校、依法办学……三是要坚持面向社会办学"[③]。

　　教育治理体系与治理能力现代化是国家治理体系与治理能力现代化的
重要组成部分，是深化教育领域综合改革的总要求。教育治理体系和治理
能力是一个有机整体，二者相互制约、相辅相成。[④]董辉、杜洁云认为教
育治理能力可以理解为参与治理的主体在教育治理实践的过程中应具备的
各项专业能力与合作共事的能力。[⑤]

　　有学者从教育治理能力主客体角度加以论述。政府作为教育治理的
核心主体，能力的正确施展是推动教育治理现代化不可或缺的重要力
量。[⑥]教育治理现代化中的知识治理在遵循内在逻辑的同时，也呈现出
自身的运行机理，主要表现在：以平等协商为基础的知识交互、以问题
解决为导向的知识创新、以权力分享为核心的责任重构以及以合作协调

---

① 尹丽春：《基于多元主体参与的高等教育治理模式研究》，《黑龙江高教研究》2014年
　　第7期。
② 董辉、杜洁云：《对教育治理及其体系与能力建设的认识与构想》，《教育发展研究》2015
　　年第8期。
③ 王柯敏：《全面推进教育治理体系和教育治理能力现代化　努力推动各级各类教育又好又
　　快发展》，http://www.hnteacher.net/html/articlehtml/3932.html。
④ 陈金芳、万作芳：《教育治理体系与治理能力现代化的几点思考》，《教育研究》2016年
　　第10期。
⑤ 董辉、杜洁云：《对教育治理及其体系与能力建设的认识与构想》，《教育发展研究》2015
　　年第8期。
⑥ 陈良雨：《教育治理现代化视阈下政府能力陷阱研究》，《教育发展研究》2015年第
　　12期。

为保障的行动协同。①

此外，有学者从衡量教育治理能力要素与标准来划分，根据对教育治理能力的思考，沈亚平、陈良雨划分为"决策贡献、协调程度、监督力度、资源吸纳、适应程度以及治理效率"②。决策贡献是衡量教育治理主体尤其是非政府主体的有力指标，治理主体进入治理领域并在一定程度上提高决策效率，产生正面影响，决策贡献就是发挥这种影响的指标。协调程度，顾名思义是指主体间行为的协调合作的能力。协调程度越高表明不同治理主体对公共事务所采取行动的摩擦损耗越小，合力越大，治理效果越好。监督力度指各主体之间相互监督制约的力度。监督是良好治理必不可少的条件。通过监督可以给予教育主体外在压力有力预防治理主体缺位、越位、错位现象。资源吸纳，是指不同教育治理主体对资源的吸引能力，资源是教育治理的必备条件，单一治理主体的资源吸纳能力有限，因此需要各主体协同合作，促进教育发展。适应程度，适应程度涉及两部分内容，一是主体之间的适应能力，随着政府职能的转变，政府让渡出一部分权力给其他主体，在这个背景下，各主体之间如何协调适应尤为重要；二是主体与环境之间的适应能力，适应能力越高，治理能力越强。治理效率，治理效率与治理的整体效果直接相关，治理效率的高低反映治理能力的强弱。张建认为："教育治理体系现代化的主要衡量标准是教育权力运行的制度化与规范化、过程民主化、运行法治化、结构一体化和效率最大化。"③

（二）教育现代化与教育治理能力现代化

1. 教育现代化的基本理解

关于教育现代化国内研究有不同的观点，《教育现代化评价指标体系研究报告》中认为，"可从三方面理解教育现代化，即是否具有现代性，

---

① 沈亚平、陈良雨：《教育治理现代化中知识治理的逻辑与运行机理》，《湖北社会科学》2016 年第 9 期。

② 沈亚平、陈良雨：《人民满意视阈下教育治理能力提升途径研究》，《学术论坛》2015 年第 6 期。

③ 张建：《教育治理体系的现代化：标准、困境及路径》，《教育发展研究》2014 年第 9 期。

表示状态、水平；使之具有现代性，表示过程、动力；努力追求现代性，表示目标、理念，推动教育规模、结构、质量的和谐发展"。①

从教育现代化特征角度来说，学者顾明远认为教育现代化具有"民主性与公平性，终身性与全时空性，生产性与社会性，个性性与创造性，多样性与差异性，信息化与创新性，国际性与开放性，科学性与法制性"这8个特征。②

从教育治理体系现代化衡量标准方面，张建提出："教育治理体系现代化的主要衡量标准是教育权力运行的制度化与规范化、过程民主化、运行法治化、结构一体化和效率最大化。"③

2. 教育治理能力现代化

党的十八届三中全会提出"全面深化改革的总目标是完善和发展中国特色社会主义制度，推进国家治理体系和治理能力现代化"④。党的十九大提出在 2020 年至 2035 年基本实现国家治理体系与治理能力现代化。作为国家治理体系与治理能力的组成部分，推进教育治理能力现代化刻不容缓。

现代化是一个进程，在教育现代化进程中，教育治理作为一个新兴理念出现加以应用。在中国，并没有传统教育治理的出现，因此，教育治理现代化与教育现代化一脉相承。教育治理体系与治理能力作为教育治理的重要组成部分，教育治理体系是关于教育制度设计，包括法律法规、体制机制等方面；教育治理能力则是教育治理主体在教育治理实践中为达成教育治理目标而拥有的能力。教育治理现代化势必要推进教育治理体系与治理能力现代化。

教育治理体系现代化就是适应时代特点，推动教育体制机制、制度规章等日趋完善，实现教育治理体系化、制度化、规范化。教育环境日趋复杂化、多样化，传统政府"包办"式教育难以满足要求，教育治理就是要

---

① 教育部规划司规划处、上海市教育科学研究院智力开发研究所：《教育现代化评价指标体系研究报告》，2009。
② 顾明远：《试论教育现代化的基本特征》，《教育研究》2012 年第 9 期。
③ 张建：《教育治理体系的现代化：标准、困境及路径》，《教育发展研究》2014 年第 9 期。
④ 《中共中央关于全面深化改革若干重大问题的决定》，人民出版社，2013。

改善这种局面。教育治理是一种涉及多方利益的实践行为，需要利益相关者参与管理、决策、监督，不再由政府一揽独大。关于教育治理体系现代化的内涵，其一，建立合理完善的参与机制，参与包括作为教育资源提供者的参与，相关利益群体参与政策制定以及决策的参与。其二，监督模式的改变，教育治理改变传统政府"包办"式教育，建立"管办评"分离机制。关于教育治理体系现代化，不同学者有不同的观点，别敦荣从高等教育治理体系现代化出发，认为："治理体系现代化主要具有两方面的意义：一是在高等教育体制中嵌入治理体系，实现高等教育体制现代化；二是开拓高等教育投资办学渠道，消除民间资本进入高等教育的障碍，为高等教育现代化提供更充分的物质基础。"① 徐艳国认为教育治理体系现代化应是"全面完整""重点突出""具有鲜明的方向和灵魂""开放创新"的系统。② 翟振元从建设中国特色高等教育治理体系出发，认为："要转变政府对高等教育的管理模式，健全高等教育内部治理结构，提升高校内部治理能力，创新高等教育评估机制，实现管办评分离。"③

教育治理能力现代化是在教育治理实践中对教育治理主体提出的要求，是指教育治理主体不断适应满足教育现代化的需要，将制度优势不断转化为教育治理的能力和水平。关于教育治理能力现代化有学者也有不同的理解，陈良雨、陈建从大数据角度切入，认为教育治理能力现代化可以从"强化数据治理思维、加强教育治理数据库建设、探索大数据人才培养机制以及突出大数据法律与制度建设"的路径出发。④ 徐艳国从思想政治教育出发，认为"思想政治教育治理能力主要是指思想政治教育政策执行水平，体现为推动政策执行的能力。实现思想政治教育治理能力现代化，

① 别敦荣：《治理体系与治理能力现代化与高等教育现代化的关系》，《中国高教研究》2015年第1期。
② 徐艳国：《关于教育治理体系和治理能力现代化建设的分析》，《中国高等教育》2014年第17期。
③ 翟振元：《建设中国特色高等教育治理体系 推进治理能力现代化》，《中国高教研究》2014年第1期。
④ 陈良雨、陈建：《大数据背景下的教育治理能力现代化研究》，《现代教育技术》2017年第2期。

就是要提升思想政教育政策执行水平"①。杨东平从政府角度出发，认为可以通过"构建新型政社关系"与"构建政学分离、学校自主办学的新型政校关系"来实现政府职能转变，促进政府教育治理能力现代化。②

二　多民族地区教育治理能力现代化的指标构成

"教育指标在本质上是一种认识量化实证方法，是对教育系统状态或变化特征的刻画。"③ 教育指标最早出现于 20 世纪 60 年代，美国国家航空航天局进行性航天计划评估，20 世纪 80 年代对于教育指标的研究进入兴盛之际。教育治理能力现代化指标是对教育治理能力水平以及发展现状的一种衡量，有助于寻找教育治理能力提升的突破口。教育治理能力指标需要注意两点，首先，教育治理能力指标体系并不是指标的简单构成，是对教育治理能力现状的精确描述。其次，有关教育治理能力数据的统计并不是简单统计，而是需要注意其中的相互联系。

对于教育治理能力现代化指标的理解，首先需要充分理解教育治理能力的内涵。能力指完成任务或达到目标所应有的素质，能力是一种主观条件，直接影响活动的效率。教育治理能力是治理主体在治理实践中为达成治理目标所应具有的能力素养。教育治理能力现代化是一个结合治理能力与教育现代化内涵的综合性概念。国内学者对于教育治理能力的理解侧重各有不同。例如，陈金芳、万作芳认为"教育治理能力现代化是指，在教育治理体系的框架下，增强按照各项制度治教的本领，把制度优势转化为高效管理教育的能力和水平"④。张明、石军提出，教育治理能力现代化能够促进教育的公平与公正；保障教育的自由与有序；提升教育的效率与效能。⑤

① 徐艳国：《思想政治教育治理体系和治理能力现代化探析》，《清华大学学报》（哲学社会科学版）2014 年第 3 期。

② 杨东平：《政府教育治理能力的现代化》，《教育发展研究》2013 年第 23 期。

③ 杨向东、朱虹：《教育指标系统构建的理论问题》，《清华大学教育研究》2013 年第 3 期。

④ 陈金芳、万作芳：《教育治理体系与治理能力现代化的几点思考》，《教育研究》2016 年第 10 期。

⑤ 张明、石军：《学校治理能力现代化的意义、特征与路径》，《教育与管理》2015 年第 11 期。

本研究针对教育治理主体能力的衡量，结合现有的研究文献，将教育治理能力拆分为教育治理主体的特征、教育治理能力现状以及教育治理能力提升这三个领域。特征是一个客体或一组客体特性的抽象结果，特征是用来描述概念的。因此教育治理主体的特征是对教育治理主体的抽象内容的具体描述。现状是指当前的状况，教育治理能力现状用来反映教育治理能力当前的状况，反映现在所面临的问题。提升即提高，教育治理能力提升是指对教育治理能力提高的路径方法的选择。

本研究立足于教育治理能力的建构，进行实证研究，探索云南省教育治理能力的特殊性，促进云南省教育治理能力现代化。首先，确认教育治理能力现代化的影响因素与基本维度，建构教育治理能力的维度模型。其次，依据建构的逻辑模型，进行维度的操作化，设计调查问卷。最后，实施问卷调查，收集实证数据，对实证数据进行自然情况的初步描述。

（一）教育治理主体特征领域指标

本部分是对教育治理主体基本特征的具体描述，分为教育治理主体的自然情况维度、教育治理观念/理念维度、教育治理的价值取向维度、教育治理行为维度这4个维度加以衡量。对于教育治理主体的划分可以分为两类，第一类是原教育治理主体，这里主要指政府，第二类为新加入的教育治理主体，主要指社会组织、市场和学校。对于第一类教育治理主体，在教育治理能力现代化的要求下，需要重新定位，由"掌舵"转换为"划桨"，转"管理"为"治理"，做到"政府归位"，为其他治理主体留出发展空间。对于第二类治理主体，在面对教育治理能力现代化的要求下，积极、广泛、合法地参与治理，加强沟通协商，形成广泛参与、责任共担的局面。本研究中主要是指第一类教育治理主体，即各级教育行政部门和教育实体机构，也就是政府和学校。

1. 教育治理主体的自然情况维度

关于教育治理主体的自然情况的确认，本研究采用三条切入剖析的路径：从专业或专长加以确认是否教育专业出身；以经历为出发点确认是否在教育行业中从事过一线工作；从对工作岗位的认知切入确认是否了解当地教育管理工作的目标、重点、过程。基于其研究的侧重点和目的不同，不同的研究者给出的自然情况维度并不完全一致。

本研究从较为广泛的层面来理解教育治理主体的自然情况。作为研究的直接目标，教育治理主体的自然情况这一维度被视为由专业或专长、经历、对工作岗位的认知等，是对教育治理能力主体的较为广义的了解。

2. 教育治理观念/理念维度

罗西瑙将治理定义为："它既包括政府机制，同时也包含非正式、非政府的机制，随着治理范围的扩大，各色人等和各类组织得以借助这些机制满足各自需要，并实现各自的愿望。"[①] 关于教育治理的研究，国内学者各有偏重，孙绵涛认为，"现代教育治理体系的概念和要素及结构的角度来理解现代教育治理体系，为现代教育治理提供一个整体的分析框架"。[②] 教育治理观念是关于教育治理的思维活动的结果。

3. 教育治理的价值取向维度

价值取向也可称为价值指向，即个体在某种活动或行动中所遵循的价值准则和方向。它指的是特定主体在依据自身价值观的基础上，面对所要发生的矛盾、冲突以及关系时所变现出来的基本价值取向和解决问题时所持的基本价值立场和态度。关于教育治理的价值取向研究，国内学者各有偏重，学者陶琳提出，"在法制中明确价值取向，合理分配权利、义务，进一步规范权力行使，并建立以有法可依、有法必依、依法维权的法律文化"[③]。学者李华兴针对西藏教育治理现代化"立足于教育治理的价值取向维度，将其分为传统或现代指标，现实或未来指标，民族或世界指标"。[④]

4. 教育治理的行为维度

教育治理是指教育治理主体依据规章制度处理教育公共事务的活动，教育治理主体包括政府、社会组织、学校。国内学者关于教育治理行为的研究各有侧重，沈亚平与陈良雨提出"通过政府职能的转型、教育决策的

① 詹姆斯·N. 罗西瑙：《没有政府的治理》，张胜军、刘小林等译，江西人民出版社，2001。

② 孙绵涛：《现代教育治理体系的概念、要素及结构探析》，《新观察》2016 年第 4 期。

③ 陶琳：《我国教育法制建设的价值取向研究》，博士学位论文，陕西师范大学，2014。

④ 李华兴：《西藏教育治理现代化之内涵、特点、价值取向及实现路径——兼议"管办评分离"及其决策》，《决策与信息》2016 年第 10 期。

民主化、制度供给的顶层设计以及教育治理，可以促进我国教育治理能力的提升"①。王慧英和郎佳在针对我国省域高等教育提出"在教育共建的基础上，要慎重选择具备条件的城市和省市共管、共建的公办高校，在发挥市政府作用的同时，省级政府也要履行财政投入主体责任，做好统筹工作，加强宏观管理和政治领导，防范学校可能的财务、管理乃至政治风险"②。关于教育治理行动维度的确定，本研究采用三条切入剖析的路径：合作式或命令式指标，开放性或封闭性指标，依靠法治或依靠经验指标来加以阐述。

（二）教育治理能力现状领域指标

教育治理能力作为治理能力不可缺少的组成部分，其是一个较为综合性的概念，包含教育治理主体各方面的能力。教育治理能力即教育治理主体为达到共同指定的教育治理目标所具有的能力与素质。我国教育治理能力相比发达国家而言，处于较低发展水平，并且存在很多问题。根据教育治理能力现状，该领域采用 5 条切入的剖析路径：规划能力维度，决策能力维度，执行能力维度，公平能力维度，教育法治能力维度。

1. 教育规划能力

规划即对于较为长远活动的全面计划、谋略。从管理学角度讲，斯蒂芬·D. 罗宾斯认为，规划是"定义组织目标，制定全局战略以实现这些目标，并开发一个全面的分层计划体系用来协调各种活动"③。教育规划是指对教育自身的发展做出谋划、规划，制定较为长远的发展计划。规划能力包括三个部分即规划的制定、执行以及对规划执行结果的监督。本研究中将规划能力维度划分为规划制定指标、规划执行指标、对规划执行的监督指标。

2. 教育决策能力

决策指的是在几个可选方案中选择和决定一个最终方案的过程。一方

---

① 沈亚平、陈良雨：《人民满意视阈下教育治理能力提升途径研究》，《学术论坛》2015 年第 6 期。

② 王慧英、郎佳：《论推进我国省域高等教育治理方式改革的基础与关键——基于国内三省高等教育省市共建的实践分析》，《当代教育科学》2016 年第 17 期。

③ 程刚编《管理：情、理、法》，中国商业出版社，2002，第 8 页。

面，决策是管理过程中的重要组成部分；另一方面，决策是主体为了实现某一特定目标而对未来一定时期内有关活动方式和方法的选择。由于对决策能力维度偏重不同，因此不同学者对于决策能力维度的构成有所不同。本研究立足于决策能力维度的构成，把决策能力维度分为决策科学化指标、决策民主化指标、决策法制化指标。

3. 教育执行能力

执行是使政策方案目标变为实际行动的过程。执行能力就是执行主体使方案变为行动的能力。具体来说，是指执行主体，使用政策规则、方式方法，将政策转化为一定的行为方式，最终实现政策目标。关于执行能力国内学者研究各有不同，本研究立足于执行能力维度，将执行能力划分为政策执行力度指标、政策执行效度（有效性）指标、政策执行过程中的监督指标。

4. 教育公平能力

公平即公平公正，自古是人们坚持不懈追求的目标。教育公平是人们对教育资源分配的重要追求。教育公平是社会公平重要组成部分，其直接关系到一个国家的社会文明程度。关于公平能力的研究，国内学者各有侧重。本研究立足于公平能力维度，将其分为高效分配资源指标、合理利用资源指标、关注弱势群体指标、推进教育均衡指标。

5. 教育法治能力

教育法治能力是教育治理能力的重要组成部分，教育法治能力的提高有利于建立合理完善的教育治理体系，提高教育治理能力。因此，建立合理合法的教育治理体系，不断使教育治理能力法制化必须遵循法治要求。关于教育法治能力，国内学者研究各有偏重。别敦荣、韦莉娜和唐汉琦提出"高等教育治理体系与治理能力现代化应该遵循科学治理、民主治理、依法治理和过程治理等基本原则"[①]。本研究将教育法制能力维度划分为制度建设指标、教育部门依法行政指标、学校依法治校指标。

（三）教育治理能力提升领域指标

教育治理能力是治理主体为达到其共同制定的教育治理目标应拥有的

---

① 别敦荣、韦莉娜、唐汉琦：《高等教育治理体系和治理能力现代化的基本原则》，《复旦教育论坛》2015 年第 3 期。

能力。我国教育治理能力概念源于党的十八届三中全会，在十九大会议中再次明确提出在 2020～2035 年基本实现国家治理体系与治理能力现代化，因此，作为国家治理体系与治理能力重要组成部分的教育治理能力提升至关重要。教育治理能力领域将教育治理能力提升途径划分为两个维度，分别为教育政策学习维度与教育管理学习维度。

1. **教育政策学习维度**

"教育是社会发展的基石，是振兴中华民族的根本性事业。"[1] 教育治理能力的提高与教育政策的学习密不可分。本研究立足于教育政策学习维度，从学习意识、学习频率、学习内容、学习途径来加以阐述，因此将教育政策学习维度划分为 4 个指标，即学习意识指标、学习频率指标、学习内容指标、学习途径指标。

2. **教育管理学习维度**

教育管理指的是主题为了完成治理目标，从而在教育领域所从事的管理活动或方式。教育管理的学习则是提升教育治理主体治理能力的重要方式和途径。本研究立足于教育管理学习的维度，主要阐述和论述学习意识、学习内容以及学习途径/方式等三个方面。因此将教育管理学习维度分为学习意识指标、学习内容指标、学习途径/方式指标。

三 多民族地区教育治理能力现代化的概念操作化

指标的操作化是把测评的指标转化为可以实际测量的题目，以便进行实际的问卷调研。维度是要素的初级分类，在初级分类之下再设指标；进行操作的是指标，指标可能需要若干个题目来予以表达，也可能用一个题目即可全部表达。依据上述的领域以及维度构成分析，下面将分为三个部分来进行指标的操作化。

（一）教育治理主体特征领域的操作化

根据第二节的论述可知教育治理主体的特征领域可分为四个维度，即

---

[1] 邓凡：《教育政策执行的网络模式研究》，《教育学术月刊》2012 年第 1 期。

教育治理主体的自然情况维度、教育治理观念/理念维度、教育治理的价值取向维度、教育治理行为维度。

1. 教育治理主体的自然情况维度

教育治理主体的自然情况是指教育管理主体的基本情况，如学历、经历，等等。基于对文献资料的总结和实际情况勘察，本研究分别选择专业或专长、经历、对工作岗位的认知3个具体指标加以衡量。专业或专长指标的操作化，主要是用来确认是否教育专业出身；经历指标确认是否在教育行业中从事过一线工作；对工作岗位的认知指标确认是否了解当地教育管理工作的目标、重点、过程。

（1）专业或专长指标。专业或专长指标主要是用来确认是否是教育专业出身，是否是教育专业出身是衡量教育治理主体能力的出发点，不同的教育背景可以更好地反映教育治理主体能力的不同。在这里主要用一个问题来表达"您所学专业"，设置两个选项："A. 师范专业；B. 非师范专业。"以此来衡量教育治理主体是否是教育专业背景。

（2）经历指标。从经历为出发点确认是否在教育行业中从事过一线工作。在教育管理者问卷中用一个问题来表达："你在担任现职前是否从事过教育一线工作？"设置两个选项："A. 是；B. 否"。以此来衡量是否从事过教育一线工作。

（3）对工作岗位的认知指标。从对工作岗位的认知切入确认是否了解当地教育管理工作的目标、重点、过程。对工作岗位认知是衡量教育治理主体能力的重要标准之一。在教育管理者问卷中用2个问题来表达。第一个问题："你的大部分同事是否熟悉自己的岗位目标和职责？"并设置5个选项："A. 一点也不清楚；B. 不太清楚；C. 一般；D. 比较清楚；E. 非常清楚。"第二个问题："你的大部分同事是否清楚当前岗位的工作常规和办事程序？"并设置5个选项："A. 一点也不清楚；B. 不太清楚；C. 一般；D. 比较清楚；E. 非常清楚。"在教师问卷中用2个问题来表达："你所在学校校长对学校的发展是否有清晰的目标？"并设置5个选项："A. 一点也不清楚；B. 不太清楚；C. 一般；D. 比较清楚；E. 非常清楚。"通过三个问题的回答可以清晰得知教育治理主体对工作岗位的认知是否清晰明确。

2. 教育治理观念/理念维度

通过对教育治理观念/理念维度的剖析，教育治理观念/理念可分为两个指标加以衡量，即主动或被动指标和民主或专制指标。该部分主要是对教育治理主体治理理念的理解是否积极主动，过程是否合理的衡量。

（1）主动或被动指标。主动或被动指标主要是用来衡量教育治理主体是积极主动面对治理问题还是消极被动面对。在教育管理者问卷中用一个问题来表达："你认为本地教育发展是否有清晰的思路？"设置5个选项："A. 一点也不清楚；B. 不太清楚；C. 一般；D. 比较清楚；E. 非常清楚。"对于这个问题的回答，可以判断主体是积极主动还是消极被动地面对问题。

（2）民主或专制指标。民主或专制指标是衡量教育治理主体能力的重要指标，在教育管理者问卷中用一个问题来表达："你更赞同以下哪种做法？"并设置4个选项："A. 教育的事由学校自己说了算，政府只需提供财力和政策支持；B. 由政府进行统一的教育规划、提供财政和政策支持，并实施监督；C. 政府出台教育规划，学校具体执行，社会参与；D. 建立多方联合的教育委员会，进行民主管理，政府拨款，学校实施。"通过对问题的回答，可以恰当地衡量教育治理能力是民主还是专制。

3. 教育治理的价值取向维度

通过对教育治理价值取向维度的分析，可将这一维度划分为三个指标，即传统或现代指标、现实或未来指标、民族或世界指标。教育治理价值取向作为教育治理能力不可缺少的条件，是影响教育治理能力现代化的重要因素。

（1）传统或现代指标。传统或现代指标是指教育治理能力价值取向是趋向于传统还是现代，这是讨论教育治理能力不可忽视的话题。在教育管理者问卷中用一个问题来表达："你认为以下哪种方式能取得更好的教育管理效果？"设置4个选项："A. 依据主管领导的意图实施管理；B. 严格根据国家政策和法规来管理；C. 在国家政策法规要求下，政府、学校、社会协同管理；D. 主要依据惯例来管理。"通过对问题的回答，可以基本判断教育治理价值取向是传统的还是现代的。

（2）现实或未来指标。现实或未来指标是指教育治理能力价值取向是面对现实还是面向未来。在教育管理者问卷中用一个问题来表达："你认为教育管理工作应该以什么为目标指向？"设置 4 个选项："A. 让学生掌握基本的科学知识和谋生技能；B. 根据学生和家长的需求，开展针对性的教育活动；C. 依据国家未来发展所做的人才规划，实施教育活动；D. 培养学生发展理念，激发学生的发展潜能。"通过对问题的回答，可以基本判断教育治理价值取向是面对现实还是面向未来。

（3）民族或世界指标。民族或世界指标是指教育治理能力趋向于民族还是趋向于世界。在教育管理者问卷中用一个问题来表达："你认为边疆民族地区的教育管理更应该倾向于以下哪一个方面？"设置 4 个选项："A. 大力增加民族特色的内容，例如少数民族的语言和文化，传承和弘扬民族文化；B. 适度体现民族特色即可，主要还是实施统一的教育规划和教学内容；C. 应充分吸纳国际教育的内容、方式和方法来进行教育管理，至于民族的内容可要可不要；D. 民族的特色尽可能不要在统一的教育中体现，否则对学生的公平竞争不利。"通过对问题的回答，可以基本判断教育治理价值取向是趋向于民族还是趋向于世界。

4. 教育治理行为维度

教育治理指的是治理主体在遵循规章制度的基础上，为达到共同制定的治理目标所进行的活动。而教育治理行为则指的是各利益相关主体在共同管理教育公共事务活动过程中所采取的方式或方法。教育治理能力现代化离不开先进的教育治理方式。通过对教育治理方式维度的剖析，教育治理方式维度可分为 3 个指标，即合作式或命令式指标、开放性或封闭性指标、依靠法治或依靠经验指标。通过对这三种指标所设计问题的回答，可判断出教育治理方式的情况。

（1）合作式或命令式指标。合作式或命令式指标是指在教育治理过程中所采取的合作式治理方式还是命令式治理方式。在教育管理者问卷中用一个问题来表达："你认为教育管理中最恰当的管理方式是哪种方式？"设置 3 个选项："A. 考虑到教育管理的效率，应完全由政府进行决策，学校、社会忠实执行即可；B. 政府制定教育标准并提供财政支持，具体教育活动完全由学校和社会自己决定；C. 政府、学校、社会多方共同参与民主决策，实施管办评分离。"通过对问题的回答可基本了解治理方式的选择。

（2）开放性或封闭性指标。开放性或封闭性指标是指在教育治理过程中各相关利益主体的参与度。在教育管理者问卷中用一个问题来表达："你认为其他人员（如家长、教师、学生、企事业单位人员、专家等）对你做管理决定是否有帮助？"设置 5 个选项："A. 一点帮助都没有；B. 不太有帮助；C. 一般；D. 比较有帮助；E. 非常有帮助。"在教师问卷中用 4 个问题来表达。第一个问题："你所在学校是否有家长委员会？"设置 3 个选项："A. 有；B. 没有；C. 不清楚。"第二个问题："你所在学校的家长委员会是否发挥作用？"设置 3 个选项："A. 有；B. 没有；C. 不清楚。"第三个问题："你所在学校是否有教职工代表大会？"设置 3 个选项："A. 有；B. 没有；C. 不清楚。"第四个问题："你所在学校的教职工代表大会是否发挥作用？"设置 3 个选项："A. 有；B. 没有；C. 不清楚。"通过对问题的回答可以很好地了解教育治理方式的选择。

（3）依靠法治或依靠经验指标。依靠法治或依靠经验指标是指教育治理主体是否依法行政。在教育管理者问卷中用一个问题来表达："你认为本地的教育管理主要依据什么来开展？"设置 3 个选项："A. 教育的法律法规、国家的各项教育政策；B. 已有的教育管理模式和惯例；C. 主管领导的经验和素质。"通过对问题的回答可对教育治理方式选择有较为详细的了解。

（二）教育治理能力现状领域的操作化

教育治理能力现状领域从能力的划分可分为 5 个维度，即教育规划能力维度、教育决策能力维度、教育执行能力维度、教育公平能力维度、教育法治能力维度。通过对 5 个维度所设计指标问题的回答，可以对教育治理能力现状有较好的理解。

1. 教育规划能力维度

规划即对于较为长远活动的全面计划、谋略。教育规划指为达成教育目标所进行的长远活动的全面计划谋略。规划能力维度包括规划的制定指标、规划执行指标以及对规划执行的监测指标。

（1）规划的制定指标。规划的制定包括预测能力，对前一个规划进行总结评估能力以及参考上级部门的规划能力。在教育管理者问卷中用三个问题来表达。第一个问题："你所在单位是否做了发展规划？"设置 3 个选项："A. 是；B. 否；C. 不清楚。"第二个问题："你所在单位在制定发展规划前，是否对前一个规划进行总结评估？"设置 3 个选项："A. 是；B. 否；C. 不清楚。"第三个问题："你所在单位在制定发展规划时是否参考上级部门的规划？"设置 3 个选项："A. 是；B. 否；C. 不清楚。"在教师问卷中用一个问题来表达："你所在学校是否有发展规划？"设置 3 个选项："A. 有；B. 没有；C. 不清楚。"通过对问题的回答，可以对规划制定能力有较好的了解。

（2）规划的执行指标。规划的执行指标主要考察已制定的规划的执行情况。在各级教育管理者问卷中用两个问题来表达。第一个问题："对于你所在单位的发展规划，你是否有基本的了解？"设置 3 个选项："A. 是；B. 否；C. 不清楚。"第二个问题："你所在单位的发展规划是否得到比较好的执行？"设置 3 个选项："A. 是；B. 否；C. 不清楚。"在教师问卷中用两个问题来表达。第一个问题："你是否了解所在学校的发展规划的内容？"设置 3 个选项："A. 了解；B. 不了解；C. 不确定自己是否算了解。"第二个问题："你所在学校的发展规划是否得到执行？"设置 5 个选项："A. 一点也不好；B. 不太好；C. 一般；D. 比较好；E. 非常好。"通过对问题的回答，可以对规划执行情况有较好的了解。

（3）对规划的监测指标。对规划监测指标是用来衡量规划是否执行，执行是否到位、合理，是否公开透明。在教育管理者问卷中用 1 个问题来表达："你所在单位的发展规划在执行中是否有监测？"设置 3 个选项："A. 是；B. 否；C. 不清楚。"通过对问题的回答可以对规划的监测有个基本了解。

2. 教育决策能力维度

决策指的是在几个可选方案中选择和决定一个最终方案的过程。一方面，决策是管理过程中的重要组成部分；另一方面，决策是主体为了实现某一特定目标而对未来一定时期内有关活动方式和方法的选择。本研究将决策能力维度划分为三个指标：决策科学化指标，决策民主化指标，决策法制化指标。

（1）决策科学化指标。决策科学化是指是否符合国家政策方针、是否符合当地需求、是否与资源匹配。在教育管理者问卷中用 1 个问题来表达：
"你所在单位的教育决策是否符合国家的教育政策方针？"设置 5 个选项：
"A. 一点也不符合；B. 不太符合；C. 一般；D. 比较符合；E. 非常符合。"在教师问卷中用 3 个问题来表达。第一个问题："学校领导的决策是否符合国家的教育政策方针？"设置 5 个选项："A. 一点也不符合；B. 不太符合；C. 一般；D. 比较符合；E. 非常符合。"第二个问题："学校领导的决策是否符合学校发展的实际需求？"设置 5 个选项："A. 一点也不符合；B. 不太符合；C. 一般；D. 比较符合；E. 非常符合。"第三个问题："学校领导的决策是否与人财物等资源匹配？"设置 5 个选项："A. 一点也不符合；B. 不太符合；C. 一般；D. 比较符合；E. 非常符合。"通过对问题的回答可以对决策科学化有很好的了解。

（2）决策民主化指标。决策民主化指标主要指决策过程是否民主。在教育管理者问卷中用 3 个问题来表达。第一个问题："你认为以下哪些因素对本地教育决策有显著影响？（多选题）"设置 7 个选项："A. 政府和教育主管部门；B. 学校；C. 大众传媒（如报纸、电视、网络）；D. 家长；E. 专家；F. 相关企事业单位；G. 其他（请填写）。"第二个问题："我所在单位在决策制定时是否听取多方意见？"设置 5 个选项："A. 一点也不符合；B. 不太符合；C. 一般；D. 比较符合；E. 非常符合。"第三个问题："我所在单位的决策过程公开透明。"设置 5 个选项："A. 一点也不符合；B. 不太符合；C. 一般；D. 比较符合；E. 非常符合。"在教师问卷中用 1 个问题来表达："学校领导在决策制定时听取多方意见。"设置 5 个选项："A. 一点也不符合；B. 不太符合；C. 一般；D. 比较符合；E. 非常符合。"通过对问题的回答，可以对决策民主化有较好的了解。

（3）决策法制化指标。决策法制化指标主要指决策程序是否规范。在教育管理者问卷中用 1 个问题来表达："我所在单位的决策过程符合程序。"设置 5 个选项："A. 一点也不符合；B. 不太符合；C. 一般；D. 比较符合；E. 非常符合。"在教师问卷中用 2 个问题来表达。第一问题："学校领导的决策过程公开透明。"设置 5 个选项："A. 一点也不符合；B. 不太符合；C. 一般；D. 比较符合；E. 非常符合。"第二个问题："学校领导的决策过程符合程序。"设置 5 个选项："A. 一点也不符合；B. 不太符合；C. 一般；D. 比较符合；E. 非常符合。"通过对问题的回答，可以对决策法制化有很好的了解。

3. 教育执行能力维度

执行即使政策方案目标变为实际行动的过程。执行能力就是执行主体使方案变为行动的能力。具体来说，是指执行主体，使用政策规则、方式方法，将政策转化为一定的行为方式，最终实现政策目标。本研究将执行能力维度划分为政策执行力度指标，政策执行效度指标，政策执行过程中的监督指标。

（1）政策执行力度指标。政策执行力度指标是衡量政策执行情况的指标。在教育管理者问卷中用 1 个问题来表达："你认为本地的教育政策执行效果如何？"设置 5 个选项："A. 一点也不好；B. 不太好；C. 一般；D. 比较好；E. 非常好。"通过对问题的回答，可以对政策执行力度有基本的了解。

（2）政策执行效度指标。该指标是衡量政策执行效果的重要指标。在教育管理者问卷中用 1 个问题来表达："你认为本地对教育政策、规划的落实情况如何？"设置 5 个选项："A. 一点也不好；B. 不太好；C. 一般；D. 比较好；E. 非常好。"在教师问卷中用 2 个问题来表达。第一个问题："你所在学校对各类管理规章的落实情况如何？"设置 5 个选项："A. 一点也不好；B. 不太好；C. 一般；D. 比较好；E. 非常好。"第二个问题："你所在学校在执行管理规章方面的效果如何？"设置 5 个选项："A. 一点也不好；B. 不太好；C. 一般；D. 比较好；E. 非常好。"通过对问题的回答可以对政策执行效度有较好的了解。

（3）政策执行过程中的监督指标。监督作为政策执行过程中不可或缺的因素，与政策执行效果之间有着密不可分的关系。在教育管理者问卷中用 1 个问题来表达："你所在单位在政策执行中的监督情况如何？"设置 5 个选项："A. 一点也不好；B. 不太好；C. 一般；D. 比较好；E. 非常好。"在教师问卷中用一个问题来表达："你所在学校在管理过程中进行监督的情况如何？"设置 5 个选项："A. 一点也不好；B. 不太好；C. 一般；D. 比较好；E. 非常好。"通过对问题的回答可以对政策执行中的监督效果有基本的了解。

4. 教育公平能力维度

公平即公平公正，自古是人们不懈追求的目标。教育公平是人们对教育资源分配的重要追求。教育公平是社会公平重要的组成部分，其与一个国家的社会文明程度相关。本研究将决策公平维度分解为高效分配资源指标、合理利用资源指标、关注弱势群体指标、推进教育均衡指标。

（1）高效分配资源指标。高校分配资源指标是衡量教育资源是否被高校合理分配且利用的因素或指标。在教育管理者问卷中用 2 个问题来表达。第一个问题："本地教师福利收入的差异不大。"设置 5 个选项："A. 一点也不符合；B. 不太符合；C. 一般；D. 比较符合；E. 非常符合。"第二个问题："教师的职称评定公平合理。"设置 5 个选项："A. 一点也不符合；B. 不太符合；C. 一般；D. 比较符合；E. 非常符合。"在教师问卷中用 4 个问题来表达。第一个问题："学校的信息化设备、现有教学仪器设备和图书使用率很高。"设置 5 个选项："A. 一点也不符合；B. 不太符合；C. 一般；D. 比较符合；E. 非常符合。"第二个问题："当地教师福利收入的差异不大。"设置 5 个选项："A. 一点也不符合；B. 不太符合；C. 一般；D. 比较符合；E. 非常符合。"第三个问题："教师的职称评定公平合理。"设置 5 个选项："A. 一点也不符合；B. 不太符合；C. 一般；D. 比较符合；E. 非常符合。"第四个问题："教师的住房改善很大。"设置 5 个选项："A. 一点也不符合；B. 不太符合；C. 一般；D. 比较符合；E. 非常符合。"通过对问题的回答可以对高校分配资源指标有很好的了解。

（2）合理利用资源指标。合理利用资源指标是衡量教育资源是否得到合理利用的重要因素或指标。在教育管理者问卷中用 1 个问题来表达："学校的信息化设备、现有教学仪器设备和图书使用率很高。"设置 5 个选项："A. 一点也不符合；B. 不太符合；C. 一般；D. 比较符合；E. 非常符合。"通过对问题的回答，对合理利用资源指标有基本的了解。

（3）关注弱势群体指标。关注弱势群体是促进教育公平的必要途径。在教育管理者问卷中用 3 个问题来表达。第一个问题："本地的贫困生资助、学生生活补助能及时足额发放到位。"设置 5 个选项："A. 一点也不符合；B. 不太符合；C. 一般；D. 比较符合；E. 非常符合。"第二个问题："贫困家庭子女就学有保障。"设置 5 个选项："A. 一点也不符合；B.

不太符合；C. 一般；D. 比较符合；E. 非常符合。"第三个问题："义务教育阶段学生辍学率高。"设置 5 个选项："A. 一点也不符合；B. 不太符合；C. 一般；D. 比较符合；E. 非常符合。"在教师问卷中用 3 个问题来表达。第一个问题："学校的贫困生资助、学生生活补助及时足额发放到位。"设置 5 个选项"A. 一点也不符合；B. 不太符合；C. 一般；D. 比较符合；E. 非常符合。"第二个问题："贫困家庭子女就学有保障。"设置 5 个选项："A. 一点也不符合；B. 不太符合；C. 一般；D. 比较符合；E. 非常符合。"第三个问题："我所在学校几乎没有学生辍学。"设置 5 个选项："A. 一点也不符合；B. 不太符合；C. 一般；D. 比较符合；E. 非常符合。"通过对问题的回答，可以对治理主体是否关注弱势群体有较好的了解。

（4）推进教育均衡指标。推进教育均衡指标是衡量校际间、城乡间教育的必要指标。在教育管理者问卷中用 3 个问题来表达。第一个问题："本地教育投入的校际差异不大。"设置 5 个选项："A. 一点也不符合；B. 不太符合；C. 一般；D. 比较符合；E. 非常符合。"第二个问题："少数民族学生就学有保障。"设置 5 个选项："A. 一点也不符合；B. 不太符合；C. 一般；D. 比较符合；E. 非常符合。"第三个问题："城市随迁子女的就学容易。"设置 5 个选项："A. 一点也不符合；B. 不太符合；C. 一般；D. 比较符合；E. 非常符合。"在教师问卷中用一个问题来表达："当地教育投入的校际差异不大。"设置 5 个选项："A. 一点也不符合；B. 不太符合；C. 一般；D. 比较符合；E. 非常符合。"通过对问题的回答，可以对推进教育均衡指标有较好的了解。

5. 教育法治能力维度

教育法治能力即依法治理的能力。教育法治能力是教育治理能力的重要组成部分，教育法治能力的提高有利于建立合理完善的教育治理体系，提高教育治理能力。本研究将教育法治能力维度分为制度建设指标、教育部门依法行政指标、学校依法治校指标。

（1）制度建设指标。制度建设指标是衡量教育制度是否健全合理的指标。在教育管理者问卷中用 1 个问题来表达："你认为落实到你所在单位，关于教育的法制是否完备？"设置 5 个选项："A. 极不完备，有重大缺陷；

B. 不很完备，需要加强；C. 说不清楚；D. 较为完备，还需改进；E. 非常完备，难在执行。"在教师问卷中用一个问题来表达："你认为所在学校中，关于教育的法制是否完备？"设置 5 个选项："A. 非常完备，难在执行；B. 较为完备，还需改进；C. 不很完备，需要加强；D. 极不完备，有重大缺陷；E. 说不清楚。"通过对问题的回答，可以对制度建设有初步的了解。

（2）教育部门依法行政指标。教育部门依法行政指标是衡量教育法治能力的必要条件。在教育管理者问卷中用 1 个问题来表达："你认为以下哪种情况更符合本地教育行政部门的情况？"设置 3 个选项："A. 比较严格地遵循法律法规实施教育管理；B. 更愿意出台和遵照部门规章实施教育管理；C. 常常在国家政策允许范围内进行一些因地制宜的发挥。"通过对问题的回答，可以对教育部门依法行政有很好的了解。

（3）学校依法治校指标。学校依法治校指标是教育法治能力重要条件。在教育管理者问卷中用 1 个问题来表达："你所在区域是否存在以下情况？"设置 8 个选项："A. 体罚或变相体罚学生；B. 挖苦、歧视学生；C. 乱收费；D. 教学设备故障率高且未及时修缮；E. 设置快慢班；F. 增加课时数，延长教学和学习时间；G. 未按国家要求开设课程；H. 其他（请填写）。"在教师问卷中用 3 个问题来表达。第一个问题："你认为以下哪种情况更符合本校的情况？"设置 4 个选项："A. 比较严格地遵循法律法规实施教育管理；B. 常常会无视教育的法律法规，临时性实施管理；C. 更愿意出台和遵照部门规章实施教育管理；D. 常常在国家政策允许范围内进行一些因地制宜地发挥。"第二个问题："你对本区域学校依法治校的评价如何？"设置 3 个选项："A. 根本谈不上依法治校，基本上都是校长说了算；B. 在人、财、物上能做到依法治校，但在具体实施管理时都是校领导拍板；C. 在依法治校方面做得非常好。"第三个问题："你所在学校是否存在以下情况？"设置 8 个选项："A. 体罚或变相体罚学生；B. 挖苦、歧视学生；C. 乱收费；D. 教学设备故障率高且未及时修缮；E. 设置快慢班；F. 增加课时数，延长教学和学习时间；G. 未按国家要求开设课程；H. （其他，请填写）。"通过对问题的回答，可以对学校依法治校指标有很好的了解。

（三）教育治理能力提升领域的操作化

教育治理能力即教育治理主体为达到共同指定的教育治理目标所具有的能力与素质。与发达国家相比，我国的教育治理能力仍存在很多问题，处于较低的发展水平。本领域将教育治理能力提升途径划分为两个维度，分别为教育政策学习维度与教育管理学习维度。

1. 教育政策学习维度

"教育作为社会发展的基石，是振兴中华民族和实现伟大中国梦的根本性和基础性事业。教育政策是国家公平分配社会教育资源以及价值的重要工作，应体现出公正性这一特征，另外也是我国公民表达和维护自身教育权益的重要途径和方式。"[①] 本研究将教育政策学习维度划分为 4 个指标，即学习意识指标、学习频率指标、学习内容指标、学习途径指标。

（1）学习意识指标。学习意识指标是教育政策学习维度必不可少的条件。在教育管理者问卷中用 2 个问题来表达。第一个问题："你认为制约你的管理能力提升的瓶颈是？"设置 8 个选项："A. 可支配的资源非常有限；B. 政策和制度的制约；C. 上级不放权，不能发挥我的能动性；D. 下属的执行力不强；E. 缺乏专业的教育管理理论的支持；F. 缺乏实践经验的积累；G. 我认为自己完全能够胜任现岗位；H. 其他（请填写）。"第二个问题："你认为要提高各级教育管理者的管理能力，需要做好哪些方面？"设置 8 个选项："A. 激发主观能动性；B. 有制度约束；C. 提供学习渠道（短期培训、专家讲座、外出考察）；D. 提供学习资源（书籍、信息等）；E. 其他（请填写）。"第三个问题："你比较关心哪些方面的教育政策？"设置 7 个选项："A. 与自己工作内容密切相关的内容；B. 自己感兴趣的内容；C. 掌握和领会新的政策精神和内容；D. 能够解决自己工作难题的相关政策；E. 有利于提升自己工作能力的内容；F. 与自己福利待遇有关的内容；G. 基本不怎么关心教育政策。"通过对问题的回答可以对学习意识指标有基本的了解。

（2）学习内容指标。学习内容指标是指教育政策学习的内容。在教育

---

① 邓凡：《教育政策执行的网络模式研究》，《教育学术月刊》2012 年第 1 期。

管理者问卷中用 1 个问题来表达："你在近三年内接受过下列哪些方面的培训？"设置 7 个选项："A. 党员专项（如党风廉政）学习培训；B. 爱岗敬业等道德素质培训；C. 教育政策或教育法律法规；D. 如何依法行政或依法治校；E. 教育管理能力（含规划制定、教育决策、政策执行等）；F. 典型模范人物事迹；G. 其他（请填写）。"通过对问题的回答，可以对学习内容指标有很好的理解。

（3）学习途径指标。学习途径指标是指教育政策学习的途径方式。在教育管理者问卷中用 2 个问题来表达。第一个问题："近三年你参加过的政策学习或管理培训有哪些方式？"设置 7 个选项："A. 离岗进修、访学；B. 挂职锻炼；C. 外出考察参观；D. 开会学习；E. 领导或专家的专题报告；F. 下发文件自学；G 其他（请填写）。"第二个问题："在教育政策学习方面，你认为以下哪种情况比较符合本地的实际？"设置 3 个选项："A. 教育行业的每个从业人员都去了解；B. 各级和各部门领导很有必要学习，其他人员必要性不大；C. 领导学习后开会进行传达落实。"通过回答，可以对教育政策学习途径有较好的了解。

2. 教育管理学习维度

教育管理是管理者通过组织协调教育队伍，充分发挥教育人力、财力、物力等的作用，利用教育内部各种条件，高效率地实现教育目标的活动。本研究立足于教育管理学习维度，从学习内容、学习途径/方式方面加以阐述，因此将教育管理学习维度分为学习内容指标、学习频率指标、学习途径/方式指标。

（1）学习内容指标。学习内容指标是指教育管理的学习内容。在教育管理者问卷中用 3 个问题来表达。第一个问题："你在近三年内接受过下列哪些方面的培训？"设置 7 个选项："A. 党员专项（如党风廉政）学习培训；B. 爱岗敬业等道德素质培训；C. 教育政策或教育法律法规；D. 如何依法行政或依法治校；E. 教育管理能力（含规划制定、教育决策、政策执行等）；F. 典型模范人物事迹；G. 其他（请填写）。"第二个问题："你认为要提高教育管理者的管理能力，需要采取哪些措施？"设置 6 个选项："A. 政府公共教育职能的调整与履行；B. 教育管理体制的变革；C. 教育组织机构的优化与配合；D. 加强对教育管理者的培训，提高他们的素质；E. 评价方式多元化，引入并落实第三方评估；F. 其他（请填写）。"第三个问题是开放性问题："你认为本地教育主管部门的管理能力在哪些方面存在不足？"通过对问题的回答，可以对教育管理学习有基本的认识。

（2）学习途径/方式指标。学习途径指标是指教育管理学习的途径方式。在教育管理者问卷中用 4 个问题来表达。第一个问题："你认为制约你参加学习和培训的主要因素是什么？"设置 5 个选项："A. 学习和培训缺乏制度保障；B. 没有学习时间和精力；C. 自身的经济条件不允许；D. 缺乏专业引领；E. 其他。"第二个问题："你认为要提高教育管理者的管理能力，需要采取哪些措施？"设置 6 个选项："A. 政府公共教育职能的调整与履行；B. 教育管理体制的变革；C. 教育组织机构的优化与配合；D. 加强对教育管理者的培训，提高他们的素质；E. 评价方式多元化，引入并落实第三方评估；F. 其他（请填写）。"第三个问题为开放性问题："你认为提升本地教育管理能力的有效措施是什么？"第四个问题为："你认为当地学校提升管理水平面临哪些问题，有哪些对策？"通过对上述问题的回答，可以对学习途径有较好的了解。

第三章

基于问卷调查的教育治理能力现状分析

一 问卷调查过程与样本分析

(一) 问卷设计

1. 调查对象

调查对象包括云南、贵州、西藏和广西 4 个边疆省、自治区地方政府教育部门领导、工作人员和当地中小学校长、教师。

2. 问卷设计

(1) 问卷版本。"边疆民族地区教育治理能力现代化建设调查问卷"分为"教育管理者问卷"和"教师问卷"两个版本。

(2) 问卷的内容组成。"教育管理者问卷"的内容包括：指导语、基本信息、单选题、多选题、主观评价表。"教师问卷"的内容包括：指导语、基本信息、选择题、主观评价表。

(3) 问卷内容的理论框架。

(二) 调研方案

1. 抽样地点

选取云南省会昆明市和云南多民族聚居的部分边境州市和非边境市，在每一个州市至少选取一个县作为取样点，整个调研至少在 10 个县市进行取样；在贵州省、西藏自治区和广西壮族自治区 3 个省区至少选取一个民族地区或边境地区的县市进行取样。

表 3 - 1　教育管理者问卷设计的理论框架

领　域	维　度	指　标
教育治理主体的特征	教育治理主体的自然情况	①专业或专长 ②一线工作经历 ③对工作岗位的认知
	教育治理观念/理念	①主动或被动 ②民主或专制
	教育治理的价值取向	①传统或现代 ②现实或未来 ③民族或世界
	教育治理行为	①合作式或命令式 ②开放性或封闭性 ③依靠法治或依靠经验
教育治理能力现状	规划能力	①规划的制定 ②规划的执行 ③对规划的监督
	决策能力	①决策科学化 ②决策民主化 ③决策法制化
	执行能力	①政策执行力度 ②政策执行效度（有效性） ③政策执行过程中的监督
	公平能力	①高效分配资源 ②合理利用资源 ③关注弱势群体 ④推进教育均衡
	教育法治能力（依法治理的能力）	①制度建设 ②教育部门依法行政 ③学校依法治校
教育治理能力提升	教育政策学习	①学习意识 ②学习频率 ③学习内容 ④学习途径
	教育管理学习（培训）	①学习内容 ②学习频率 ③学习途径/方式

表 3 - 2　教师问卷设计的理论框架

领　域	维　度	指　标
教育治理主体的特征	无	无
教育治理能力现状	规划能力	规划的制定
	决策能力	无
	执行能力	①政策执行力度 ②政策执行效度（有效性） ③政策执行过程中的监督
	公平能力	①高效分配资源 ②合理利用资源 ③师生主体地位 ④平等公正的育人环境 ⑤学生权利保护 ⑥教师权利保障
	教育法治能力（依法治校的能力）	①制度建设 ②依法执教 ③法制教育 ④信息公开 ⑤安全管理 ⑥校内纠纷解决机制 ⑦突发事件应急处理机制
教育治理能力提升	无	无

　　具体调查对象包括省教育主管部门、地州教育主管部门、各县教育主管部门以及乡镇中心校、中小学管理者（含各级校长和中层管理人员）。研究对象的计划抽样分布见表 3 - 3。

表 3 - 3　边疆民族地区教育治理能力现代化研究抽样地点及调查方法

调查对象类型	调查对象名称	数目（个）	调查方法
省级教育主管部门	云南省教育厅	1	座谈会、个别访谈
地州教育主管部门	保山市教育局、楚雄州教育局、大理州教育局、德宏州教育局、丽江市教育局、昆明市教育局、临沧市教育局、普洱市教育局、曲靖市教育局、西双版纳教育局、昭通市教育局、贵州铜仁市教育局、西藏拉萨市教育局、广西百色市教育局	14	问卷调查、座谈会、个别访谈

续表

调查对象类型	调查对象名称	数目（个）	调查方法
县教育主管部门	保山市腾冲县、楚雄州武定县、大理州洱源县、德宏州瑞丽市、丽江市宁蒗县、昆明市禄劝县、临沧市沧源县、普洱市孟连县、曲靖市师宗县、西双版纳州勐腊县、昭通市鲁甸县、贵州铜仁市沿河县、西藏自治区林芝市巴宜区、广西百色市靖西县等	14	问卷调查、座谈会、个别访谈，另选取1~2个县做个案研究
乡镇中心校（调查中心校管理人员）	各县选取3所中心校/3个乡镇（分别为县政府所在乡镇以及2个农村乡镇）的中心校为调查对象，调查中心校的全部管理人员，以及这些乡镇的所有教师	33	问卷调查、座谈会、个别访谈，另选取1~2个中心校做个案研究

2. 调查工具

本次调研采用两个类型问卷："教育管理者问卷"和"教师问卷"。其中，"教育管理者问卷"面向州市教育局和各县（含县级市、区，下同）教育局全体人员（含领导和全体工作人员），所有县所有乡（镇）政府主管教育的领导和工作人员，所在县所有中心学校全体人员、所有学校（含村级完小）校长和副校长等以上三类人员全员发放。

"教师问卷"每个县至少发放300份。其中高中教师发放50份，初中教师发放100份（乡村教师70份，城区教师30份），小学教师发放150份（乡村教师100份，城区教师50份）。

问卷发放及回收要求：（1）安排专人负责，做到集中时间、地点，当场发放、当场回收；（2）匿名问卷，请组织者提醒作答者如实填写，确保问卷填写的质量和有效性；（3）问卷中选择题包括单选题和多选题两种，发放者应提醒作答者注意；（4）寄回问卷时，需注明每个县的发放数量和发放区域、回收数量。

（三）样本分布

抽样工作完成之后，云南省样本中，总共回收4932份管理者问卷，9361份教师问卷，剔除无效问卷之后，最终获得4479份管理者问卷和

9348 份教师问卷进行统计分析，其中管理者问卷的有效率为 90.8%，教师问卷的有效率为 99.8%。贵州、西藏和广西样本中，总共回收 420 份管理者问卷，2970 份教师问卷，剔除无效问卷之后，最终获得 415 份管理者问卷和 2952 份教师问卷进行统计分析，其中管理者问卷的有效率为 98.8%，教师问卷的有效率为 99.4%。

1. 管理者问卷的抽样分布情况

表 3-4 为本课题对管理者进行问卷调查的实际抽样结果，由表可见，本次调研在云南所抽取管理者样本在州市分布上不够均衡，来自丽江市的样本最大，为 1056 人；其次是来自保山市和曲靖市的样本，均高于 500 人；来自楚雄州、大理州、德宏州、昆明市、临沧市和昭通市 6 个州市的样本为 168~448 人；来自普洱市和西双版纳州的样本容量则低于 100 人。这就使得进行不同州市间的对比，就需要考虑不同州市管理者样本的代表性差异。同时，就贵藏桂三省区的样本而言，各样本有 108~162 人，省区之间的样本容量差异不算大，相互之间的直接比较具有合理性。

表 3-4 样本中管理者问卷来源的地域分布情况

省/自治区	州 市	人数（人）	百分比（%）
云 南	保山市	838	17.1
	楚雄州	240	4.9
	大理州	168	3.4
	德宏州	304	6.2
	丽江市	1056	21.6
	昆明市	245	5.0
	临沧市	387	7.9
	普洱市	69	1.4
	曲靖市	638	13.0
	西双版纳州	86	1.8
	昭通市	448	9.2
	合 计	4479	91.5

省/自治区	州　市	人数（人）	百分比（%）
贵　州		108	2.2
西　藏		145	3.0
广　西		162	3.3
合　计		415	8.5
总　计		4894	100

表3-5呈现的是对云南管理者样本来源按更具体的区县分布的情况，从表中也可以看出，在云南的同一个州或市范围内，不同区县的取样多少差异较大，这也是后文进行区县对比时需要参考的统计量。例如州市间的对比，可以从同一个州市中选择样本容量较大且在该州市具有代表性或典型性的区县来参与对比分析。

表3-5 云南样本中管理者问卷来源的区县分布情况

州/市	区/县	人数（人）	百分比（%）	州/市	区/县	人数（人）	百分比（%）
保山市	昌宁县	60	7.2	临沧市	沧源县	30	7.8
	隆阳县	608	72.6		耿马县	106	27.4
	施甸县	104	12.4		临翔区	39	10.1
	腾冲县	66	7.9		双江县	118	30.5
	州/市合计	838	100		镇康县	94	24.3
楚雄州	楚雄市	126	52.5		州/市合计	387	100
	武定县	114	47.5	普洱市	思茅区	69	100
	州/市合计	240	100		州/市合计	69	100
大理州	洱源县	138	82.1	曲靖市	罗平县	273	42.8
	云龙县	30	17.9		麒麟区	72	11.3
	州/市合计	168	100		师宗县	293	45.9
德宏州	陇川县	68	22.4		州/市合计	638	100
	瑞丽市	145	47.7	西双版纳州	景洪市	41	47.7
	盈江县	91	29.9		勐海县	44	51.2
	州/市合计	304	100		勐腊县	1	1.2
					州/市合计	86	100

续表

州/市	区/县	人数 （人）	百分比 （％）	州/市	区/县	人数 （人）	百分比 （％）
昆明市	晋宁县	44	18.0	昭通市	大关县	249	55.6
	禄劝县	43	17.6		鲁甸县	20	4.5
	石林县	158	64.5		昭阳区	179	40.0
	州/市合计	245	100		州/市合计	448	100
丽江市	古城区	134	12.7				
	华坪县	9	0.9				
	宁蒗县	285	27.0				
	永胜县	256	24.2				
	玉龙县	372	35.2				
	州/市合计	1056	100				

2. 教师问卷的抽样分布情况

表 3-6 样本中教师问卷来源的地域分布情况

省/自治区	州 市	人数（人）	百分比（％）
云 南	保山市	867	7.0
	楚雄州	771	6.3
	大理州	412	3.3
	德宏州	907	7.4
	昆明市	870	7.1
	丽江市	1833	14.9
	临沧市	1233	10.0
	普洱市	522	4.2
	曲靖市	904	7.3
	西双版纳州	273	2.2
	昭通市	756	6.1
	合 计	9348	76.0
贵 州		705	5.7
西 藏		445	3.6
广 西		1802	14.7
合 计		2952	24.0
总 计		12300	100

　　表 3-6 为本课题对教师进行问卷调查的实际抽样结果，由表中可见，本次调研在云南所抽取的教师样本人数在州市分布上并不均衡，其中来自丽江市的样本最大，为 1833 人；其次是来自临沧市的样本，为 1233 人；除了上述两个州市的样本大于 1000 人之外，西双版纳州的样本为 273 人相对较小，其余州市的样本容量均为 400~1000 人。同时，就贵藏桂三省区的样本而言，西藏的教师样本最小，为 445 人；贵州的样本次之，为 705 人；广西的样本最大，为 1802 人。综上，可以看出来自不同地区的样本在容量上还是存在较大的差异，若要进行地区间的对比统计，这是一个需要考虑的误差来源。

　　表 3-7 呈现的是对云南的教师样本来源按更具体的区县分布的情况，可以看出，无论就云南同一个州市范围或跨州市来看，来自不同区县的样本容量差异不算大，这也就为进行区县之间的比较提供了较好的基础。

表 3-7　云南样本中教师问卷来源的区县分布情况

州/市	区/县	人数（人）	百分比（%）	州/市	区/县	人数（人）	百分比（%）
保山市	昌宁县	303	3.2		石林县	316	36.3
	隆阳区	291	3.1		州/市合计	870	100
	施甸县	273	2.9	临沧市	沧源县	298	24.2
	州/市合计	867	100		耿马县	354	28.7
楚雄州	楚雄市	454	58.9		双江县	300	24.3
	武定县	317	41.1		镇康县	281	22.8
	州/市合计	771	100		州/市合计	1233	100
大理州	洱源县	280	68.0	普洱市	墨江县	224	42.9
	云龙县	132	32.0		思茅区	298	57.1
	州/市合计	412	100		州/市合计	522	100
德宏州	陇川县	301	33.2	曲靖市	罗平县	309	34.2
	瑞丽市	290	32.0		麒麟区	288	31.9
	盈江县	316	34.8		师宗县	307	34
	州/市合计	907	100		州/市合计	904	100
昆明市	晋宁县	292	33.6	西双版纳州	勐海县	273	100
	禄劝县	262	30.1		州/市合计	273	100

续表

州/市	区/县	人数（人）	百分比（%）	州/市	区/县	人数（人）	百分比（%）
丽江市	古城区	562	30.7	昭通市	大关县	328	43.4
	华坪县	281	15.3		鲁甸县	278	36.8
	宁蒗县	441	24.1		昭阳区	150	19.8
	永胜县	289	15.8	州/市合计	756	100
	玉龙县	260	14.2				
	州/市合计	1833	100				

（四）样本代表性的讨论

云南全省辖 8 个地级市、8 个自治州（合计 16 个地级行政区划单位）、16 个市辖区、15 个县级市、69 个县、29 个自治县（合计 129 个县级行政区划单位）。本次调研共在云南省范围内的 11 个州市中的 34 个区县进行了取样，全省 16 个地级行政区划中，未取样的州市为玉溪市、红河州、文山州、怒江州和迪庆州。在 11 个取样的州市中，管理者样本中普洱市仅在思茅区取样，教师样本中西双版纳州仅在勐海县取样，其余的取样州市都至少在两个以上的区县进行了取样。管理者样本中，除了勐腊、鲁甸和华坪 3 个县的取样少于 30 人以外，其余区县的取样都在 30 人以上，而教师样本在各个区县的取样均在 100 人以上。

由于本次调研资源有限，作为与云南省样本进行对比的样本，来自贵州、西藏和广西 3 个省区的样本仅从每个省区中部分具有代表性的州市和区县进行选取。其中贵州省的样本主要来自铜仁市的沿河县；西藏自治区的样本主要来自拉萨、阿里、昌都、林芝和日喀则 5 个市（地区），且各个市（地区）的人数分布差异不大，比较均匀；广西壮族自治区的样本主要来自百色市的靖西县。

综上，课题组认为本次抽样所得的管理者和教师样本所提供的问卷数据能够较全面地反映云南省民族地区的教育治理现状，同时来自贵藏桂三省区对照样本的问卷数据也具有较好的代表性。

二　样本的人口统计学特征

（一）教育管理者样本的人口统计学特征

1. 教育管理者的人口统计学分布情况

表3-8　样本中教育管理者性别和民族的基本情况

地　域	性别	人数（人）	百分比（％）	民族	人数（人）	百分比（％）
云南	男	3307	73.8	汉族	2874	64.2
	女	1160	25.9	少数民族	1541	34.4
	缺失	12	0.3	缺失	64	1.4
	合计	4479	100	合计	4479	100
贵藏桂三省区	男	324	78.1	汉族	33	8.0
	女	86	20.7	少数民族	382	92.0
	缺失	5	1.2			
	合计	415	100	合计	415	100

表3-8～表3-12五个表格呈现的是样本中管理者的人口学分布情况。可见，在云南教育管理者样本中，男女性别比例大致为3∶1；贵藏桂三省区教育管理者样本中，男女性别比例大致为4∶1。在云南教育管理者样本中，汉族和少数民族管理者的比例接近2∶1；贵藏桂三省区教育管理者样本中，汉族和少数民族管理者的比例接近1∶12。取样能体现民族地区的特点。合并两个样本进一步统计各民族的教育管理干部在样本中的人数，可见除汉族达2907人之外，人数在100人以上的有白族、傣族、纳西族、彝族、藏族、壮族和土家族。后续的数据分析可以考虑对这些人数比较多的教育管理者样本进行民族间对比。

表3-9　云南样本中教育管理者民族群的具体分布情况

民　族	人数（人）	百分比（％）	民　族	人数（人）	百分比（％）
阿昌族	8	0.2	满　族	3	0.1
白　族	263	5.9	苗　族	16	0.4

续表

民　族	人数（人）	百分比（%）	民　族	人数（人）	百分比（%）
布朗族	18	0.4	摩梭人	17	0.4
布依族	16	0.4	纳西族	319	7.1
藏　族	11	0.2	普米族	15	0.3
傣　族	118	2.6	水　族	1	0.0
哈尼族	20	0.4	土家族	1	0.0
汉　族	2874	64.2	佤　族	31	0.7
回　族	85	1.9	瑶　族	2	0.0
基诺族	2	0.0	彝　族	483	10.8
景颇族	15	0.3	壮　族	17	0.4
拉祜族	27	0.6	缺　失	64	1.4
傈僳族	53	1.2	合　计	4479	100

表 3 - 10　贵藏桂三省区样本中教育管理者民族的具体分布情况

民　族	人数（人）	百分比（%）	民　族	人数（人）	百分比（%）
汉　族	33	8.0	藏　族	108	26.0
门巴族	1	0.2	壮　族	160	38.6
苗　族	1	0.2	缺　失	9	2.2
土家族	102	24.6			
彝　族	1	0.2	合　计	415	100

表 3 - 11　教育管理者年龄和工龄的基本情况

地　域	指　标	人数（人）	最小值	最大值	均　值	标准差
云　南	年龄（岁）	4403	20	60	40.3	7.57
	工龄（年）	4378	0	45	19.3	8.49
贵藏桂三省区	年龄（岁）	400	21	58	40.3	7.54
	工龄（年）	394	1	39	18.8	8.58

样本中教育管理者的年龄涉及从参加工作到 60 岁退休前的几乎整个年龄跨度，云南样本和贵藏桂三省区样本中的平均年龄均为 40.3 岁，工龄的跨度在从参加工作的头 1 年到最高的 45 年，云南样本的平均工龄为

19.3年，贵藏桂三省区样本的平均工龄为18.8年，两个样本间的差异很小。表3-12中按大致5年一年龄段或工龄段划分后对教育管理者的年龄和工龄分布进行统计，从中可以看出两个样本中教育管理者的年龄都主要集中在30岁到50岁，工龄都主要集中于5年以上到30年以下这一区间。

表 3-12　教育管理者年龄和工龄分布情况

地　域	年龄段（岁）	人数（人）	百分比（%）	工龄段（年）	人数（人）	百分比（%）
云　南	20～24	29	0.6	1～3	114	2.5
	25～29	313	7.0	4～5	140	3.1
	30～34	734	16.4	6～10	508	11.3
	35～39	983	21.9	11～15	628	14.0
	40～44	978	21.8	16～20	1049	23.4
	45～49	820	18.3	21～25	842	18.8
	50～54	413	9.2	26～30	688	15.4
	55～59	131	2.9	31～35	282	6.3
	60	2	0.0	36～40	111	2.5
	缺　失	76	1.7	41～45	16	0.4
				缺　失	101	2.3
	合　计	4479	100	合　计	4479	100
贵藏桂三省区	20～24	10	2.4	1～3	24	5.8
	25～29	24	5.8	4～5	14	3.4
	30～34	47	11.3	6～10	34	8.2
	35～39	104	25.1	11～15	53	12.8
	40～44	90	21.7	16～20	102	24.6
	45～49	75	18.1	21～25	78	18.8
	50～54	42	10.1	26～30	58	14.0
	55～59	8	1.9	31～35	18	4.3
	60	0	0.0	36～40	13	3.1
	缺　失	15	3.6	41～45	0	0.0
				缺　失	21	5.1
	合　计	415	100	合　计	415	100

2. 教育管理者的任职情况及学历特征

表 3 – 13　教育管理者的任职地区、职务和职称分布情况

地　域	工作地区	人数（人）	百分比（%）	职务	人数（人）	百分比（%）	职　称	人数（人）	百分比（%）
云　南	城区	1330	29.7	局长/副局长	33	0.7	高级职称	910	20.3
	乡镇政府所在地	1241	27.7	主任/副主任	627	14.0	中级职称	2342	52.3
	农村坝区	759	16.9	校长/副校长	1901	42.4	初级职称	956	21.3
	农村山区	1077	24.0	乡镇长/副乡镇长	52	1.2	无职称	202	4.5
	缺失	72	1.6	一般工作人员	1838	41.0	缺失	69	1.5
				缺失	28	0.6			
	合　计	4479	100	合　计	4479	100	合　计	4479	100
贵藏桂三省区	城区	129	31.1	局长/副局长	1	0.2	高级职称	93	22.4
	乡镇政府所在地	195	47.0	主任/副主任	30	7.2	中级职称	233	56.1
	农村坝区	7	1.7	校长/副校长	247	59.5	初级职称	69	16.6
	农村山区	69	16.6	乡镇长/副乡镇长	22	5.3	无职称	11	2.7
	缺失	15	3.6	一般工作人员	109	26.3	缺失	9	2.2
				缺失	6	1.4			
	合　计	415	100	合　计	415	100	合　计	415	100

　　云南教育管理者样本中，来自城区、乡镇政府所在地和农村山区的人数比例基本相当，来自农村坝区的相对少一些，这也符合云南农村坝区较少山区较多的地理分布特点；贵藏桂三省区教育管理者样本中，来自乡镇政府所在地的人数占到接近50%的比例，来自城区的比30%略多一点，其余的人主要来自农村山区。

　　云南教育管理者样本中，职务为教育局长或副局长的有33人（占0.7%），乡镇长或主管教育副乡镇长的有52人（占1.2%），教育局主任或副主任职务的管理者有627人（占14.0%）。云南和贵藏桂三省区的教育管理者样本中，主体均为中小学校长或副校长以及教育局的一般工作人员，占到样本人数的 80% 以上。

表 3 - 14　教育管理者的学历分布情况

地　域	参加工作时学历	人数（人）	百分比（%）	现学历	人数（人）	百分比（%）
云　南	中专或高中以下	221	4.9	中专或高中以下	21	0.5
	中专（含中师）或高中	2387	53.3	中专（含中师）或高中	170	3.8
	大专	1171	26.1	大专	1368	30.5
	本科	646	14.4	本科	2724	60.8
	硕士	6	0.1	硕士	41	0.9
	缺失	48	1.1	缺失	155	3.5
	合　计	4479	100	合　计	4479	100
贵藏桂三省区	中专或高中以下	16	3.9	中专或高中以下	3	0.7
	中专（含中师）或高中	172	41.4	中专（含中师）或高中	22	5.3
	大专	111	26.7	大专	109	26.3
	本科	105	25.3	本科	266	64.1
	硕士	11	2.7	硕士	3	0.7
	缺失	16	3.9	缺失	12	2.9
	合　计	415	100	合　计	415	100

从职称的分布上来看，云南和贵藏桂三省区教育管理者样本中，大多数人为中级职称，高级职称和初级职称者人数相当，另有少量无职称的教育管理者。

从教育管理者样本的学历及专业分布情况来看，在参加工作以前管理者中大多数人拥有高中、中专或大专学历，其中云南样本中本科以上学历者不到 20%，还有大约 5% 的管理者学历在高中或中专以下，而贵藏桂三省区样本中的本科学历则达到了 25.3%。在他们参加工作以后，大多数管理者的学历已提升到大专以上，目前拥有本科学历的管理者所占比例最高，云南样本中为 60.8%，贵藏桂样本中为 64.1%。上述对两个样本在管理学历上的比较，似乎体现出云南的教育管理者在学历结构上有一定的落后性。

（二）教师样本的人口统计学特征

1. 教师样本的人口统计学分布情况

表 3-15 呈现的是教师样本的人口学分布情况。表中，云南样本和贵藏桂三省区样本中的教师，大多数人在 25 岁以上，以每隔 5 年一个年龄段来计，各个年龄段的教师分布相对均衡，40 岁以上的教师随着年龄增长逐步有所减少。从民族分布来看，云南教师样本中，汉族和少数民族教师的比例约为 2∶1，少数民族教师的比重较高，贵藏桂三省区样本中，汉族和少数民族教师的比例约为 1∶4，各地区均有较多的少数民族教师，体现了民族地区的特点。

表 3-15 教师年龄和民族分布情况

地 域	年 龄	人数（人）	百分比（％）	民 族	人数（人）	百分比（％）
云 南	25 岁及以下	639	6.8	汉族	5877	62.9
	26~30 岁	1592	17.0	少数民族	3443	36.8
	31~35 岁	1905	20.4	缺失	28	0.3
	36~40 岁	1865	20.0			
	41~45 岁	1707	18.3			
	46 岁以上	1592	17.0			
	缺失	48	0.5			
	合 计	9348	100	合 计	9348	100
贵藏桂三省区	25 岁及以下	301	10.2	汉族	609	20.6
	26~30 岁	622	21.1	少数民族	2309	78.2
	31~35 岁	595	20.2	缺失	34	1.2
	36~40 岁	484	16.4			
	41~45 岁	458	15.5			
	46 岁以上	464	15.7			
	缺失	28	0.9			
	合 计	2952	100	合 计	2952	100

2. 教师样本的任职情况

表 3-16　教师任教地区和任教学段的分布情况

地　域	任教区域	人数（人）	百分比（%）	任教学段	人数（人）	百分比（%）
云　南	城区	3976	42.5	小学	4686	50.1
	乡镇政府所在地	2610	27.9	初中	3173	33.9
	农村坝区	1574	16.8	高中	1480	15.8
	农村山区	986	10.5	缺失	9	0.1
	缺失	202	2.2			
	合　计	9348	100	合　计	9348	100
贵藏桂三省区	城区	1203	40.8	小学	1498	50.7
	乡镇政府所在地	1014	34.3	初中	777	26.3
	农村坝区	60	2.0	高中	623	21.1
	农村山区	585	19.8	缺失	54	1.8
	缺失	90	3.0		2952	100
	合　计	2952	100			

表 3-17　教师的职务和职称分布情况

地　域	职　称	人数（人）	百分比（%）	职　务	人数（人）	百分比（%）
云　南	初级职称	3035	32.5	无	3918	41.9
	中级职称	4700	50.3	班主任	3842	41.1
	高级职称	1387	14.8	年级组长/教研组长	801	8.6
	特级教师	20	0.2	学校中层管理者	654	7.0
	缺失	206	2.2	缺失	133	1.4
	合　计	9348	100	合计	9348	100
贵藏桂三省区	初级职称	1137	38.5	无	1161	39.3
	中级职称	1449	49.1	班主任	1146	38.8
	高级职称	202	6.8	年级组长/教研组长	189	6.4
	特级教师	18	0.6	学校中层管理者	401	13.6
	缺失	146	4.9	缺失	55	1.9
	合　计	2952	100	合　计	2952	100

表 3-16、表 3-17 呈现的是教师样本在任教地区、学段和职务、职

称上的分布情况。云南样本和贵藏桂三省区样本之间在城区比例和乡镇政府所在地的教师人数差异不大，均为城区最多，约占40%，其次为乡镇政府所在地，约占30%，农村地区25%。两个样本不同之处在于云南的农村教师中，一半以上在农村坝区任教，而其他三省区的教师中，大多数农村教师在农村山区任教。这反映的是4个省区农村地区所具有的不同的地理特征。

云南样本和贵藏桂三省区的教师样本在任教学段分布上的取样是基本一致的，样本组成均为50%左右的小学教师，30%左右的初中教师，20%左右的高中教师。从教师的职称分布上来看，两个样本之间的差异也不大，均为中级最多，占一半左右，其次是初级，高级最少。从教师所任职务来看，两个样本之间的差异也不大，均40%左右的教师任班主任，无职务者也均约占40%，担任年级组长、教研组长或学校中层管理者的教师占15%左右。

三　教育治理主体特征的调查结果

根据俞可平的观点，影响治理能力除了制度因素外，还有一个极其重要的因素，即治理主体的素质，既包括官员的素质，也包括普通公民的素质。[1] 本研究认为，教育治理是指教育治理主体依据规章制度处理教育公共事务的活动，教育治理主体包括政府、社会组织、学校。教育治理主体的特征是对教育治理主体的抽象内容的具体描述，在本研究中，我们从教育治理主体的自然情况、教育治理观念/理念、教育治理的价值取向、教育治理行为这四个维度来对教育治理的主体特征加以衡量。以下是分别从针对教育管理者和教师的调查问卷两个角度来对教育治理主体特征进行分析。

在本研究中，教育管理者是指区县级教育局的领导和从事管理工作的人员、乡镇主管教育的领导和各级学校的校长和副校长。教育管理者是现代化教育治理多元主体中政府和学校两主体的代理人。而教师样本代表的则是学校里不具有校长或副校长行政职务的广大教师。

---

[1]　俞可平：《推进国家治理体系和治理能力现代化》，《前线》2014年第1期。

（一）教育管理者的自然情况现状

教育管理者的自然情况是指教育管理者的学历、教育工作经历等基本情况。基于对文献资料的总结和实际情况勘察，本研究分别选择教育管理者的专业或专长、经历和对工作岗位的认知三个具体指标来考察教育治理主体中政府和学校两个主体的现状。专业或专长指标主要是用来确认当地教育管理者是否教育专业出身；经历指标为是否在教育行业中从事过一线工作；对工作岗位的认知指标为是否了解当地教育管理工作的目标、重点、过程。

从表3-18可知，云南和贵藏桂三省区的两个管理者样本中，90%以上的人毕业于师范专业，即便是政府或教育主管部门的领导或工作人员，毕业于师范专业的也占到了85%左右；这些当地教育管理者中绝大部分人（90%以上）都有过一线工作经历，即便是政府或教育主管部门的领导或工作人员，有着一线教育工作经历的人也占到80%左右。因此，可以认为当地教育管理者中大部分人具有教育专业背景，并具有一线教育工作的经历。

表3-18　两类管理者的专业（专长）和一线工作经历情况（人数和百分比）

地　域	类　别	政府或教育主管部门领导或工作人员		学校领导		合　计	
		人数（人）	百分比（%）	人数（人）	百分比（%）	人数（人）	百分比（%）
云　南	师范专业	2112	83.2	1762	93.3	3874	87.5
	非师范专业	425	16.8	127	6.7	552	12.5
	合　计	2537	100	1889	100	4426	100
	从事过教育一线工作	2212	87.2	1857	98.0	4069	91.8
	没有从事过教育一线工作	325	12.8	38	2.0	363	8.2
	合　计	2537	100	1895	100	4432	100
贵藏桂三省区	师范专业	137	86.7	233	95	370	91.8
	非师范专业	21	13.3	12	4.9	33	8.2
	合　计	158	100	245	100	403	100
	从事过教育一线工作	127	79.4	240	98.4	367	90.8
	没有从事过教育一线工作	33	20.6	4	1.6	37	9.2
	合　计	160	100	244	100	404	100

注：缺失值不计入合计总数。

表 3 - 19 教育管理者对工作岗位认知的现状

地 域	选 项	调查问题			
		你的大部分同事是否熟悉自己的岗位目标和职责？		你的大部分同事是否清楚当前岗位的工作常规和办事程序？	
		人数（人）	百分比（%）	人数（人）	百分比（%）
云 南	A. 一点也不清楚	6	0.1	5	0.1
	B. 不太清楚	82	1.8	77	1.7
	C. 一般	578	12.9	663	14.8
	D. 比较清楚	2286	51.0	2382	53.2
	E. 非常清楚	1511	33.7	1330	29.7
	缺失	16	0.4	22	0.5
	合 计	4479	100	4479	100
贵藏桂三省区	A. 一点也不清楚	1	0.2	0	0
	B. 不太清楚	4	1.0	5	1.2
	C. 一般	26	6.3	43	10.4
	D. 比较清楚	197	47.5	212	51.1
	E. 非常清楚	184	44.3	150	36.1
	缺失	3	0.7	5	1.2
	合 计	415	100	415	100

从表 3 - 19 可知，两个教育管理者样本中，大多数人对其工作岗位的认知状况基本持肯定态度，80% 以上的人认为自己的同事熟悉其岗位目标和职责，同时也有 80% 以上的人认为同事清楚当前岗位的工作常规和办事程序。因此，各级教育管理工作者对当地教育管理工作的目标、重点、过程的了解和熟悉程度，应属于较好的状态。

（二）教育管理者的教育治理观念/理念现状

教育治理观念/理念是教育治理的思维活动的结果。本研究中，通过第二章对教育治理观念/理念维度的剖析，认为教育治理观念/理念可分为两个指标加以衡量，即主动或被动指标与民主或专制指标。主动或被动指标主要是用来衡量教育治理主体在面对治理问题时是倾向于积极主动还是消极被动；民主或专制指标是衡量教育治理主体能力的重要指标，可以很好

表 3 - 20　教育管理者对教育治理主体的观念

调查问题	选　项	云南		贵藏桂三省区	
		人数（人）	百分比（%）	人数（人）	百分比（%）
你认为本地教育发展是否有清晰的思路？	A. 一点也不清楚	36	0.8	1	0.2
	B. 不太清楚	245	5.5	13	3.1
	C. 一般	1152	25.7	75	18.1
	D. 比较清楚	2156	48.1	216	52.0
	E. 非常清楚	877	19.6	106	25.5
	缺失	13	0.3	4	1.0
	合　计	4479	100	415	100
你更赞同以下哪种做法？	A. 教育的事由学校自己说了算，政府只需提供财力和政策支持	501	11.2	34	8.2
	B. 由政府进行统一的教育规划、提供财政和政策支持，并实施监督	1238	27.6	131	31.6
	C. 政府出台教育规划，学校具体执行，社会参与	776	17.3	78	18.8
	D. 建立多方联合的教育委员会，进行民主管理，政府拨款，学校实施	1936	43.2	168	40.5
	缺失	28	0.6	4	1.0
	合　计	4479	100	415	100

地衡量教育治理能力是民主还是专制。本部分主要从当地各级教育者的角度，以及当地一线教师的角度，来了解当地教育治理中对教育治理主体治理理念的理解是否积极主动，过程是否符合民主程序。

从表 3-20 和 3-21 中可以看出，云南当地教育管理者中有 60% 以上的人认为"当地的教育发展具有比较清楚或非常清楚的思路"，但是这一比例尚不算高。其中，贵藏桂三省区教育管理者样本中认为"当地的教育发展具有比较清楚或非常清楚的思路"的人所占比重要明显高于云南样本（云南 67.7%，贵藏桂三省区 77.5%）。而教师对这一问题的看法则显得相对更为乐观，70% 以上受调查教师认为本校校长对学校的发展具有较为清晰的目标，

表 3–21　教师对本校管理班子的看法

调查问题	选　项	云南		贵藏桂三省区	
		人数（人）	百分比（%）	人数（人）	百分比（%）
你所在学校校长担任现职是？	A. 上级任命	6393	68.4	2188	74.1
	B. 公选产生	1966	21.0	316	10.7
	C. 不清楚	915	9.8	389	13.2
	缺失	74	0.8	59	2.0
你所在学校校长对学校的发展是否有清晰的目标？	A. 一点也不清晰	155	1.7	61	2.1
	B. 不太清晰	575	6.2	204	6.9
	C. 一般	1778	19.0	462	15.7
	D. 比较清晰	4014	42.9	1037	35.1
	E. 非常清晰	2767	29.6	1144	38.8
	缺失	59	0.6	44	1.5
你所在学校领导班子的管理能力如何？	A. 一点也不强	150	1.6	53	1.8
	B. 不太强	276	3.0	108	3.7
	C. 一般	2539	27.2	641	21.7
	D. 比较强	4545	48.6	1295	43.9
	E. 非常强	1760	18.8	819	27.7
	缺失	78	0.8	36	1.2
合　计		9348	100	2952	100

且这一比例在两个样本中没有明显差异（云南72.5%，三省区73.9%）。当然，这一差异的产生，也可能是因为教育管理者和一线教师观察的角度不同，而学校的发展目标更容易达到比较明确的程度。但是，无论是从当地教育管理者还是从当地一线教师的角度来看，这些地区的教育发展思路似乎并未能达到非常清晰而为相关各方都很明确的程度。据此，本研究做出的推论就是当地的教育治理观念/理念中的主动性还有很大的提升空间。

从表3-20中还可以看出，大多数教育管理者赞同教育治理应多方联合、民主管理，但在具体的实施办法上，40%左右的教育管理者赞同要建立多方联合的教育委员会来进行民主管理；30%左右的教育管理者认为应该突出政府在当地教育治理中的主导地位，应由政府对教育统一进行规划、支持和监督；仅有20%以下的管理者赞同政府、学校和社会在教育治理中分工合作，政府规划，学校执行，社会参与。由此可见，在当地教育管理者的教育治理观念中，持民主观的仍然没有占到大多数。

表 3 - 22　教师对当地教育治理主体的看法

调查问题	选　项	云南		贵藏桂三省区	
		人数（人）	百分比（%）	人数（人）	百分比（%）
你所在学校是否有家长委员会？	有	6616	70.8	1410	47.8
	没有	1599	17.1	894	30.3
	不清楚	1075	11.5	592	20.1
	缺失	58	0.6	56	1.9
你所在学校的家长委员会是否发挥作用？	是	5612	60.0	1131	38.3
	否	1558	16.7	792	26.8
	不清楚	2092	22.4	950	32.2
	缺失	86	0.9	79	2.7
你所在学校是否有教职工代表大会？	有	8034	85.9	2230	75.5
	没有	666	7.1	436	14.8
	不清楚	600	6.4	248	8.4
	缺失	48	0.5	38	1.3
你所在学校的教职工代表大会是否发挥作用？	是	6335	67.8	1800	61.0
	否	1304	13.9	540	18.3
	不清楚	1645	17.6	560	19.0
	缺失	64	0.7	52	1.8
合　计		9348	100	2952	100

另外，从表 3 - 21 来看，云南的当地教师中有 21.0% 的人反馈所任职学校校长由公选产生，这一比例在贵藏桂三省区样本中仅为 10.7%；反馈其校长由上级任命的人数比例在云南样本中为 68.4%，在贵藏桂三省区样本中为 74.1%。认为其学校领导班子管理能力较强或非常强的教师在云南样本中占到 67.4%，在贵藏桂三省区样本中占到 71.6%。

再从表 3 - 22 来看，云南教师样本有 70.8% 的教师反馈其所在学校有家长委员会，但仅有 60.0% 的教师认为本校的家长委员会在真正发挥作用；有 85.9% 的教师反馈其所在的学校有教职工代表大会，但仅有 67.8%

的教师认为教职工代表大会在发挥作用。而在贵藏桂三省区教师样本中，上述比例则更低，仅 47.8% 的教师反馈其所在学校有家长委员会，仅 38.3% 的教师认为本校的家长委员会在真正发挥作用；有 75.5% 的教师反馈其所在的学校有教职工代表大会，但仅有 61.0% 的教师认为教职工代表大会在发挥作用。

上述来自两个样本的多项指标能从教师的视角反映出当地教育治理中的民主取向尚未得到全面采用，教育治理中的多主体联合并没有普遍地体现。

（三）教育管理者的教育治理价值取向现状

本研究认为教育治理价值取向指的是教育治理主体依据自身的教育价值观，面对教育治理中所发生的矛盾、冲突以及关系时所表现出来的对教育中各种问题的基本价值取向和解决问题时所持的基本立场和态度。教育治理价值取向维度可以划分为 3 个指标，即传统或现代指标、现实或未来指标、民族或世界指标。其中，传统或现代指标是指教育治理能力价值取向是趋向于传统还是现代，这是讨论教育治理能力不可忽视的话题；现实或未来指标是指教育治理能力价值取向是面对现实还是面向未来；民族或世界指标是指教育治理能力是趋向于民族还是趋向于世界。

由表 3-23 可见，云南和贵藏桂三省区教育管理者样本中各级教育管理者中大多数人（80% 以上）都赞同当地的教育事务应在国家政策法规要求下，由政府、学校、社会协同管理，体现出了现代化的治理价值观。在现实或未来的教育治理价值取向指标上，一半左右的教育管理者（云南 51.7%，三省区 48.0%）持一种面向未来的学生发展观，也有部分教育管理者（云南 34.8%，三省区 38.6%）看重人才培养或个人发展应与国家未来发展的人才战略规划相适应。

但通过表 3-24 可见，在一线教师看来，一半左右的教师（云南 55.2%，三省区 59.0%）认为其所在学校抓教学质量的手段主要就是考试；很多教师（云南 72.6%，三省区 70.4%）指出其所在学校的中心工作就是保安全、抓成绩；同时也有不少教师（云南 69.8%，三省区 65.1%）认为学校对本校教师教学质量的评价以考试成绩为最重要的依据。因此,通过教师问卷所反映的学校治理价值取向似乎表明,当前学校治理的价值取向其实是偏向于现实和当下的效益的。

表 3 – 23 教育管理者的教育治理价值取向

调查问题	选 项	云南		贵藏桂三省区	
		人数(人)	百分比(%)	人数(人)	百分比(%)
你认为以下哪种方式能取得更好的教育管理效果?(传统或现代)	A. 依据主管领导的意图实施管理	60	1.3	2	0.5
	B. 严格根据国家政策和法规来管理	589	13.2	63	15.2
	C. 在国家政策法规要求下,政府、学校、社会协同管理	3761	84.0	343	82.7
	D. 主要依据惯例来管理	27	0.6	1	0.2
	缺失	42	0.9	6	1.4
你认为教育管理工作应该以什么为目标指向?(现实或未来)	A. 让学生掌握基本的科学知识和谋生技能	408	9.1	36	8.7
	B. 根据学生和家长的需求,开展有针对性的教育活动	160	3.6	14	3.4
	C. 依据国家未来发展做人才规划,实施教育活动	1559	34.8	160	38.6
	D. 培养学生发展理念,激发学生的发展潜能	2314	51.7	199	48.0
	缺失	38	0.8	6	1.4
你认为边疆民族地区的教育管理更应该倾向于以下哪一个方面?(民族或世界)	A. 大力增加民族特色的内容,例如少数民族的语言和文化,传承和弘扬民族文化	1508	33.7	202	48.7
	B. 适度体现民族特色即可,主要还是实施统一的教育规划和教学内容	2385	53.2	160	38.6
	C. 应充分吸纳国际教育的内容、方式和方法来进行教育管理,至于民族的内容可要可不要	190	4.2	22	5.3
	D. 民族的特色尽可能不要在统一的教育中体现,否则对学生的公平竞争不利	345	7.7	23	5.5
	缺失	51	1.1	8	1.9
合 计		4479	100	415	100

至于教育治理价值取向中的民族或世界指标，通过表3-23可知，教育管理者对于边疆民族地区教育治理中如何处理国际化和民族文化的冲突问题的分歧似乎较大。同时，云南的教育管理者和贵藏桂三省区的教育管理者之间也表现出了不同的地域差异。如，仅33.7%的云南教育管理者认为应该大力增加民族特色，而贵藏桂三省区的教育管理者中则有48.7%的人持此观点；有53.2%的云南教育管理者认为教育中的民族特色只需要适度体现即可，而仅有38.6%贵藏桂三省区的教育管理者持此看法。总的来说，相关边疆各省区的教育管理者普遍偏向于民族的价值取向而非世界的价值取向。

表3-24 教师对当地教育治理中师生主体地位的看法（选择百分比,%）

地 域	评价项目	一点也不符合	不太符合	一般	比较符合	非常符合	缺失	合计
云 南	学校抓教学质量的手段主要就是考试	2.5	13.4	26.2	37.4	17.8	2.7	100
	我所在学校的中心工作就是保安全、抓成绩	1.0	4.9	19.0	44.7	27.9	2.4	100
	学校对教师教学质量的评价以考试成绩为最重要依据	1.2	6.5	19.9	39.6	30.2	2.5	100
贵藏桂三省区	学校抓教学质量的手段主要就是考试	2.5	12.3	21.3	36.7	22.3	5	100
	我所在学校的中心工作就是保安全、抓成绩	0.6	4.9	19.1	39.5	30.9	5	100
	学校对教师教学质量的评价以考试成绩为最重要依据	1.3	7.9	21.2	38.1	27.0	4.5	100

（四）教育治理行为现状

前已述及，治理行为指的是治理主体在遵循规章制度的基础上，为达到共同制定的治理目标所进行的活动。教育治理行为则指的是各利益相关主体在共同管理教育公共事务活动过程中所采取的方式或方法。教育治理能力现代化离不开先进的教育治理方式。本研究认为，教育治理方式维度可分为 3 个指标，即合作式或命令式指标、开放性或封闭性指标、依靠法治或依靠经验指标。通过调查对象对这三种指标所设计问题的回答，可判断出当地教育治理行为的情况。

3 个指标中，合作式或命令式指标是指在教育治理过程中所采取的合作式治理方式还是命令式治理方式；开放性或封闭性指标是指在教育治理过程中各相关利益主体的参与度；依靠法治或依靠经验指标是指教育治理主体是否依法行政。

3 个指标对应的问卷调查结果分析见表 3 – 25。

表 3 – 25　教育管理者对教育治理行为的观念

调查问题	选　项	云南		贵藏桂三省区	
		人数 （人）	百分比 （%）	人数 （人）	百分比 （%）
你认为教育管理中最恰当的管理方式是什么？（合作式或命令式）	A. 考虑到教育管理的效率，应完全由政府进行决策，学校、社会忠实执行即可	202	4.5	30	7.2
	B. 政府制定教育标准并提供财政支持，具体教育活动完全由学校和社会自己决定	1447	32.3	123	29.6
	C. 政府、学校、社会多方共同参与民主决策，实施管办评分离	2782	62.1	254	61.2
	缺失	48	1.1	8	1.9
	合　计	4479	100	415	100
你认为其他人员（如家长、教师、学生、企事业单位人员、专家等）对你做管理决定是否有帮助？（开放性或封闭性）	A. 一点帮助都没有	96	2.1	18	4.3
	B. 不太有帮助	196	4.4	11	2.7
	C. 一般	1053	23.5	55	13.3
	D. 比较有帮助	2051	45.8	183	44.1
	E. 非常有帮助	993	22.2	135	32.5
	缺失	90	2	13	3.1
	合　计	4479	100	415	100

续表

调查问题	选项	云南		贵藏桂三省区	
		人数（人）	百分比（%）	人数（人）	百分比（%）
你认为本地的教育管理主要依据什么来开展？（依靠法治或依靠经验）	A. 教育的法律法规、国家的各项教育政策	3456	77.2	343	82.7
	B. 已有的教育管理模式和惯例	518	11.6	32	7.7
	C. 主管领导的经验和素质	441	9.8	34	8.2
	缺失	64	1.4	6	1.4
合 计		4479	100	415	100

不少教育管理者（云南62.1%，三省区61.2%）赞同在当地教育管理中应该采用政府、学校、社会多方共同参与民主决策，实施管办评分离；也有部分教育管理者（云南32.3%，三省区29.6%）更强调政府指导和支持的必要性，认为政府制定教育标准并提供财政支持，具体教育活动完全由学校和社会自己决定。总的来看，教育管理者普遍赞同由各类教育治理主体进行合作管理方式。

如前所述，在当地治理行为中不少管理者赞同管办评分离，由政府、学校和社会等多方参与、民主决策来决定当地教育事务。与之相对应的是不少的教育管理者（云南68.0%，三省区76.6%）也认为对当地教育管理决策中来自家长、教师、学生、企事业单位人员、专家等多方的参与和支持是比较有帮助的。区域间的对比似乎反映的是云南省的教育管理决策相对其他边疆省区可能还是更为具有封闭性。

关于当地教育管理中主要的决策依据，大部分教育管理者（云南77.2%，三省区82.7%）认为当地的教育管理是依据教育的法律法规、国家的各项教育政策来展开的，同时也有部分教育管理者（云南11.6%，三省区7.7%）承认是依据已有的教育管理模型和惯例，甚至是主管领导的经验和素质在当地教育管理决策中起着主要影响作用（云南9.8%，三省区8.2%）。因此，当地教育管理决策中，虽然依靠法治已经成为主流的观点，但依据经验的管理决策仍然是存在的。

四　教育治理能力现状的调查结果

教育治理能力即教育治理主体为达到共同指定的教育治理目标所具有的能力与素质，是一个包含教育治理主体各方面能力的综合性概念。袁贵仁认为提升教育治理能力应从 7 个方面着手，即把握办学方向、教育公平、调整完善教育结构、推进学校改革、转变相关单位职能、充分发挥学校自身的主体作用、完善并发挥社会评价体系。[①] 本研究根据我国教育治理能力的发展现状和特点，将教育治理能力概括为 5 个维度，即教育规划能力、教育决策能力、教育执行能力、教育公平能力和教育法治能力，并从上述 5 个维度对教育治理能力的现状进行调查和分析。

（一）教育规划能力

教育规划指为达成教育目标所进行的长远活动的全面计划和谋略。教育规划能力包括规划的制定、规划执行和对规划执行的监督 3 个指标。其中，规划的制定包括预测能力，对前一个规划进行总结评估能力以及参考上级部门的规划能力；规划的执行主要考察对已制定规划的执行情况；对规划执行的监督则是对规划是否执行，执行是否到位、合理，是否公开透明等方面的衡量。

本次问卷调查结果中，反映教育管理者对当地教育治理规划能力现状看法的 6 个题项及统计结果见表 3 - 26，反映教师对当地教育治理规划能力现状看法的 3 个题项及统计结果见表 3 - 27。

被问及针对规划能力中规划制定指标的 3 个问题，调查样本中的教育管理者中大多数人（云南 88.7%，三省区 88.0%）肯定其所在单位有发展规划，与之相对是教师对该问题做出肯定回答的人数也在大多数（云南 78.9%，三省区 78.4%）；关于规划的制定，大多数教育管理者（云南 75.2%，三省区 77.3%）肯定回复说其所在单位是在对前一个规划进行总

---

① 袁贵仁：《深化教育领域综合改革加快推进教育治理体系和治理能力现代化》，《中国高等教育》2014 年第 5 期。

结评估的基础上来制定新的发展规划，且有很多教育管理者（云南84.6%，三省区80.2%）肯定回复说其单位制定的发展规划参考了上级部门的规划。因此，从规划制定方面来看，调查结果表明大多数教育管理者和教师持肯定的看法。

表 3-26　教育管理者对当地教育治理规划能力现状的看法

调查问题	选 项	云南		贵藏桂三省区	
		人数（人）	百分比（%）	人数（人）	百分比（%）
你所在单位是否做了发展规划？（规划的制定）	是	3973	88.7	365	88.0
	否	144	3.2	13	3.1
	不清楚	302	6.7	30	7.2
	缺失	60	1.3	7	1.7
你所在单位在制定发展规划前，是否对前一个规划进行总结评估？（规划的制定）	是	3370	75.2	321	77.3
	否	277	6.2	22	5.3
	不清楚	667	14.9	53	12.8
	缺失	165	3.7	19	4.6
你所在单位在制定发展规划时是否参考上级部门的规划？（规划的制定）	是	3791	84.6	333	80.2
	否	94	2.1	18	4.3
	不清楚	424	9.5	43	10.4
	缺失	170	3.8	21	5.1
对于你所在单位的发展规划，你是否有基本的了解？（规划的执行）	是	3810	85.1	346	83.4
	否	75	1.7	10	2.4
	不清楚	443	9.9	41	9.9
	缺失	151	3.4	18	4.3
你所在单位的发展规划是否得到比较好的执行？（规划的执行）	是	3413	76.2	322	77.6
	否	364	8.1	28	6.7
	不清楚	540	12.1	43	10.4
	缺失	162	3.6	22	5.3
你所在单位的发展规划在执行中是否有监测？（对规划监测）	是	3229	72.1	302	72.8
	否	353	7.9	29	7.0
	不清楚	715	16.0	66	15.9
	缺失	182	4.1	18	4.3
合　计		4479	100	415	100

关于规划能力中规划执行指标，大多数教育管理者（云南85.1%，三省区83.4%）对其所在单位的发展规划有着基本的了解，并且不少教育管理者（云南76.2%，三省区77.6%）认为本单位的发展规划得到了比较好的执行。但是，教师中对其所在单位的发展规划有着基本了解的人仅在一半左右（云南50%，三省区48.9%），但也有不少教师（云南61.3%，三省区58.1%）认为所在学校的发展规划得到了执行，同时也有部分教师（云南25.1%，三省区25.7%）明确表示自己不了解学校的规划，有部分教师（云南33.2%，三省区31.6%）表示自己不清楚学校的规划是否得到了执行。这一结果可能表明当地的教育治理中，对于教育发展规划的制定、执行和监督等环节，一线教师的参与度明显较低。

本次调查中，对于对规划执行的监督这一指标仅涉及一个问题，大多数教育管理者（云南72.1%，三省区72.8%）做出了肯定的回复，即当地的教育规划的执行有监测的程序。可见，对教育规划执行的监测是教育规划能力中相对比较薄弱的一个环节。

表 3 - 27　教师对当地教育治理规划能力的看法

调查问题	选　项	云南		贵藏桂三省区	
		人数（人）	百分比（%）	人数（人）	百分比（%）
你所在学校是否有发展规划？（规划制定）	有	7375	78.9	2313	78.4
	没有	314	3.4	161	5.5
	不清楚	1624	17.4	441	14.9
	缺失	35	0.4	37	1.3
你是否了解所在学校的发展规划的内容？（规划的执行）	了解	4670	50.0	1443	48.9
	不了解	2346	25.1	759	25.7
	不确定自己是否算了解	2290	24.5	708	24
	缺失	42	0.4	42	1.4
你所在学校的发展规划是否得到执行？（规划的执行）	是	5730	61.3	1715	58.1
	否	430	4.6	255	8.6
	不清楚	3101	33.2	932	31.6
	缺失	87	0.9	50	1.7
合　计		9348	100	2952	100

（二）教育决策能力

决策是教育治理过程中的重要组成部分。决策是教育治理主体为了实现某一特定的教育目标而对未来一定时期内有关活动方式和方法的选择。本研究以 3 个指标来衡量决策能力，这 3 个指标为：决策科学化、决策民主化和决策法制化。其中，决策科学化是指是否符合国家政策方针、是否符合当地需求、是否与资源匹配；决策民主化主要指决策过程是否民主；决策法制化主要看决策程序是否规范。

本次调查的问卷设计中，关于教育治理决策能力的调查，主要采用了李克特式五点尺度的设计方式，在教育管理者问卷和教师问卷中都包括对应的 6 个题项，即决策科学化（是否符合国家政策方针、是否符合当地需求、是否与资源匹配）（第 1~3 题）、决策民主化（决策过程是否民主）（第 4~5 题）、决策法制化（决策程序是否规范）（第 6 题）。此外，对于决策民主化指标，在教育管理者问卷中还补充了一道多选题的设计。问卷调查的统计结果见表 3-28 到表 3-30。以下对统计结果进行具体的分析。

表 3-28　教育管理者对当地教育治理决策能力现状的看法（选择百分比,%）

地　域	评价项目	一点也不符合	不太符合	一般	比较符合	非常符合	缺失	合计
云　南	（1）我所在单位的教育决策符合国家的教育政策方针。（决策科学化）	0.3	0.9	13.2	50.8	33.6	1.2	100
	（2）我所在单位的教育决策符合本地发展的实际需求。（决策科学化）	0.2	1.9	19.7	51.9	24.8	1.4	100
	（3）我所在单位的教育决策与本地人、财、物等教育资源匹配。（决策科学化）	0.9	6.2	34.9	41.2	15.3	1.5	100
	（4）我所在单位在决策制定时听取多方意见。（决策民主化）	0.9	3.5	23.6	43.7	27.0	1.4	100
	（5）我所在单位的决策过程公开透明。（决策民主化）	0.8	2.7	19.4	42.3	33.6	1.2	100
	（6）我所在单位的决策过程符合程序。（决策法制化）	0.4	1.9	17.9	44.4	33.9	1.5	100

续表

地　域	评价项目	一点也不符合	不太符合	一般	比较符合	非常符合	缺失	合计
贵藏桂三省区	（1）我所在单位的教育决策符合国家的教育政策方针。（决策科学化）	0.2	0	8.9	46.0	41.4	3.4	100
	（2）我所在单位的教育决策符合本地发展的实际需求。（决策科学化）	0.0	1	12.8	47.2	35.7	3.4	100
	（3）我所在单位的教育决策与本地人、财、物等教育资源匹配。（决策科学化）	1.0	4.3	23.1	46.3	21.4	3.9	100
	（4）我所在单位在决策制定时听取多方意见。（决策民主化）	1.2	4.3	16.4	43.4	30.6	4.1	100
	（5）我所在单位的决策过程公开透明。（决策民主化）	1.2	3.1	13.3	38.6	40.0	3.9	100
	（6）我所在单位的决策过程符合程序。（决策法制化）	0.5	2.9	12	41.4	38.6	4.6	100

表 3 – 29　教师对当地教育治理决策能力的看法（选择百分比，%）

地　域	评价项目	一点也不符合	不太符合	一般	比较符合	非常符合	缺失	合计
云　南	（1）学校领导的决策符合国家的教育政策方针。（决策科学化）	0.6	2.0	19.2	47.4	29.2	1.7	100
	（2）学校领导的决策符合学校发展的实际需求。（决策科学化）	0.5	2.1	21.3	47.9	26.5	1.8	100
	（3）学校领导的决策与人、财、物等资源匹配。（决策科学化）	0.8	3.7	26.9	44.9	22.0	1.8	100
	（4）学校领导在决策制定时听取多方意见。（决策民主化）	1.8	5.4	26.2	40.0	24.8	1.9	100
	（5）学校领导的决策过程公开透明。（决策民主化）	1.8	4.6	26.7	38.0	27.0	1.9	100
	（6）学校领导的决策过程符合程序。（决策法制化）	1.0	3.6	23.4	42.2	26.9	2.9	100

续表

地 域	评价项目	一点也不符合	不太符合	一般	比较符合	非常符合	缺失	合计
贵藏桂三省区	（1）学校领导的决策符合国家的教育政策方针。（决策科学化）	0.5	1.6	16.4	40.3	37.8	3.4	100
	（2）学校领导的决策符合学校发展的实际需求。（决策科学化）	0.4	2.0	17.4	41.0	35.7	3.5	100
	（3）学校领导的决策与人、财、物等资源匹配。（决策科学化）	0.7	4.2	22.6	39.7	28.5	4.2	100
	（4）学校领导在决策制定时听取多方意见。（决策民主化）	1.5	4.9	21.1	35.8	32.7	4.0	100
	（5）学校领导的决策过程公开透明。（决策民主化）	1.6	4.6	20.8	33.9	35.0	4.1	100
	（6）学校领导的决策过程符合程序。（决策法制化）	1.1	3.6	19.4	37.0	34.0	4.9	100

由表3-28可见，对于所在单位的教育决策，大多数教育管理者（云南84.4%，三省区87.4%）认为符合国家的教育政策方针；很多管理者（云南76.7%，三省区82.9%）认为符合当地发展的实际需求；仅有一半左右（56.5%）的云南教育管理者认为与本地人、财、物等教育资源匹配，而在贵藏桂三省区这一项人数比例要更高一些（67.7%）。相对应的，大多数教师（云南76.6%，三省区78.1%）认为其所在学校的教育决策符合国家的教育政策方针，相应的人数比例略低于教育管理者；很多教师（云南74.4%，三省区76.7%）认为符合当地发展的实际需求；认为与本地人、财、物等教育资源匹配的教师人数比例则相应要更低一点（云南66.9%，三省区68.2%）。上述关于决策科学化的调查结果的统计，无论从教育管理者还是从一线教师的角度来看，都反映了当地的教育决策和当地发展实际与教育资源的匹配程度难以令人满意。

关于教育决策的民主化状况，大多数教育管理者（云南70.7%，三省区74.0%）认为其所在单位在决策制定时会听取多方意见，同时大多数教育管理者（云南75.9%，三省区78.6%）也认为本单位的决策过程公开透明；相对应的，虽然有不少教师（云南64.8%，三省区68.5%）认为其所在学校的领导在决策制定时会听取多方意见，同时不少教师（云南65.0%，三省区68.9%）也认为学校领导的决策过程公开透明，但对同样的问题，持肯定态度的教师比例要略低于教育管理者的比例。关于教育决策的法制化，大多数教育管理者（云南78.3%，三省区80.0%）认为其所在单位决策过程符合程序，而在教师中认为其所在学校的决策过程符合程序的比例则要低一些（云南69.1%，三省区71.0%）。上述调查结果，一方面表明当地教育决策中的民主化和法制化都在一定程度上存在不足，另一方面体现出教育管理者和一线教师在对当地教育决策中的民主化和法制化现状的看法存在较明显的分歧，也从一定侧面反映了当地教师在教育决策中的参与度可能存在明显的不足。

表 3 - 30　教育管理者对当地教育决策影响因素的看法

调查问题	选　项	云南		贵藏桂三省区	
		人数（人）	百分比（%）	人数（人）	百分比（%）
你认为以下哪些因素对本地教育决策有显著影响？（决策民主化）	A. 政府和教育主管部门	4230	95.4	382	94.3
	B. 学校	3473	78.3	311	76.8
	C. 大众传媒（如报纸、电视、网络）	1803	40.7	156	38.5
	D. 家长	2346	52.9	242	59.8
	E. 专家	1257	28.3	107	26.4
	F. 相关企事业单位	705	15.9	49	12.1
	G. 其他	93	2.1	7	1.7

注：表中的问题为多选，其百分比按选择该项目人数填答该题人数（$N = 4435$ 或 $N = 405$）的百分比计。

关于教育决策的民主化问题，当问及当地教育管理者影响本地教育决策的因素有哪些，绝大多数教育管理者（云南95.4%，三省区94.3%）认为是政府和教育主管部门。此外，大多数教育管理者（云南78.3%，三省区76.8%）也认为学校是当地教育决策的重要影响因素，大约一半的教育管理者（云南52.9%，三省区59.8%）认为家长对教育决策有影响作用。也有部分教育管理者（云南40.7%，三省区38.5%）认为大众传媒也有影响。此外，仅有少数教育管理者（均低于30%）认为专家、相关企事业单位对当地教育决策存在影响。

（三）教育政策法规执行能力

表 3 - 31　教育管理者和教师对当地（本校）教育治理中执行
能力现状的看法（选择百分比，%）

地　域	评价项目	一点也 不好	不太 好	一般	比较 好	非常 好	缺失	合计
云　南	管理者：你认为本地对教育政策、规划的落实情况如何？	1.4	4.4	34.5	46.9	9.2	3.7	100
	管理者：你认为本地的教育政策执行效果如何？	0.5	3.8	35.2	46.8	9.8	4.0	100
	管理者：你所在单位在政策执行中的监督情况如何？	0.4	2.7	29.6	49.2	14.3	3.7	100
	教师：你所在学校对各类管理规章的落实情况如何？	2.1	3.8	29.1	46.7	17.8	0.5	100
	教师：你所在学校在执行管理规章方面的效果如何？	1.2	3.2	29.8	47.3	16.9	1.7	100
	教师：你所在学校在管理过程中进行监督的情况如何？	1.2	3.4	29.4	45.9	18.2	1.7	100
贵藏桂 三省区	管理者：你认为本地对教育政策、规划的落实情况如何？	1.9	5.1	23.6	52.3	12.8	4.3	100
	管理者：你认为本地的教育政策执行效果如何？	1.2	3.9	24.6	49.2	16.6	4.6	100
	管理者：你所在单位在政策执行中的监督情况如何？	0.0	2.4	20.2	54.2	18.3	4.8	100

续表

地 域	评价项目	一点也不好	不太好	一般	比较好	非常好	缺失	合计
贵藏桂三省区	教师：你所在学校对各类管理规章的落实情况如何？	2.2	4.2	23.4	45.2	23.6	1.4	100
	教师：你所在学校在执行管理规章方面的效果如何？	1.1	3.7	23.1	45.0	24.6	2.5	100
	教师：你所在学校在管理过程中进行监督的情况如何？	1.6	4.3	24.0	42.0	25.4	2.7	100

执行能力就是指执行主体使用政策规则、方式方法，将政策转化为一定的行为方式，最终实现政策目标。本研究将教育治理中的执行能力维度划分为政策执行力度、政策执行效度和政策执行过程中的监督3项指标。其中，政策执行力度是衡量政策执行情况的指标；政策执行效度是衡量政策执行效果的重要指标；政策执行过程中的监督作为政策执行过程中不可或缺的因素，与政策执行效果之间有着密不可分的关系。

表3-31中，对涉及当地教育政策、法规执行情况3个对应题项的结果在教育管理者和一线教师之间进行统计和对比。从表中可见，认为当地的教育政策、法规的执行力度、效度和监督做得比较好或非常好的教育管理者和教师均达不到大多数（70%以上），各项指标做出积极肯定选择的人数占比在56.1%~64.5%。其中教师对3项指标持肯定态度的人数比例还略高于教育管理者，这可能是因为教育管理者更熟悉和掌握教育政策法规的具体内容及实际执行情况。据此可以认为这些地区的政策、法规执行情况处于一种相对不理想的状态，当地的政策、法规的执行能力值得质疑。

（四）教育公平能力

教育公平是人们对教育资源分配的重要追求。本研究将决策公平维度分解为高效分配资源、合理利用资源、关注弱势群体和推进教育均衡4项指标。其中，高效分配资源是衡量教育资源是否被高效合理分配且利用的重要因素或指标；合理利用资源是衡量教育资源是否得到合理利用的重要因素或指标；关注弱势群体是促进教育公平的必要途径；推进教育均衡指标是衡量校际间、城乡间教育的必要指标。

对4项指标对应的调查数据分析结果见表3-32～表3-35，每个统计表中均包含了来自管理者问卷的调查结果和来自教师问卷的调查结果，并对两套问卷中相同问题的回答结果进行了对应比较，同时也针对同一个问题的调查结果在云南样本和贵藏桂三省区样本间进行了对比。

由表3-32可见，无论是当地教育管理者还是一线教师，关于教师福利收入差异性、职称评定的公平性和住房改善的现状3个方面，仅最多一半左右的人持相对积极肯定的看法，即对3个问题回答比较符合和非常符合的人占的比例在32.3%～58.3%。3个问题中，无论在云南省还是贵藏桂三省区，管理者或教师做出肯定评价比例最高的是"教师的职称评定的公平合理"，最低的是"教师的住房改善很大"。此外，对于"福利收入"和"住房改善"两项指标，贵藏桂三省区的教育管理者和教师做出肯定评价的人数比例都要比云南的教育管理者或教师高；对于"职称评定"，则表现为云南的教育管理者做出肯定评价的人数比例高于贵藏桂三省区（云南58.3%，三省区52.5%），而两个教师样本中对"职称评定"做出肯定评价的人数比例则基本一致（云南53.4%，三省区54.5%）。因此，这些地区教育治理的公平能力中，资源分配的高效性处于相对较低的状态。

表3-32 教育管理者和教师对当地教育治理中高效分配资源能力的看法（选择百分比,%）

地 域	评价项目	一点也不符合	不太符合	一般	比较符合	非常符合	缺失	合计
云 南	管理者：本地教师福利收入的差异不大	5.4	13.3	33.9	32.5	12.7	2.1	100
	管理者：教师的职称评定公平合理	4.2	8.4	27.2	37.3	21.0	1.9	100
	管理者：教师的住房改善很大	16.0	18.9	31.0	21.3	11.0	1.8	100

地　域	评价项目	一点也不符合	不太符合	一般	比较符合	非常符合	缺失	合计
云　南	教师：本地教师福利收入的差异不大	6.7	14.1	32.7	31.4	12.5	2.6	100
	教师：教师的职称评定公平合理	4.7	9.4	29.9	34.5	18.9	2.6	100
	教师：教师的住房改善很大	17.1	17.0	30.0	22.0	11.1	2.8	100
贵藏桂三省区	管理者：本地教师福利收入的差异不大	5.3	10.1	25.3	38.1	13.3	8.0	100
	管理者：教师的职称评定公平合理	5.8	10.4	24.8	33.7	18.8	6.5	100
	管理者：教师的住房改善很大	9.2	11.3	28.7	26.3	18.3	6.3	100
	教师：本地教师福利收入的差异不大	5.2	10.8	31.2	31.0	16.9	4.8	100
	教师：教师的职称评定公平合理	5.6	8.2	27.3	32.3	22.2	4.4	100
	教师：教师的住房改善很大	10.9	12	26.8	26.4	19.1	4.8	100

从表 3 - 33 可见，从合理利用资源方面来看，云南样本中仅有 57.2%
的教育管理者和 62.4% 的教师认为学校的信息化设备、现有教学仪器设备
和图书使用率很高；贵藏桂三省区样本中有 56.7% 的教育管理者和 58.9%
的教师认为学校的信息化设备、现有教学仪器设备和图书使用率很高。这
项指标的角色差异和区域差异并不明显。因此，这些地区教育治理公平能
力中，合理利用资源方面仍然有较大的提升空间。

从表 3 - 34 可见，在关注弱势群体指标上，大多数教育管理者（云南
91.9%，三省区 87.0%）和教师（云南 86.2%，三省区 81.5%）对当地
的贫困生资助、学生生活补助能及时足额发放到位做出肯定回答。对于贫
困家庭子女就学有保障，有较多的管理者（云南 79.9%，三省区 79.3%）
和教师（云南 69.4%，三省区 74.4%）认为比较符合或非常符合。而对

于义务教育阶段学生的辍学率问题，仅有一半左右（云南59.6%，三省区49.9%）的教育管理者认为辍学率不高，其中云南的教育管理者认为辍学率不高的人数比例要高于贵藏桂三省区。从教师样本的反馈来看，也仅有一半略多（云南62.6%，三省区66.7%）的教师认为所在学校几乎没有学生辍学。从上述三个调查问题的统计结果可以看出，在这些地区，对学生的补助政策执行得较好，对贫困家庭子女的就学保障也相对较好，但仍有较大的提升空间；控辍保学工作的成效是最不容乐观的。

表3-33　教育管理者和教师对当地教育治理中合理
利用资源能力的看法（选择百分比,%）

地　域	评价项目	一点也不符合	不太符合	一般	比较符合	非常符合	缺失	合计
云　南	管理者：学校的信息化设备、现有教学仪器设备和图书使用率很高	1.3	3.9	36.1	38.8	18.4	1.5	100
	教师：学校的信息化设备、现有教学仪器设备和图书使用率很高	1.3	4.3	29.7	37.1	25.3	2.3	100
贵藏桂三省区	管理者：学校的信息化设备、现有教学仪器设备和图书使用率很高	1.2	4.1	32	36.9	19.8	6.0	100
	教师：学校的信息化设备、现有教学仪器设备和图书使用率很高	1.8	5.6	29.1	33.2	25.7	4.5	100

表3-34　教育管理者和教师对当地教育治理中关注弱势
群体能力的看法（选择百分比,%）

地域	评价项目	一点也不符合	不太符合	一般	比较符合	非常符合	缺失	合计
云南	管理者：本地的贫困生资助、学生生活补助能及时足额发放到位	0.2	0.4	6.1	28.2	63.7	1.5	100
	管理者：贫困家庭子女就学有保障	1.2	2.1	15.0	38.6	41.3	1.8	100

续表

地域	评价项目	一点也不符合	不太符合	一般	比较符合	非常符合	缺失	合计
云南	管理者：义务教育阶段学生辍学率高	32.0	27.6	20.8	11.9	5.2	2.5	100
	教师：学校的贫困生资助、学生生活补助及时足额发放到位	0.4	0.8	9.9	31.1	55.1	2.7	100
	教师：贫困家庭子女就学有保障	1.7	3.7	22.3	37.4	32.0	3.0	100
	教师：我所在学校几乎没有学生辍学	3.0	8.5	23.5	31.3	31.3	2.4	100
贵藏桂三省区	管理者：本地的贫困生资助、学生生活补助能及时足额发放到位	0.0	0.5	6.0	25.3	61.7	6.5	100
	管理者：贫困家庭子女就学有保障	1.2	2.4	10.1	28.9	50.4	7.0	100
	管理者：义务教育阶段学生辍学率高	29.9	20.0	17.3	14.9	8.9	8.9	100
	教师：学校的贫困生资助、学生生活补助及时足额发放到位	0.2	1.5	11.8	27.9	53.6	4.9	100
	教师：贫困家庭子女就学有保障	1.1	3.0	17	35.3	39.1	4.5	100
	教师：我所在学校几乎没有学生辍学	1.7	7.6	19.9	30.3	36.4	4.2	100

表 3-35　教育管理者和教师对当地教育治理中推进教育
均衡能力的看法（选择百分比,%）

地　域	评价项目	一点也不符合	不太符合	一般	比较符合	非常符合	缺失	合计
云　南	管理者：本地教育投入的校际差异不大	3.6	12.2	39.7	32.0	10.6	1.9	100
	管理者：少数民族学生就学有保障	0.8	2.6	16.1	38.2	40.5	1.7	100

续表

地　域	评价项目	一点也不符合	不太符合	一般	比较符合	非常符合	缺失	合计
云　南	管理者：城市随迁子女的就学容易	2.3	5.4	26.1	36.5	28.0	1.7	100
	教师：当地教育投入的校际差异不大	2.7	9.7	34.7	36.0	14.1	2.7	100
贵藏桂三省区	管理者：本地教育投入的校际差异不大	2.9	12.5	29.2	36.4	12.3	6.7	100
	管理者：少数民族学生就学有保障	1.7	1.4	14.2	33.7	42.7	6.3	100
	管理者：城市随迁子女的就学容易	1.9	7.5	25.3	33.3	25.3	6.7	100
	教师：当地教育投入的校际差异不大	2.7	9.9	32.7	32.0	17.6	5.0	100

从表 3-35 可见，在教育公平能力中的推进教育均衡指标上，仅有部分教育管理者（云南 42.6%，三省区 48.7%）和教师（云南 50.1%，三省区 49.6%）认为本地教育投入的校际差异不大，但大多数的教育管理者（云南 78.7%，三省区 76.4%）认为少数民族学生就学有保障，以及不少的教育管理者（云南 64.5%，三省区 58.6%）认为城市随迁子女的就学容易。从上述三个调查问题的统计结果可以看出，在这些地区，推进教育均衡发展方面，目前首要的不足是教育投入校际差异仍然较为普遍地存在；其次就是城市随迁子女的上学难问题；最后，保障少数民族学生就学方面，也仍然需要更多投入。

（五）教育法治能力

教育法治能力即教育治理主体依法进行教育治理的能力。教育法治能力作为教育治理能力的重要组成部分，教育法治能力的提高有利于建立合理完善的教育治理体系，提高教育治理能力。本研究将教育法治能力维度分为制度建设、教育部门依法行政和学校依法治校 3 项指标。其中，制度建设是衡量教育制度是否健全、合理的指标；教育部门依法行政是衡量教育法治能力的必要条件和指标；学校依法治校是教育法治能力的重要条件和指标。

表 3 – 36　教育管理者对当地教育法治能力现状的看法

调查问题	选 项	云南		贵藏桂三省区	
		人数 （人）	百分比 （％）	人数 （人）	百分比 （％）
落实到你所在单位关于教育的法制是否完备？（制度建设）	A. 非常完备，难在执行	456	10.2	6	1.4
	B. 较为完备，还须改进	2728	60.9	65	15.7
	C. 不很完备，需要加强	985	22.0	18	4.3
	D. 极不完备，有重大缺陷	80	1.8	269	64.8
	E. 说不清楚	210	4.7	46	11.1
	缺失	20	0.4	11	2.7
	合　计	4479	100	415	100
以下哪种更符合本地教育行政部门的情况？（教育部门依法行政）	A. 比较严格地遵循法律法规实施教育管理	1225	27.3	123	29.6
	B. 更愿意出台和遵照部门规章实施教育管理	586	13.1	45	10.8
	C. 常常在国家政策允许范围内进行一些因地制宜的发挥	2645	59.1	236	56.9
	缺失	23	0.5	11	2.7
	合　计	4479	100	415	100
你所在区域是否存在以下情况？*（学校依法治校）	A. 体罚或变相体罚学生	627	18.8	46	14.6
	B. 挖苦、歧视学生	636	19.1	29	9.2
	C. 乱收费	90	2.7	11	3.5
	D. 教学设备故障率高且未及时修缮	1972	59.3	232	73.7
	E. 设置快慢班	685	20.6	81	25.7
	F. 增加课时数，延长教学和学习时间	1333	40.1	106	33.7
	G. 未按国家要求开设课程	461	13.9	57	18.1
	H. 其他	386	11.6	33	10.5

* 此问题为多选题，其百分比按选择该项目人数占填答该题人数（ $N = 4479$ 或 $N = 415$ ）的百分比计。

在教育管理者和教师问卷中对应 3 项指标的调查数据分析结果见表 3 - 36 和表 3 - 37。虽然由于具体问题的表述存在差异，未将教育管理者问卷和教师问卷的选答结果放在同一个统计表格来对比，但是在每个问题的选项上，两个表格相互之间能找到对应的地方。对统计结果具体分析如下。

表 3 - 37 教师对当地教育法治能力现状的看法

调查问题	选 项	云南		贵藏桂三省区	
		人数（人）	百分比（％）	人数（人）	百分比（％）
你认为所在的学校，关于教育的法制是否完备？（制度建设）	A. 非常完备，难在执行	1337	14. 3	390	13. 2
	B. 较为完备，还须改进	5615	60. 1	1837	62. 2
	C. 不很完备，需要加强	1625	17. 4	455	15. 4
	D. 极不完备，有重大缺陷	221	2. 4	88	3. 0
	E. 说不清楚	369	3. 9	94	3. 2
	缺失	181	1. 9	88	3. 0
	合计	9348	100	2952	100
你认为以下哪种情况更符合本校的实际？* （学校依法治校）	A. 比较严格地遵循法律法规实施教育管理	6131	66. 8	2097	73. 3
	B. 常常会无视教育的法律法规，临时性实施管理	837	9. 1	253	8. 8
	C. 更愿意出台和遵照部门规章实施教育管理	3160	34. 4	1204	42. 1
	D. 常常在国家政策允许范围内进行一些因地制宜的发挥	5055	55. 1	1583	55. 3
你对本区域学校依法治校的评价如何？# （学校依法治校）	A. 根本谈不上依法治校，基本都是校长说了算	881	9. 7	344	12. 2
	B. 在人、财、物上能做到依法治校，但在具体实施管理时都是校领导拍板	3896	42. 8	1324	46. 9
	C. 在依法治校方面做得非常好	6371	70. 0	1959	69. 3

续表

调查问题	选　项	云南		贵藏桂三省区	
		人数（人）	百分比（%）	人数（人）	百分比（%）
你所在学校是否存在以下情况？+（学校依法治校）	A. 体罚或变相体罚学生	324	5.4	108	6.4
	B. 挖苦、歧视学生	318	5.3	74	4.4
	C. 乱收费	68	1.1	46	2.7
	D. 教学设备故障率高且未及时修缮	3075	51.5	1125	66.9
	E. 设置快慢班	1321	22.1	494	29.4
	F. 增加课时数，延长教学和学习时间	2176	36.4	481	28.6
	G. 未按国家要求开设课程	440	7.4	130	7.7
	H. 其他	1160	19.4	171	10.2

带 * 的为多选题，其百分比按选择该项目人数占填答该题人数（$N = 9178$ 或 $N = 2861$）的百分比计。

带#的为多选题，其百分比按选择该项目人数占填答该题人数（$N = 9103$ 或 $N = 2825$）的百分比计。

带 + 的为多选题，其百分比按选择该项目人数占填答该题人数（$N = 5975$ 或 $N = 1681$）的百分比计。

在教育法治能力中的制度建设指标上，云南的教育管理者与来自贵藏桂三省区的教育管理者之间存在较明显的分歧。在云南教育管理者样本中，有71.1%的人认为所在单位的教育法制较为完备或非常完备，还有22.0%的人认为不很完备需要加强；但在三省区教育管理者样本中，仅有17.1%的人认为所在单位的教育法制较为完备或非常完备，还有4.3%的人认为不很完备需要加强，且64.8%的人直接指出其所在单位的教育法制"极不完备，有重大缺陷"。而对一线教师的调查结果比较一致，大多数教师（云南74.4%，三省区75.4%）认为所在学校的教育法制较为完备或非常完备，有少数教师（云南17.4%，三省区15.4%）认为不很完备需要加强。综合而言，这些地区在教育法制的制度建设上还需要进一步加强。

在教育法治能力中的教育部门依法行政指标上，一半以上（云南59.1%，三省区56.9%）的教育管理者认为当地教育行政部门"常常在国家政策允许范围内进行一些因地制宜的发挥"，也有些教育管理者（云南27.3%，三省区29.6%）认为当地行政部门是"比较严格地遵循法律法规实施教育管理"。综合上述调查结果而言，这些地区的行政部门在依法行政上是做得比较好的。

在教育法治能力中的学校依法治校指标上，不少教师（云南66.8%，三省区73.3%）认为其所在学校"比较严格地遵循法律法规实施教育管理"，也有一半多（云南55.1%，三省区55.3%）的教师认为学校"常常在国家政策允许范围内进行一些因地制宜的发挥"，同时有一些（云南34.4%，三省区42.1%）教师认为学校"更愿意出台和遵照部门规章实施教育管理"。就教师对当地学校依法治校方面的主观评价来看，不少教师（云南70.0%，三省区69.3%）认为当地学校"在依法治校方面做得非常好"，部分教师（云南42.8%，三省区46.9%）还认为学校"在人、财、物上能做到依法治校，但在具体实施管理时都是校领导拍板"，也存在极少数教师（云南9.7%，三省区12.2%）反映学校"谈不上依法治校，基本是校长说了算"。

对于当地教育中所存在的问题，按云南教育管理者中选择人数比例高低依次为：①教学设备故障率高且未及时修缮；②增加课时数，延长教学和学习时间；③设置快慢班；④挖苦、歧视学生；⑤体罚或变相体罚学生；⑥未按国家要求开设课程；⑦乱收费。按贵藏桂三省区教育管理者选择人数比例依次为：①教学设备故障率高且未及时修缮；②增加课时数，延长教学和学习时间；③设置快慢班；④未按国家要求开设课程；⑤体罚或变相体罚学生；⑥挖苦、歧视学生；⑦乱收费。可见，两个管理者样本中在该项指标上的选择情况基本一致，差异之处仅在：云南教育管理者对"挖苦、歧视学生"的选择人数比例相对多，而三省区教育管理者对"未按国家要求开设课程"的选择人数比例相对多。

对于当地教育中所存在的问题，按云南一线教师中选择人数比例高低依次为：①教学设备故障率高且未及时修缮；②增加课时数，延长教学和学习时间；③设置快慢班；④未按国家要求开设课程；⑤体罚或变相体罚学生；⑥挖苦、歧视学生；⑦乱收费。按贵藏桂三省区一线教师选择人数比例依次为：①教学设备故障率高且未及时修缮；②设置快慢班；③增加课时数，延长教学和学习时间；④未按国家要求开设课程；⑤体罚或变相体罚学生；⑥挖苦、歧视学生；⑦乱收费。两个教师样本中在该项指标上的选择情况也基本一致，差异之处仅在：云南教师对"增加课时数，延长教学和学习时间"的选择人数比例相对多，而三省区教师对"设置快慢班"的选择人数比例相对多。

综合上述分析可见，无论是云南还是贵藏桂三省区的教育管理者和教师，他们认为当地教育最突出的前三个问题是一致的，即学校教学设备故障维修问题、补课现象和设置快慢班现象较多地存在于当地学校中。综合而言，这些地区的学校在依法行政上仍然存在问题，有着较大的改进空间。

（六）教育管理者对当地教育治理能力现状评价的分析

本次调查的问卷设计中，无论是管理者问卷还是教师问卷，针对当地教育治理能力现状的调查，大多数题项采用了李克特式五点尺度的设计方式。这就可以将被调查者对每个题项的选项结果所对应的数值视为等距变量，采用适合连续变量的统计方法来对调查结果进行分析。

表 3 - 38 是把云南教育管理者对当地教育治理能力各项指标的评价按均值高低排序的结果。也就是说，在 20 个题项中，当地教育管理者做出积极肯定或满意程度最高的题项排在最上面一行，程度最低的题目排在表格的最下面一行。从表中可见，管理者对本地教育治理的评价整体上来说，都是偏向做出积极、肯定评价的，总共 20 个评价项目中，仅有两个项目的评价低于中值 3（中值 3 代表不置可否的态度）。需要指出的是，在管理者问卷中，关于义务教育阶段学生辍学问题实际上为反向计分题，即问题的提问方式是要求问卷作答者对辍学率高这一现象是否属实做出评价。所以，该题项 2. 29 的均值实际应该理解为认为当地辍学率高的人并不算太多。此外，还有一个问题涉及教师住房改善问题，均值为 2. 92 低于中值 3，此问题应该真正属于问卷作答者对当地教育治理中评价最低的问题。表 3 - 39 中贵藏桂三省区的教育管理者对当地教育治理能力各项指标的评价按均值高低排序结果解读方法同表 3 - 38。

根据表 3 - 38 和表 3 - 39 中的统计结果，综合而言，云南和贵藏桂三省区两个样本中的教育管理者对当地的教育治理能力各方面的评价基本一致。其中，自评最高的主要体现在教育公平能力中的关注弱势群体和推进教育均衡两个指标的某些方面。此外，自评最高的还有对当地的教育法治能力维度。同时，这些管理者对当地教育治理能力自评最低的方面也出现在关注弱势群体和推进教育均衡指标中，同时对资源有效分配的某些方面的认可度也是偏低的。

表 3 - 38 云南教育管理者对当地教育治理能力现状的评价
（按均值高低排序，$N = 4479$）

评价项目	最小值	最大值	均值	标准差	偏度	峰度
（9）本地的贫困生资助、学生生活补助能及时足额发放到位	1	5	4.57	0.65	-1.480	2.274
（11）贫困家庭子女就学有保障	1	5	4.19	0.86	-1.036	1.142
（1）我所在单位的教育决策符合国家的教育政策方针	1	5	4.18	0.71	-0.631	0.662
（17）少数民族学生就学有保障	1	5	4.17	0.85	-0.906	0.628
（6）我所在单位的决策过程符合程序	1	5	4.11	0.79	-0.629	0.198
（5）我所在单位的决策过程公开透明	1	5	4.07	0.84	-0.708	0.347
（2）我所在单位的教育决策符合本地发展的实际需求	1	5	4.00	0.74	-0.439	0.184
（4）我所在单位在决策制定时听取多方意见	1	5	3.94	0.85	-0.560	0.173
（18）城市随迁子女的就学容易	1	5	3.84	0.98	-0.634	0.081
（20）本地学校的社会主义核心价值观教育效果较好	1	5	3.84	0.85	-0.302	-0.207
（7）本地的教育质量评价以学生考试成绩为主	1	5	3.83	0.94	-0.547	-0.161
（19）本地学校的中华传统文化教育较好	1	5	3.73	0.86	-0.159	-0.262
（10）学校的信息化设备、现有教学仪器设备和图书使用率很高	1	5	3.70	0.86	-0.250	0.007
（3）我所在单位的教育决策与本地人财物等教育资源匹配	1	5	3.65	0.85	-0.241	-0.094

续表

评价项目	最小值	最大值	均值	标准差	偏度	峰度
（15）教师的职称评定公平合理	1	5	3.64	1.04	-0.594	-0.056
（8）本地的办学质量评价以学校自身、社会和家长的评价为主	1	5	3.50	0.98	-0.393	-0.209
（13）本地教育投入的校际差异不大	1	5	3.34	0.96	-0.242	-0.113
（14）本地教师福利收入的差异不大	1	5	3.34	1.04	-0.331	-0.340
（16）教师的住房改善很大	1	5	2.92	1.23	-0.020	-0.901
（12）义务教育阶段学生辍学率高	1	5	2.29	1.20	0.610	-0.600

表 3-39　贵藏桂三省区教育管理者对当地教育治理能力现状的
评价（按均值高低排序，N=415）

评价项目	最小值	最大值	均值	标准差	偏度	峰度
（9）本地的贫困生资助、学生生活补助能及时足额发放到位	2	5	4.59	0.64	-1.386	1.278
（11）贫困家庭子女就学有保障	1	5	4.34	0.87	-1.439	2.068
（1）我所在单位的教育决策符合国家的教育政策方针	1	5	4.33	0.66	-0.686	0.648
（2）我所在单位的教育决策符合本地发展的实际需求	2	5	4.22	0.70	-0.505	-0.241
（17）少数民族学生就学有保障	1	5	4.22	0.89	-1.203	1.623
（6）我所在单位的决策过程符合程序	1	5	4.20	0.81	-0.957	0.909
（5）我所在单位的决策过程公开透明	1	5	4.18	0.88	-1.092	1.220
（20）本地学校的社会主义核心价值观教育效果较好	1	5	4.13	0.80	-0.815	0.902
（4）我所在单位在决策制定时听取多方意见	1	5	4.02	0.89	-0.868	0.734
（19）本地学校的中华传统文化教育较好	1	5	3.95	0.86	-0.560	0.065

评价项目	最小值	最大值	均值	标准差	偏度	峰度
（3）我所在单位的教育决策与本地人财物等教育资源匹配	1	5	3.86	0.85	-0.582	0.385
（7）本地的教育质量评价以学生考试成绩为主	1	5	3.79	1.00	-0.609	-0.334
（8）本地的办学质量评价以学校自身、社会（家长）的评价为主	1	5	3.78	0.91	-0.488	-0.319
（18）城市随迁子女的就学容易	1	5	3.78	1.00	-0.524	-0.250
（10）学校的信息化设备、现有教学仪器设备和图书使用率很高	1	5	3.74	0.88	-0.312	-0.059
（15）教师的职称评定公平合理	1	5	3.53	1.12	-0.547	-0.331
（14）本地教师福利收入的差异不大	1	5	3.48	1.05	-0.598	-0.100
（13）本地教育投入的校际差异不大	1	5	3.46	0.98	-0.380	-0.279
（16）教师的住房改善很大	1	5	3.35	1.21	-0.371	-0.656
（12）义务教育阶段学生辍学率高	1	5	2.48	1.35	0.433	-1.067

　　表 3-40 和表 3-41 分别就云南样本和贵藏桂三省区样本的差异，将教育管理者和一线教师对当地教育治理能力各项指标的评价结果进行对比，并采用独立样本 t 检验的方法，对这两个群体对相同问题的评价分数均值的差异进行了总体显著性检验的结果。从表中可以看出，云南的教育管理者和教师除了在对"所在单位的教育决策符合本地发展的实际需求"和"教师的住房改善很大"这两点上，评定结果不存在统计上的显著差异之外，在其他各项对比上，这两个群体之间的观点均存在总体上的显著差异。教育管理者和教师对当地教育治理能力各项指标自评结果的对比中，教育管理者的评定显著高于教师评定的题项共有 8 题，而教育管理者的评定显著低于教师评定的题项共有 4 题。具体见表 3-40 中均值差一列中数值的正负号。

　　而对贵藏桂三省区的教育管理者和教师在各个项目上的选答结果进行

对比，却发现两个群体对相关问题的态度或评价在"决策制定时听取多方意见""学校的信息化设备、现有教学仪器设备和图书使用率很高""教育投入的校际差异不大""教师福利收入的差异不大""教师的职称评定公平合理"和"教师的住房改善很大"共 6 个项目上不存在总体上的显著差异，即教育管理者与教师对这些问题的观点是一致的。另外，进行对比的 8 个项目都达到了统计上的显著，其中，管理者的评定显著高于教师评定的题项共有 6 题，而管理者的评定显著低于教师评定的题具体见表 3 - 41 中均值差一列中数值的正负号。

表 3 - 40　云南教育管理者与教师对当地教育治理能力现状看法的比较

管理者评价项目 （$N = 4479$）	均值	标准差	教师评价项目 （$N = 9348$）	均值	标准差	均值差	t 值
（1）我所在单位的教育决策符合国家的教育政策方针	4.18	0.71	（1）学校领导的决策符合国家的教育政策方针	4.05	0.79	0.13	9.36**
（2）我所在单位的教育决策符合本地发展的实际需求	4.00	0.74	（2）学校领导的决策符合学校发展的实际需求	3.99	0.79	0.01	0.71
（3）我所在单位的教育决策与本地人财物等教育资源匹配	3.65	0.85	（3）学校领导的决策与人财物等资源匹配	3.85	0.83	- 0.20	13.12**
（4）我所在单位在决策制定时听取多方意见	3.94	0.85	（4）学校领导在决策制定时听取多方意见	3.82	0.93	0.12	7.28**
（5）我所在单位的决策过程公开透明	4.07	0.84	（5）学校领导的决策过程公开透明	3.85	0.94	0.22	13.33**
（6）我所在单位的决策过程符合程序	4.11	0.79	（6）学校领导的决策过程符合程序	3.93	0.87	0.18	11.74**
（7）本地的教育质量评价以学生考试成绩为主	3.83	0.94	（7）学校抓教学质量的手段主要就是考试	3.56	1.02	0.27	14.92**
（8）本地的办学质量评价以学校自身、社会、家长的评价为主	3.50	0.98					

续表

管理者评价项目 （N = 4479）	均值	标准差	教师评价项目 （N = 9348）	均值	标准差	均值差	t 值
			（8）我所在学校的中心工作就是保安全、抓成绩	3.96	0.88		
（9）本地的贫困生资助、学生生活补助能及时足额发放到位	4.57	0.65					
			（9）学校对教师教学质量的评价以考试成绩为最重要依据	3.94	0.94		
			（10）学校的贫困生资助、学生生活补助及时足额发放到位	4.43	0.75		
（10）学校的信息化设备、现有教学仪器设备和图书使用率很高	3.70	0.86	（11）学校的信息化设备、现有教学仪器设备和图书使用率很高	3.83	0.91	−0.13	7.99 **
（11）贫困家庭子女就学有保障	4.19	0.86	（16）贫困家庭子女就学有保障	3.97	0.93	0.22	13.37 **
（12）义务教育阶段学生辍学率高	2.29	1.20	（17）我所在学校几乎没有学生辍学	3.82	1.07	−1.53	75.55 **
（13）本地教育投入的校际差异不大	3.34	0.96	（12）当地教育投入的校际差异不大	3.50	0.95	−0.16	9.23 **
（14）本地教师福利收入的差异不大	3.34	1.04	（13）当地教师福利收入的差异不大	3.30	1.08	0.04	2.06 *
（15）教师的职称评定公平合理	3.64	1.04	（14）教师的职称评定公平合理	3.55	1.06	0.09	4.70 **
（16）教师的住房改善很大	2.92	1.23	（15）教师的住房改善很大	2.93	1.25	−0.01	0.44
（17）少数民族学生就学有保障	4.17	0.85					
（18）城市随迁子女的就学容易	3.84	0.98					

续表

管理者评价项目 （$N = 4479$）	均值	标准差	教师评价项目 （$N = 9348$）	均值	标准差	均值差	t 值
（19）本地学校的中华传统文化教育较好	3.73	0.86					
（20）本地学校的社会主义核心价值观教育效果较好	3.84	0.85					

* 表示在 α = 0.05 的水平上显著；** 表示在 α = 0.01 的水平上显著。

表 3 - 41　贵藏桂三省区教育管理者与教师在对当地教育治理能力现状上看法的比较

管理者评价项目 （$N = 415$）	均值	标准差	教师评价项目 （$N = 2952$）	均值	标准差	均值差	t 值
（1）我所在单位的教育决策符合国家的教育政策方针	4.33	0.66	（1）学校领导的决策符合国家的教育政策方针	4.17	0.80	0.16	3.89**
（2）我所在单位的教育决策符合本地发展的实际需求	4.22	0.70	（2）学校领导的决策符合学校发展的实际需求	4.13	0.81	0.09	2.15*
（3）我所在单位的教育决策与本地人财物等教育资源匹配	3.86	0.85	（3）学校领导的决策与人财物等资源匹配	3.95	0.88	-0.09	1.96*
（4）我所在单位在决策制定时听取多方意见	4.02	0.89	（4）学校领导在决策制定时听取多方意见	3.97	0.95	0.05	1.01
（5）我所在单位的决策过程公开透明	4.18	0.88	（5）学校领导的决策过程公开透明	4.00	0.96	0.18	3.61**
（6）我所在单位的决策过程符合程序	4.20	0.81	（6）学校领导的决策过程符合程序	4.04	0.90	0.16	3.43**
（7）本地的教育质量评价以学生考试成绩为主	3.79	1.00	（7）学校抓教学质量的手段主要就是考试	3.67	1.05	0.12	2.19*
（8）本地的办学质量评价以学校自身、社会家长﹒的评价为主	3.78	0.91					

续表

管理者评价项目 （N = 415）	均值	标准差	教师评价项目 （N = 2952）	均值	标准差	均值差	t 值
			（8）我所在学校的中心工作就是保安全、抓成绩	4.00	0.89		
（9）本地的贫困生资助、学生生活补助能及时足额发放到位	4.59	0.64					
			（9）学校对教师教学质量的评价以考试成绩为最重要依据	3.85	0.97		
			（10）学校的贫困生资助、学生生活补助及时足额发放到位	4.40	0.78		
（10）学校的信息化设备、现有教学仪器设备和图书使用率很高	3.74	0.88	（11）学校的信息化设备、现有教学仪器设备和图书使用率很高	3.79	0.97	− 0.05	0.99
（11）贫困家庭子女就学有保障	4.34	0.87	（16）贫困家庭子女就学有保障	4.14	0.89	0.20	4.30 **
（12）义务教育阶段学生辍学率高	2.48	1.35	（17）我所在学校几乎没有学生辍学	3.96	1.03	− 1.48	26.26 **
（13）本地教育投入的校际差异不大	3.46	0.98	（12）当地教育投入的校际差异不大	3.55	1.00	− 0.09	1.72
（14）本地教师福利收入的差异不大	3.48	1.05	（13）当地教师福利收入的差异不大	3.46	1.08	0.02	0.35
（15）教师的职称评定公平合理	3.53	1.12	（14）教师的职称评定公平合理	3.60	1.11	− 0.07	1.20
（16）教师的住房改善很大	3.35	1.21	（15）教师的住房改善很大	3.32	1.25	0.03	0.46
（17）少数民族学生就学有保障	4.22	0.89					
（18）城市随迁子女的就学容易	3.78	1.00					
（19）本地学校的中华传统文化教育较好	3.95	0.86					

管理者评价项目 （N = 415）	均值	标准 差	教师评价项目 （N = 2952）	均值	标准 差	均值 差	t 值
（20）本地学校的社会 主义核心价值观教育 效果较好	4.13	0.80					

＊表示在 α = 0.05 的水平上显著；＊＊表示在 α = 0.01 的水平上显著。

五　教育治理能力提升的调查结果

教育治理能力即教育治理主体为达到共同指定的教育治理目标所具有的能力与素质。与发达国家相比，我国的教育治理能力仍存在很多问题，处于较低的发展水平。本领域将教育治理能力提升途径划分为两个维度，分别为教育政策学习维度与教育管理学习维度。

（一）教育政策学习

本研究将教育政策学习维度划分为学习意识、学习频率、学习内容和学习途径 4 项指标。其中，学习意识是教育政策学习维度必不可少的条件，学习内容是指教育政策学习的内容，学习途径是指教育政策学习的方式。

表 3 - 42　教育管理者的学习意识

调查问题	选　项	云南		贵藏桂三省区	
		人数 （人）	百分比 （%）	人数 （人）	百分比 （%）
你比较关心哪些方 面的教育政策＊	与自己工作内容密切相关的	3577	80.6	302	74.6
	自己感兴趣的	1635	36.8	162	40.0
	掌握和领会新的政策精神的	2948	66.4	291	71.9
	能够解决自己工作难题的	3413	76.9	293	72.3
	有利于提升自己工作能力的	3748	84.5	334	82.5
	与自己福利待遇有关的	2967	66.9	191	47.2
	基本不怎么关心教育政策	97	2.2	8	2.0

续表

调查问题	选项	云南		贵藏桂三省区	
		人数（人）	百分比（%）	人数（人）	百分比（%）
你认为制约你管理能力提升的瓶颈是什么#	可支配的资源非常有限	2515	57.5	212	53.5
	政策和制度的制约	1635	37.4	138	34.8
	上级不放权，不能发挥我的主观能动性	814	18.6	101	25.5
	下属的执行力不强	960	21.9	94	23.7
	缺乏专业的教育管理理论的支撑	2266	51.8	252	63.6
	缺乏实践经验的积累	1773	40.5	179	45.2
	我认为自己完全能够胜任现岗位	744	17.0	50	12.6
	其他	96	2.2	9	2.3
你认为要提高各级教育管理者的管理能力，需要做好哪些方面的工作+	激发主观能动性	3631	81.6	308	77.0
	有制度约束	2203	49.5	197	49.3
	提供学习渠道（短期培训、专家讲座、外出考察）	4072	91.5	358	89.5
	提供学习资源（书籍、信息等）	3217	72.3	282	70.5
	其他	129	2.9	13	3.3

带 * 的为多选题，其百分比按选择该项目人数占填答该题人数（$N=4438$ 或 $N=405$）的百分比计。
带#的为多选题，其百分比按选择该项目人数占填答该题人数（$N=4375$ 或 $N=396$）的百分比计。
带 + 的为多选题，其百分比按选择该项目人数占填答该题人数（$N=4450$ 或 $N=400$）的百分比计。

表 3-42 是教育管理者对反映教育政策学习意识 3 个多选题回答结果的统计表，下面逐一进行解析。

对于管理者比较关心的教育政策按选择人数排序，依次为："有利于提升自己工作能力的"（云南 84.5%，三省区 82.5%）；"与自己工作内容密切相关的"（云南 80.6%，三省区 74.6%）；"能够解决自己工作难题的相关政策"（云南 76.9%，三省区 72.3%）；"与自己福利待遇有关的"（云南 66.9%，三省区 47.2%）；"掌握和领会新的政策精神的"（云南 66.4%，三省区 71.9%）；"自己感兴趣的"（云南 36.8%，三省区

40.0%）；"基本不怎么关心教育政策"（云南2.2%，三省区2.0%）。上述选项的排序中，云南和贵藏桂三省区的教育管理者主要在两个项目上存在选择人数比例的差异，即关心与自己福利待遇有关的教育政策的云南教育管理者更多一些，而三省区的教育管理者注重掌握和领会新的政策精神的人数比例更多一些。其他的选项在排序及具体人数比例上基本一致。

对于"制约你管理能力提升的瓶颈"这一问题，有超过一半的人选择"可支配的资源非常有限"（云南57.5%，三省区53.5%）和"缺乏专业的教育管理理论的支撑"（云南51.8%，三省区63.6%），也有较多的人回答是"缺乏实践经验的积累"（云南40.5%，三省区45.2%）和"政策和制度的制约"（云南37.4%，三省区34.8%）。其余选项的选择率均低于30%。

对于"提高教育管理者的管理能力需要做好的方面"这一问题，大多数教育管理者认为应该"提供学习渠道（短期培训、专家讲座、外出考察）"（云南91.5%，三省区89.5%）和"激发主观能动性"（云南81.6%，三省区77.0%），同时也有较多的人选择了"有制度约束"（云南49.5%，三省区49.3%）和"提供学习资源（书籍、信息等）"（云南72.3%，三省区70.5%）。

综上，很多教育管理者能够意识到由于自身具有的教育管理理论或实践经验的积累不足，在具有相应的激励和学习渠道的情况下，对与提升自己工作能力和业绩提升有关的教育政策，具有比较明确和较为强烈的学习意识。

表3-43是教育管理者对近三年接受过的教育培训内容的统计。从表中可见，大多数教育管理者在近期接受过爱岗敬业等道德素质的培训（云南77.4%，三省区73.8%）或教育政策或教育法律法规培训（云南76.0%，三省区71.3%）。其他类型的培训内容按照选择人数多少依次为：教育管理能力（云南58.3%，三省区63.8%）、如何依法行政或依法治校（云南49.4%，三省区39.5%）和典型模范人物事迹（云南43.5%，三省区35.0%）。云南与贵藏桂三省区的教育管理者对各个选项的选择人数比例排序完全一致，但在具体选题的选择百分比上存在或多或少的差异。根据上述调查结果，对于当地教育治理能力的提升，向各级教育管理者提供

更多的培训机会和更丰富的培训内容是很有必要的。

表 3 - 43　教育管理者近三年接受培训的内容

调查问题	选　项	云南		贵藏桂三省区	
		人数（人）	百分比（%）	人数（人）	百分比（%）
你在近三年内接受过下列哪些方面的培训?*	爱岗敬业等道德素质培训	3397	77.4	295	73.8
	教育政策或教育法律法规	3335	76.0	285	71.3
	如何依法行政或依法治校	2168	49.4	158	39.5
	教育管理能力（含规划制定、教育决策、政策执行等）	2558	58.3	255	63.8
	典型模范人物事迹	1910	43.5	140	35.0
	其他	215	4.9	14	3.5

带 * 的问题为多选题，其百分比按选择该项目人数占总人数（$N = 4388$ 或 $N = 400$）的百分比计。

表 3 - 44　教育管理者近三年接受培训的情况

调查问题	选　项	云南		贵藏桂三省区	
		人数（人）	百分比（%）	人数（人）	百分比（%）
近三年你参加过的政策学习或管理培训有哪些方式?（学习途径）*	离岗进修、访学	488	11.0	53	13.4
	挂职锻炼	282	6.4	43	10.9
	外出考察参观	1534	34.7	151	38.1
	开会学习	4039	91.4	347	87.6
	领导或专家的专题报告	3098	70.1	254	64.1
	下发文件自学	3294	74.6	254	64.1
	其他	170	3.8	14	3.5
在教育政策学习方面，你认为以下哪种情况比较符合本地的实际?（学习途径）*	教育行业的每个从业人员都该了解	3103	69.3	272	65.5
	各级和各部门领导很有必要学习，其他人员必要性不大	459	10.2	37	8.9
	领导学习后开会进行传达落实	895	20.0	94	22.7
	缺失	22	0.5	12	2.9
	合　计	4479	100	415	100

带 * 的为多选题，其百分比按选择该项目人数占总人数（$N = 4418$ 或 $N = 396$）的百分比计。

表 3 - 44 是教育管理者对教育政策学习中的学习途径选答结果的统计表。从表中可见，对于管理者近三年参加过的政策学习或管理培训，按选择人数比例从高到低排列，依次为：开会学习（云南 91.4%，三省区 87.6%）、下发文件自学（云南 74.6%，三省区 64.1%）、领导或专家的专题报告（云南 70.1%，三省区 64.1%）、外出考察参观（云南 34.7%，三省区 38.1%）、离岗进修或访学（云南 11%，三省区 13.4%）、挂职锻炼（云南 6.4%，三省区 10.9%）。其中开会学习和自学文件及听报告是最常见的教育政策学习途径。

对于符合本地实际的教育政策学习途径，很多教育管理者（云南 69.3%，三省区 65.5%）认为教育行业的每个从业人员都应该了解和熟悉教育政策，但也有不算少数的人（云南 20.0%，三省区 22.7%）认为应该由领导学习后开会进行传达落实，甚至有些教育管理者（云南 10.2%，三省区 8.9%）认为只有领导需要学习教育政策。综合上述统计分析结果，我们认为教育政策学习途径和方式的多样化，是激发广大教育管理者学习自主意识的重要途径。

（二）教育管理学习

教育管理是主体为完成治理目标，在教育领域所从事的管理活动或方式。教育治理主体的教育管理学习是提升教育治理主体治理能力的重要方式和途径。本研究将教育治理能力提升中的教育管理学习维度分为学习内容和学习途径/方式两项指标。其中学习内容指教育管理学习内容，学习途径/方式是指教育管理学习的途径/方式。

关于教育管理学习的内容，由前文表 3 - 43 可见，当地教育管理者近三年接受的培训中，参加过教育管理能力（含规划制定、教育决策、政策执行等）培训的人数比例并不算高（云南 58.3%，三省区 63.8%）。由此可推断，这些地区对教育管理者开展的管理能力培训并不普遍，也未常态化。

关于教育管理学习的途径/方式，由表 3 - 45 可见，当地的教育管理者认为制约自己参加学习和培训的主要因素按照选择人数的多少排序，依次为："缺乏专业引领"（云南 57.1%，三省区 65.2%）、"没有学习时间和精力"（云南 54.9%，三省区 48.4%）、"学习和培训缺乏制度保障"（云南52.2%，三省区51.6%）、"自身的经济条件不允许"（云南32.4%，三省区30.0%）和"其他"（云南5.9%，三省区5.0%）。其中，表示"没有学习时间和精力"的云南教育管理者相对更多，而表示"缺乏专业引领"的贵藏桂三省区的教育管理者相对更多。其他项目的排序在两个样本间完全一致。因此，对于当地的教育管理培训而言，专业的培训资源的供给，学习时间和制度的保障是促进其管理学习的重要途径和手段。

表 3 – 45　教育管理者对提高自身教育管理能力学习途径/方式的看法

调查问题	选　项	云南		贵藏桂三省区	
		人数（人）	百分比（%）	人数（人）	百分比（%）
你认为制约你参加学习和培训的主要因素是什么*	学习和培训缺乏制度保障	2261	52.2	205	51.6
	没有学习时间和精力	2378	54.9	192	48.4
	自身的经济条件不允许	1406	32.4	119	30.0
	缺乏专业引领	2476	57.1	259	65.2
	其他	257	5.9	20	5.0
你认为要提高自身的管理能力，比较有效的途径有哪些#	自学、实践和反思	3624	81.5	328	81.8
	各种形式的培训和学习（网络、会议、培训班）	3708	83.4	339	84.5
	借调、挂职锻炼	1199	27.0	129	32.2
	脱产进修	1575	35.4	131	32.7
	到发达地区参观考察	3502	78.8	275	68.6
	会议	1001	22.5	75	18.7
	其他	79	1.8	7	1.7
你认为要提高教育管理者的管理能力，需要采取哪些措施+	政府公共教育职能的调整与履行	2549	57.5	222	55.8
	变革现行教育管理体制	2799	63.2	225	56.5
	教育组织机构的优化与配合	3359	75.8	295	74.1
	加强对教育管理者的培训，提高他们的素质	3807	85.9	350	87.9
	评价方式多元化，引入并落实第三方评估	2720	61.4	208	52.3
	其他	84	1.9	8	2.0

带*的为多选题，其百分比按选择该项目人数占填答该题人数（$N=4333$ 或 $N=397$）的百分比计。

带#的为多选题，其百分比按选择该项目人数占填答该题人数（$N=4444$ 或 $N=401$）的百分比计。

带＋的为多选题，其百分比按选择该项目人数占填答该题人数（$N=4432$ 或 $N=398$）的百分比计。

对于提高自身的管理能力的有效途径，当地教育管理者的选择按人数比例从高到低排序，依次为："各种形式的培训和学习（网络、会议、培训班）"（云南83.4%，三省区84.5%）、"自学、实践和反思"（云南81.5%，三省区81.8%）、"到发达地区参观考察"（云南78.8%，三省区68.6%）、"脱产进修"（云南35.4%，三省区32.7%）、"借调、挂职锻炼"（云南27.0%，三省区32.2%）、"会议（云南22.5%，三省区18.7%）"和"其他"（云南1.8%，三省区1.7%）。所有项目的排序在云南和贵藏桂三省区的教育管理者之间完全一致。可见，最受教育管理者欢迎的教育管理学习途径主要是培训、自学和考察，而喜欢脱产进修、借调和挂职锻炼的并不多。

当地教育管理者认为对于提高他们管理能力需要采取的措施中，依主张人数的多少从高到低排列，依次为："加强培训"（云南85.9%，三省区87.9%）、"教育组织机构的优化与配合"（云南75.8%，三省区74.1%）、"变革现行教育管理体制"（云南63.2%，三省区56.5%）、"评价方式多元化，引入并落实第三方评估"（云南61.4%，三省区52.3%）、"政府公共教育职能的调整与履行"（云南57.5%，三省区55.8%）、"其他"（云南1.9%，三省区2.0%）。从上述结果可见，大多数教育管理者还是认可教育管理培训对于提升自身管理能力的必要性。

第四章

基于政策文本的教育治理能力现状分析

一 政策文本及政策文本分析

（一）所分析的政策文本概况

如前所述，本研究所选取的政策文本有两类：第一类是县级行政部门提供的、用以反映其"教育治理能力"的教育政策文本，共收集了云南省20个县的教育政策文本；第二类是从上述20个县中，随机抽取两所学校，邀请其提供管理文件，尤其是学校安全治理问题的相关文件。需要说明的是：由于本研究的文本资料收集是采取县级教育行政部门和学校自愿提供的方式，因此所收集到的文本数量应该远远低于其实际颁发、制定、实施的政策文本或管理文件数量。本研究最后分析的两类文本的具体情况如表4-1所示。

表4-1 县级教育政策文本数量

县名	ZK	LY	MS	HQ	TC	YD	SD	YS	QB	YJ	YB	LX	XP	SJ	RL	WS	LH	FN	LC	MG
数量	193	170	160	129	126	94	85	75	70	70	65	61	61	54	50	44	42	39	42	32

本研究所分析的学校安全治理的文本数量如表4-2所示。

表4-2 学校安全治理及教学质量管理的文件数量

样本学校县名	TC	SD	LY	QL	LP	MS	RL	LC	LH	YJ	YS	QB	ES	YJ	XP	WS	YB	SJ	YD	FQ
学校安全治理	3	2	2	2	2	3	2	3	3	2	3	2	2	1	2	2	2	1	2	1

从表 4 - 1 可知，抽取的 20 个样本县的教育政策文本数量，其中 ZK 县有 193 份；LY 区有 170 份；MS 市有 160 份；HQ 县有 129 份；TC 县有 126 份；YD 县有 94 份；SD 县有 85 份；YS 县有 75 份；QB 县有 70 份；YJ 县有 70 份；YB 县有 65 份；LX 区有 61 份；XP 县有 61 份；SJ 县有 54 份；RL 市有 50 份，WS 县有 44 份；LH 县有 42 份；FN 县有 39 份；LC 县有 42 份；MG 县有 32 份。

对 20 个县的教育政策内容进行分析，并按内容对同类政策进行归类合并，发现云南省教育治理主要涉及以下 12 项教育政策主题：安全教育与突发事件应急处理；教育事业发展规划；营养改善计划；招生考试；教师队伍建设；教育经费投入；办学条件改善；教育教学督导；学校布局结构；精神文化建设；教育公平情况；教育信息化建设。

表 4 - 3　20 个县政策文本主题统计

县（区）	安全与应急	教育公平情况	教师队伍建设	精神文化建设	教育教学督导	教育发展规划	营养改善计划	办学条件改善	教育经费投入	学校布局结构	招生考试	教育信息化建设
数量	303	205	191	154	142	123	91	87	84	58	54	45

由表 4 - 3 可知，从 20 个县所收集到的教育政策文本大致情况是：安全教育与突发事件应急处理的政策文件有 303 份；教育公平情况的政策文件有 205 份；教师队伍建设的政策文件有 191 份；精神文化建设的政策文件有 154 份；教育教学督导的政策文件有 142 份；教育事业发展规划的政策文件有 123 份；营养改善计划的政策文件有 91 份；办学条件改善的政策文件有 87 份；教育经费投入的政策文件有 84 份；学校布局结构的政策文件有 58 份；招生考试的政策文件有 54 份；教育信息化建设的政策文件有 45 份。从政策文件的数量分布情况可知云南省教育管理的主要内容集中在以上 12 类中。

（二）政策文本的分析方法

已有教育政策文本分析主要有定量和定性两种。政策文本定量分析的典型做法是文件的年度分布统计、发文单位统计、主题词词频统计等，属于内容分析范畴。① 政策文本的定性分析方法，即采用质性研究中的"编码"分析法、话语分析方法等，对政策文本的内容进行分析。"编码"是质性研究中从资料提炼出概念或主题的方法②，话语分析方法则是批判教育研究及语言学研究相互交叉而发展出的一种研究方法，分析的基本单位是教育政策文本的一个个完整稳定的"语篇"。③ 此外，孙绵涛认为，教育政策内容分析有三个步骤："第一步是对教育政策文本中的政策规范进行考察，第二步是确立并论证教育政策内容分析的标准，第三步是用这一标准对教育政策文本中的政策规范进行分析。"④ 袁政国认为教育政策文本的内容分析包括宏观、微观两个层次，每个层次分别有横向与纵向两个维度。⑤

本研究借鉴以上分析方法和分析思路，从宏观、中观和微观角度，使用定性和定量结合的分析方法，对抽取的云南省20个县的政策文本和学校文件进行分析。在查阅文献、同行评议的基础上，确定了教育治理规划能力维度、决策能力维度、执行能力维度、公平能力维度、教育法制能力维度五个分析维度，并进行县域间的比较。

二 教育规划能力的现状分析：以协同规划能力为例

目前，尽管学术界对教育规划的定义尚未形成统一的概念，但是国际教育规划研究所首任所长菲利普·H.库姆斯认为："从最广泛的意义上讲，教育规划就是把最理性的关于系统的分析方法运用于教育发展进程当中，使教育能够更有效地满足学生与社会的需要。"⑥ 学者们较为一致地将教育规划能力划分为教育规划的制定、执行以及监督三个部分。因此，本

---

① 王迎、魏顺平：《教育政策文本分析研究》，《现代远距离教育》2012年第2期，第15页。

② 陈向明：《质的研究方法与社会科学研究》，教育科学出版社，2002，第332页。

③ 李钢：《话语文本国家教育政策分析》，社会科学文献出版社，2009，第87页。

④ 孙绵涛：《教育政策分析-理论与实物》，重庆大学出版社，2011，第93页。

⑤ 袁政国：《教育政策学》，江苏教育出版社，1998，第161~163页。

⑥ 菲利普·H.库姆斯：《什么是教育规划》，丁笑烟等译，上海教育出版社，2009，第8页。

研究在制定测评指标时将教育规划能力分为规划的制定、规划的执行、规划的监测三个子维度。由于受篇幅与所搜集文本资料的限制，本部分仅选取政策规划主体中职能部门协同规划来分析其教育治理规划能力的现状。

（一）教育协同规划能力的总体分析

教育治理离不开教育系统内部各要素的协同，更离不开其他职能部门的协作。协同规划是基于协同理论展开的，强调教育所处的系统中各要素之间联结的重要性。职能部门协同规划政策表现在教育政策主题、政策文件数量以及职能部门协同模式几个方面。

在教育政策主题方面，教育系统内部部门之间协同规划的政策文本数量有 272 份，教育部门与政府其他部门之间协同规划的政策文本数量有 450 份，涉及的政策主题有突发事件应急建设、突出问题专项整治、教师培训与考核、师德师风建设、学区制管理、学校德育工作、文明素质与传统文化教育、办学条件改善、教育督导与纪律督查、教育系统安全工作、食品安全与疾病防控、廉洁与反腐败、控辍保学、民族团结与教育、教育经费管理、招生考试、学校审批与评定、校长教师交流轮岗等方面。

在政策文件数量上，教育系统内部在突发事件应急建设上协同规划最好，有 79 份文件。在安全工作主题方面有 31 份文件，师德师风建设有 27 份文件，文明素质与传统文化教育有 24 份文件，教师培训与考核有 21 份文件。这些数据说明教育系统内部职能部门在教师队伍建设、安全工作、文明素质与传统文化教育主题上的协同规划较好。在教育部门与政府其他部门协同规划的政策主题中，教师队伍建设有 85 份文件，教育经费投入与管理有 57 份文件，精神文明建设或德育政策有 41 份文件，营养改善计划有 30 份文件，各类教育发展有 29 份文件，食品安全与卫生有 26 份文件，义务教育均衡发展政策有 25 份文件，安全工作有 23 份文件，其余政策主题均在 20 份文件以下。由此可见，教育部门与政府其他部门在教师队伍建设和教育经费投入与管理政策主题上的协同规划较好。

各职能部门政策规划协同模式不尽相同。在教育系统内部，协同模式主要有设立领导小组、明确各部门的职责、建立联席会议制度等。基于政策文本中是否明确部门职责，笔者对样本文件做了归类处理：第一类是各部门之间制定了联席会议制度，并定期召开会议讨论有关事宜。笔者认为该类协同模式是部门之间协同规划程度最好的情况，但仅有 1 份政策文件表明为该种协同模式。第二类设立领导小组，并且下设各种工作小组以及明确各部门职责，共计 44 份政策文件。第三类是设立一个领导小组，并且各部门职责明确，共计 21 份政策文件。第四类是各部门职责明确，有 8 份政策文件。第五类是明确设立领导小组，但各部门的职责不够明确，共计 131 份政策文件。而余下的政策文本中有明确牵头部门和配合部门的情况，也有只明确责任部门的情况，共计 25 份。其中，最差就是出现了"相关部门或股室配合"这样模糊不清的情况，共计 42 份。从以上数据可知在各职能部门协同规划中明确部门职责的政策数量有 79 份，占所有协同政策的 27.20%，而余下绝大部分的政策文件中各职能部门职责模糊，反映了教育系统内部各职能部门的协同规划能力存在不足。

教育部门与政府其他部门之间的协同规划还表现为联发文件。部门联合发文是指针对某一特殊问题，各相关部门在意见一致的基础上联合出台文件。对某个问题的处理办法或者要求做出统一的规定，从而避免因职责交叉而出现的在同一事件或同一问题的处理上政令不一的现象。[①] 在所收集到的政策文本中，教育部门与政府其他部门协同模式中，最多的是联合发布政策文件，共有 204 份；联席会议制度有 12 份文件；成立领导小组的有 46 份文件；领导小组成员明确各成员部门职责明确的有 18 份文件；领导小组下设各工作组并且各部门职责明确的有 58 份文件；明确部门职责的有 26 份文件；有牵头部门的是 25 份文件；政策中出现有关部门配合的有 48 份文件。

（二）教育行政部门与平行部门的协同规划现状

在宏观分析的基础上，进一步从中观层面对县域间的职能部门的协同规划能力进行探测。在此，从各县协同规划的政策文件数量、政策中对各部门的职责是否明确两个角度出发，进一步具体探讨各县、区的各职能部门的政策协同规划能力现状。

---

① 蒋敏娟：《中国政府跨部门协同机制研究》，北京大学出版社，2016，第 97 页。

表 4 – 4 各县教育系统内部部门协同发文情况

县	LY	SD	TC	HQ	WS	YB	LC	MS	RL	LH	YJ	YD	LX	CY	ZK	SJ	FN	QB	YS	XP
协同的文件数	22	8	12	25	5	22	8	33	11	4	7	20	14	8	23	7	5	9	15	20
各部门职责明确的文件数	4	0	5	7	3	7	2	10	7	0	4	3	4	3	6	1	5	2	6	3

从表 4 – 4 得出，LY 区、HQ 县、YB 县、MS 市、YD 县、ZK 县、XP 县的部门协同规划工作较好，政策数量在 20 份及以上；而 WS 县、LH 县、FN 县的部门协同规划较差，政策份数在 5 份及以下。在明确部门职责的前提下，各县的协同规划政策数量都不多，除了政策数量本来就少的县份，县份内的部门协同较差。而 MS 市不论是协同规划的数量还是部门职责的明确程度数量都是最多的，例如 MS 市在教育系统地震应急预案、自然灾害应急预案、学校德育工作、师德师风建设等政策主题上的部门协同规划最好，不仅有工作领导小组，而且在领导小组下设有工作小组，各部门的职责明确，涉及的部门也在 10 个及以上。但在招生考试、禁毒防艾宣传教育、汛期防汛抗洪等政策主题上只是标明"相关部门"参与，说明即使是职能部门规划较好的县份，也依然存在职能部门协同规划能力发展不均衡的问题。

各县教育部门与政府其他部门的协同发文的情况也存在差别。下面笔者将从各县教育主管部门与其他平行部门协同发文的政策文件数量、政策中对部门的职责是否明确两个维度进行分析。

表 4 – 5 各县教育部门与县政府其他部门协同发文的情况

县	LY	SD	LC	FN	QB	YS	XP	TC	MS	RL	YJ	LH	LX	YD	MG	ZK	SJ	HQ	YB	WS
协同发文数量	37	32	10	10	16	22	26	38	38	10	19	12	14	20	14	55	16	21	15	12
各部门职责明确的文件数量	8	3	3	0	4	9	10	3	9	4	1	2	4	14	6	13	7	7	3	7

从表 4 – 5 中可以看出，ZK 县、TC 市、MS 市、LY 区、SD 县的教育部门与政府其他部门的协同规划较好，政策文件在 30 份以上；LC 县、FN 县、RL 市、LH 县、WS 县的各职能部门协同规划的政策文本数量较少。从部门的职责明确程度来看，XP 县、YD 县、ZK 县的政策数量较多；而

FN 县没有相关的政策文件，YJ 县只有 1 份政策文件。由此可见，各县在政府部门间的协同规划差异较大，表明县域间教育部门与政府其他部门的协同规划能力发展不均衡且存在较大差异。

（三）教育主管部门内部协同规划现状

以师德师风建设为例。师德师风建设中，县级教育主管部门内部各股室协同发文情况如表 4 - 6 所示。

表 4 - 6　师德师风建设各部门协同发文情况

县（区）	协同部门
LY	党办、基教股、纪委办、教育督导室、各股室
SD	相关股室
TC	人事股牵头、各相关股室配合
YB	党委、督导室、相关股室负责人和乡镇中心学校校长、直属学校校（园）长
MS	人事股牵头、各相关股室配合
YD	各股室负责人、教办室主任和校（园）长
LX	党办、督导室、局办公室、人事股、教研室、教育股
YS	党办、督导室、局办公室、各股室负责人
XP	局党委办、行政办、德育股、基教股、职成教股、安全股、督导室、电教室、财务股、招考办、学前办、人事股、教科所、校财局管中心、青少年校外活动中心

从表 4 - 6 中可以看出，师德师风在 LY 区、SD 县、TC 市、YB 县、MS 市、YD 县、LY 区、YS 县和 XP 县均有各职能部门协同规划的文件出台，但未见到其他 11 个县在此项工作上协同发文。在已经协同发文的 9 个县区中，协同的股室数量及类型也不尽相同。XP 县参与发文的股室最多，而 SD 县仅仅提到相关股室参与。从中可知，从具体专项工作来看，不同县域教育行政部门内部的股室协同情况存在差异。

留守儿童工作同样是多部门合作发文的主题。FN 县、HQ 县、MS 市、RL 市、WS 县、XP 县和 SD 县都有关于留守儿童的政策文件，但各县市参与的部门及股室、参与方式有很大不同。例如，MS 市在参与留守儿童的工作中参与的部门非常多且明确。《中共 MS 市委 MS 市人民政府关于加强关爱留守儿童工作的实施意见》明确了各单位和部门的职责。例如，加强公共服务，改善基础条件的责任单位是市教育局、市财政局、市人社局、市关工委、各乡镇、街道、农场；积极创办留守儿童之家的责任单位是市财政局、市教育局、市关工委、各乡镇、街道、农场；而 HQ 县、WS 县和 RL 市的文件中只是列出了参与部门的名称。

从以上分析可知，县域内相关职能部门针对某一个教育议题联合发文的状况不一。这在很大程度上反映出这些县域的教育协同规划能力存在很大差异。

三　教育决策能力的现状分析

教育决策是国家和地方的权力机关对教育活动施加政治影响的方式；教育决策的过程也是多方面利益冲突协调的过程。[①] 本研究综合已有研究成果，将教育决策细分为教育决策科学化、教育决策民主化、教育决策法制化三个维度。其中教育决策科学化从是否符合国家方针、是否符合当地实际需求、是否与资源相匹配三个层面来衡量。从收集的文本来看，所有政策文本都符合国家政策方针，此外，由于无法考察政策与资源匹配的状况，因此，本部分主要根据政策"是否符合当地需求"来具体分析其决策能力的现状。符合当地需求即意味着县级相关部门需要创造性地执行上级部门的政策文件，结合当地实际因地制宜地对上级部门的政策进行具体可操作的决议；在政策文本呈现上，则表现为具有本土化特征。本部分重点分析各县域在发文时如何结合本地实际情况来丰富、完善国家及上级部门的政策内容及其实施方式。

从发文时是否结合本地实际这一角度来看，所收集到的政策文本可以分为两类：第一类是县级政府各部门依据上级部门所出台的政策文件精神，结合当地县情或当地教育系统的实际情况，制定各项政策方案。收集到的这一类政策文本共有 304 份。第二类是县级各政府部门在转发上级部门所发的政策文件时，结合当地实际对转发文件的贯彻实施附有补充说明或是增加相关事项通知等政策文件，据统计有 22 份。两类教育政策共计

---

① 葛军：《关于教育决策科学化的若干思考》，《中国行政管理》2008 年第 10 期，第 103 页。

326 份。由以上数据可知，县级政府各部门自发制定的教育政策的数量远远超过转发上级政策并做本土化处理的政策文件数量。

表 4-7　各县市根据地方实际自主制定的教育政策数量

县	ZK	LY	MS	HQ	TC	YD	SD	YS	QB	YJ	YB	LX	XP	SJ	RL	WS	LH	FN	LC	MG
政策数量	21	28	25	26	19	19	19	22	15	7	30	12	31	5	6	4	6	4	3	2

分析发现，各县市根据地方实际制定的教育政策数量存在较大差异。由表 4-7 可知，各县市根据地方实际制定的教育政策数量为 0~10 个的市县有 8 个，分别是 MG 县、LC 县、FN 县、WS 县、SJ 县、RL 市、LH 县、YJ 县；政策数量处于 11~20 个的县区有 5 个，分别是 YD 县、SD 县、QB 县、LX 区、TC 县；政策数量在 21~30 个的县区有 6 个，分别是 ZK 县、MS 市、HQ 县、LY 区、YS 县、YB 县；政策数量在 31~40 个的县区有 1 个，为 XP 县。可见，县域之间差异较大。

把各项政策主题做归类处理，各项制定的教育政策主要有教育公平、校园安全与教育突发事件应急建设、民族团结教育、社会主义核心价值与中华传统教育、学校布局、教师队伍建设、办学条件改善、义务教育均衡发展、招生计划、学区与学校管理、教育专项治理几类政策主题。其中，部分政策主题包含几个方面，如教师队伍建设包括教师培训、师德师风建设、学校校长教师轮岗交流等几个方面；办学条件改善包括中小学校舍安全工程、美丽 100 校园行动计划、农村义务教育薄弱学校食堂改造、学前教育工程等方面。具体情况如表 4-8 所示。

表 4-8　各项政策主题的本土化差异情况

政策主题	政策主题所包含的方面	本土化政策的数量	该政策主题发文的县份数量
教育公平	贫困资助、流动人口子女教育、留守儿童、控辍保学、营养改善计划、民办教育、特殊教育	27	13
校园安全与教育突发事件应急建设	自然灾害（地震、防汛）应急预案、食堂食品安全、校园安全、生理与心理卫生安全	68	15

续表

政策主题	政策主题所包含的方面	本土化政策的数量	该政策主题发文的县份数量
民族团结教育		9	5
社会主义核心价值与中华传统教育		20	9
学校布局		5	5
教师队伍建设	教师培训、师德师风建设、学校校长教师轮岗交流、教师支教、校长管理、教师选聘、奖励优秀教师、教师调配、绩效工资	65	11
办学条件改善	中小学校舍安全工程、美丽100校园行动计划、农村义务教育薄弱学校食堂改造、学前教育工程	4	3
义务教育均衡发展		22	12
招生计划		23	8
学区、学校管理	教育教学管理、学生学籍管理、学区管理、农村寄宿学校管理、教育信息化管理	34	14
教育专项整治		15	11
其他	职业教育、教育督导、教育系统公务员考核、政务公开、家校共育、公益项目、去世教师殡葬改革、出差费用报销管理、中学晋升	35	

由表 4 - 8 可知，涉及教育公平这一政策主题有 13 个县份，共计 27 项；涉及校园安全与教育突发事件应急建设这一政策主题有 15 个县份，共计 68 项；涉及民族团结教育这一政策主题有 5 个县份，共计 9 项；涉及社会主义核心价值与中华传统教育这一政策主题有 9 个县份，共计 20 项；涉及学校布局这一政策主题有 5 个县份，共计 5 项；涉及教师队伍建设这一政策主题有 11 个县份，共计 65 项；涉及办学条件改善这一政策主题有 3 个县份，共计 4 项；涉及义务教育均衡发展改善这一政策主题有 12 个县份，共计 22 项；涉及招生计划这一政策主题有 8 个县份，共计 23 项；涉

及学区、学校管理这一政策主题有 14 个县份，共计 34 项；涉及教育专项整治这一政策主题有 11 个县份，共计 15 项；剩余 35 项由于各县政策主题较为分散，且数量较少，难以归类，便作"其他"一类处理。

分析发现，校园安全与教育突发事件应急建设、教师队伍建设两项政策主题的文件与当地实际结合较好；而办学条件改善、民族团结教育、学校布局、教育专项整治这几项政策的内容在各县差异不大。这一方面可能是因为上级部门在一项事务上的政策文件给县级部门留有的政策空间弹性较小，难以发挥其主观能动性；另一方面也可能是县级部门自身的政策依赖形成的惰性阻碍了其决策科学化能力的提升。

四　教育政策执行能力的现状分析

教育政策执行就是将教育政策从内容转变为现实的过程。[①] 具体而言，教育政策执行是执行者按照一定的政策方案，在一定时期内，运用各种政策资源，为实现政策目标，把教育政策所规定的内容转化为现实的过程。已有的研究中多是以某一项具体的政策为分析对象，采用跟踪研究方法追踪政策执行效果。本部分受此启发，选择政策连续性作为切入点。所谓政策连续性，及教育主管部门在某一项政策（如教师队伍建设）上持续发文的状况。教育主管部门就某一特定政策主题持续发文的情况及政策内容，可在一定程度上反映政策执行的力度，连续发文越多，且从政策内容上存在持续跟进、不断深化的现象，就可以判定为该县在该政策主题上的执行能力较强。

（一）县域教育执行能力参差不齐

分析发现，20 个县份中政策连续性较好的政策主题有学生营养改善计划、贫困生资助、教育突发事件应急建设、民族团结教育、区域社会主义核心价值观与中华传统教育、教师培训、师德师风建设、校长教师轮岗交

---

① 袁振国：《教育政策学》，江苏教育出版社，2001；吴志宏、陈韶峰、汤林春：《教育政策与教育法规》，华东师范大学出版社，2003；韩清林：《教育政策的若干理论与实践问题》，《当代教育科学》2003 年第 17 期，第 3～9 页。

流、办学条件改善、教师选聘、招生工作、流动人口子女教育、学校布局、教育工作先进集体与个人奖励、义务教育均衡发展、教育督导等方面。不少县域都会就相关主题两年甚至多年连续发文。此外，在本研究中政策中断是指往年出台过相关政策，但暂停出台政策 1 年或几年之后，又继续出台了该主题的政策。

表 4 - 9   20 个县份教育政策连续性总体情况

连续出台时间	2011 ~ 2015 年	2012 ~ 2016 年	2013 ~ 2015 年	2013 ~ 2016 年	2014 ~ 2015 年	2014 ~ 2016 年	2015 ~ 2016 年	中断
此时段内连续出台的政策数量	1	2	3	10	30	33	25	10

由表 4 - 9 可知，20 个县份在 2011 ~ 2015 年仅在 1 个政策主题上连续出台了相关政策；在 2012 ~ 2016 年共有 2 个政策主题连续出台了相关政策；在 2013 ~ 2015 年共有 3 项政策主题连续出台了相关政策；在 2013 ~ 2016 年共有 10 项政策主题连续出台了相关政策；20 个县在 2014 ~ 2015 年共有 30 项政策主题连续出台了相关政策；在 2014 ~ 2016 年共有 33 项政策主题连续出台了相关政策；在 2015 ~ 2016 年共在 25 项政策主题上连续出台了相关政策；此外，出现中断现象的政策主题共有 10 项。各时间段连续性的政策数量参差不齐与本次样本搜集的时间和范围有关。由于本研究的政策样本出台时间集中在 2013 年、2014 年、2015 年、2016 年，仅有少量是 2011 年、2012 年出台，并且 2016 年的政策文件仅是 9 月以前各级政府出台的。因此，在 2014 ~ 2015 年、2014 ~ 2016 年、2015 ~ 2016 年时间段具有政策连续性的政策主题文件数量较多，其余 4 个时间段的政策主题数量较少。排除中断的政策主题，20 个县共有 104 项教育政策主题具有政策连续性。因此，本部分主要分析 2014 ~ 2015 年、2014 ~ 2016 年、2015 ~ 2016 年三个时间段内的政策连续情况。

表 4 - 10   各县份在 2014 ~ 2016 年具有连续性的政策主题数量情况

县	ZK	LY	MS	HQ	TC	YD	SD	YS	QB	YJ	YB	LX	XP	SJ	RL	WS	LH	FN	LC	MG
数量	7	9	9	10	9	8	4	8	6	5	3	1	10	1	3	2	4	2	4	0

由表 4-10 可知，各县教育政策中具有连续性的政策主题数量不一。其中，MG 县最少，数量为 0；LX 区、SJ 县各有 1 项；WS 县、FN 县有 2 项；YB 县、RL 市各有 3 项；SD 县、LH 县、LC 县各有 4 项；YJ 县有 5 项；QB 县有 6 项；ZK 县有 7 项；YD 县、YS 县各有 8 项；LY 区、MS 市、TC 县各有 9 项；HQ 县、XP 县数量最多，各有 10 项。从中可看出 HQ 县、XP 县、LY 区、MS 市、TC 县、YD 县、YS 县、ZK 县、QB 县的教育政策的连续性较好，具有较大的执行力度，而 LX 区、SJ 县、WS 县、YB 县、RL 市、LH 县、LC 县、SD 县、YJ 县、FN 县、MG 县的教育政策连续性相对较差。

在此以 HQ 县为例进行说明。分析发现，HQ 县的教育政策中具有连续性的政策主题共有 10 项，其中民族团结教育相关的政策在 2014~2015 年间连续出台了 6 项；社会主义核心价值观与中华传统教育的相关政策在 2014~2015 年间连续出台了 6 项；政府在 2014~2016 年间在提高教育水平方面连续出台了 3 项相关政策；校园安全与突发事件应急建设的相关政策在 2013~2016 年间连续出台了 5 项；政府在贫困资助方面在 2014~2016 年间连续出台了 3 项相关政策；校长教师轮岗交流的相关政策在 2014~2015 年间连续出台了 2 项；教师招聘的相关政策在 2014~2016 年间连续出台了 7 项；政府在教师支教方面在 2014~2015 年间连续出台了 3 项相关政策；义务教育均衡发展的相关政策在 2015~2016 年间连续出台了 5 项；寒暑假相关工作通知的相关政策在 2014~2016 年间连续出台了 5 项。该县具有政策连续性的政策主题数量较多，并且各项政策主题的相关政策文件数量也较多，共计 50 项。因此，下文从具有政策连续性的政策主题数量、具体政策数量及政策内容的持续跟进性等方面，来判断各县域的政策执行能力。

（二）执行力度较大的政策主题

据统计，教育突发事件应急建设政策主题有 12 个县连续出台过相关政策，是连续出台相关政策县份最多的政策主题；社会主义核心价值观与中华传统教育政策主题有 9 个县连续出台过相关政策；营养改善计划有 7 个县份连续出台过相关政策；办学条件改善有 6 个县连续出台过相关政策；

校长教师轮岗交流有 5 个县份连续出台过相关政策。以上几项政策主题从连续出台相关政策县份数量的角度来看，其政策的连续性相对较好。在此，选取教育突发性事件应急建设该项政策主题为例阐述其政策连续性以窥测其执行情况。

教育突发事件应急建设是校园安全工作的一个方面，维护校园安全以及妥善处理教育系统中的突发性事件是学校顺利开展教学活动的基础，关系到师生的生命财产安全和千万个家庭的幸福安宁，受到各级政府和社会的关注。

表 4 - 11　校园安全中的突发性事件应急处理政策分析

县	ZK	LY	MS	HQ	YS	QB	YJ	YB	LX	XP	RL	WS
政策数量	13	9	30	3	13	8	7	11	9	10	7	3
持续发文年限	2014~2016	2014~2016	2013~2016	2015~2016	2013~2016	2014~2015	2014~2016	2014~2016	2013~2016	2014~2016	2015~2016	2014~2015

由表 4 - 11 可知，有 12 个县在校园安全中的突发性事件应急建设方面有连续性政策文件出台。其中，ZK 县 2014~2016 年共连续出台 13 项政策；LY 区在 2014~2016 年共连续出台 9 项政策；MS 市在 2013~2016 年共出台 30 项政策；HQ 县在 2015~2016 年共连续出台 3 项政策；YS 县在 2013~2016 年共连续出台 13 项政策；QB 县在 2014~2015 年共连续出台 8 项政策；YJ 县在 2014~2016 年共连续出台 7 项政策；YB 县在 2014~2016 年共连续出台 11 项政策；LX 区在 2013~2016 年共出台 9 项政策；XP 县在 2014~2016 年共连续出台 10 项政策；RL 市 2015~2016 年共连续出台 7 项政策；WS 县在 2014~2015 年共连续出台 3 项政策，2016 年未出台相关政策。其中以 XP 县较为突出，在 2014 年连续出台了 2 项涉及教育突发性事件应急建设的政策，在 2015 年出台了 1 项该政策，2016 年出台了 7 项此类政策。对其政策分析发现，XP 县出台的该项工作政策不仅在时间上具有连续性与稳定性，同时在政策执行的过程中对政策的内容进行监测评估，使其政策内容不断补充完善，而不仅仅是对往年政策的重复，表明该项相关部门对该项政策主题在制定政策以及政策执行方面力度较大。

（三）执行力度较弱的政策主题

从政策出台的连续性及在该项政策主题上的政策数量来看，县级教育主管部门关注较少的政策主题主要有民办教育发展、特殊教育、民族团结教育几个政策主题。其中，民办教育发展资金、特殊教育两项政策主题仅有 1 个县连续出台过相关政策；针对民族团结这项政策主题连续出台政策的县只有 3 个。同时，关于流动人口子女教育的政策主题仅有 2 个县的政策具有一定的连续性。这说明，教育主管部门在这些政策上的执行情况较弱，根据出现的新情况和新问题及时调整政策措施的现象较少。

综合起来看，政府重视、关注度高的议题，教育主管部门出台的教育政策连续性就好，反之则较差，甚至没有政策连续性。在本研究中校园安全、学生营养改善计划是政府关注的重点，因此其政策连续性较好，而在民办教育发展资金、特殊教育、民族团结教育这些方面，连续性较差。民办教育是指国家机构以外的社会组织或者个人，利用非国家财政性经费，面向社会举办学校及其他教育机构。① 这在一定程度上缓解了政府办学的压力，因此政府应该予以支持，但 20 个县中只有 XP 县连续出台过民办教育发展资金的政策。特殊教育是教育的一个组成部分，彭霞光曾指出，特殊教育是衡量一个国家教育水平以及整个文明程度的天然尺度。② 特殊教育的健康发展，对地方基础教育的整体质量有一定的影响，但也仅有 1 个县连续出台过相关政策。云南是一个多民族的省份，其民族文化多种多样，对开展民族团结教育是有必要的，但只有 3 个县连续出台过相关政策。还有，在关于留守儿童方面，据近期调查表明，云南省留守儿童的总数已达 121.34 万人，占全省 1247.5 万 0~17 岁儿童的 9.72%。③ 但涉及留守儿童的问题只有零散的几项文件，没有政策连续性。云南农村寄宿制学校数量较多，但在农村寄宿制学校管理方面也未曾出台过连续性政策。由此可见，云南省县域内的教育治理对政府的依赖性较大。

五 教育法治能力的现状分析

教育法治能力是教育治理能力的重要组成部分。根据已有研究成果，

① 王善迈：《民办教育分类管理探讨》，《教育研究》2011 年第 12 期，第 32~36 页。
② 彭霞光：《中国特殊教育发展现状研究》，《中国特殊教育》2013 年第 11 期，第 3~7、13 页。
③ 云南省妇联：《云南省农村留守儿童现状调研报告摘录》。

本研究将教育法治能力划分为制度建设、教育部门依法行政、学校依法治校三个方面。在对政策文本进行分析时，本研究选择学校安全治理该项主题为教育法治能力现状剖析的切入点。其原因有如下几点：其一，政策文本中单独反映教育治理法治能力某一方面的内容较少；其二，在已有研究中学校依法治校多集中于高等教育阶段的学校，中小学依法治校的研究欠缺；其三，学校安全治理明显地涉及制度建设，而且在很大程度上涉及教育部门依法行政、学校依法治校。因此，选取其作为分析主题，以此阐述各县教育法制能力的现状。

（一）学校安全治理的宏观分析

根据对云南省 20 个县份（含学校）编码分析的结果，并参照方芳《中小学校园安全治理标准化体系建设》，本研究从以下六个方面对云南省学校安全治理进行分析：人防建设、物防建设、技防建设、专项管理、安全教育与演练、安全事故处理。

表 4 – 12　学校安全治理的主要内容

学校安全治理子项	人防建设	物防建设	技防建设	安全专项管理	安全教育与演练	安全事故处理
在政策文本中出现的次数	146	67	2	369	242	43

人防、物防、技防简称"三防"。"三防"建设是制度建设，同时也是学校安全防范工作的三个重要方面。大多数学校对"三防"制度建设制定了相关规定。就中小学校园安全治理而言，人防建设主要指学校配备保安的比例、学校门卫的具体职责要求、学校安全巡查的次数要求等；物防建设指学校教学设施的标准、对学校防盗设施的要求、对消防设施安装的要求等；技防建设指要求在哪些场所设置视频监控、监控视频要求保存多长时间等。① 做好"三防"制度建设，才能够保障学校能机动、快速、有效地预防和处理各种安全事件。学校安全专项管理是完善校园安全治理的重

---

① 方芳：《依法治教视域下中小学校园安全治理标准化研究》，《天津市教科院学报》2016年第 5 期，第 55 页。

要内容，能有效落实学校安全责任，完善学校安全管理制度。安全教育与演练是校园安全治理的手段性内容，能增强师生的安全意识，有效控制意外伤害事故。安全事故处理体现了学校安全治理的水平，及时、有效的处理措施既能避免更大的伤害，也有利于教学活动的有序开展。以上六项文本为学校依法治校提供了依据。以下将逐一呈现这六个方面的具体情况。

表 4-13　学校安全治理六个子项具体内容及政策文本数量

人防建设			
安全管理机构的设置	3	安全领导小组的组建	13
安全岗位职责	50	安全岗位人员的聘用及管理	36
校园安全巡查与检查	37	安全岗位考核奖惩	7
物防建设			
教学设施	6	防盗设施	2
消防设施	58	安保器械	1
技防建设			
视频图像采集装置	1	安防监控室	1
安全专项管理			
教学安全管理	19	危险品安全管理	15
网络安全管理	7	大型活动安全管理	42
饮食卫生安全管理	99	医疗卫生安全管理	57
交通安全管理	23	校园伤害	30
周边环境整治	15	校舍安全管理	62
安全教育与演练			
安全教育培训	11	安全教育宣传	12
应急预案要求	208	应急演练要求	20
安全事故处理			
安全事故的报送	19	安全事故的等级划分	3
安全事故责任制	21		

　　人防建设。根据编码所得数据，人防建设的内容主要分为五类：一是安全管理机构的设置，仅有个别县份的学校设有专门的安全管理机构，并制定相应管理制度。多数学校成立安全领导小组，以校长为学校安全工作的第一责任人，学校安全工作由校长领导下的安全工作领导小组负

责，各处、室向领导小组负责。二是明确安全岗位职责，如学校门卫岗位职责、宿舍管理员岗位职责、饮用水管理员岗位职责等，强化岗位人员的安全责任意识。三是重视安全岗位人员的聘用及管理，如门卫安全管理制度、食堂从业人员个人卫生管理制度、从业人员健康检查制度等。其中，多数学校都制定了安全岗位人员的管理制度，但缺乏专门的安全岗位人员聘用制度。四是加强校园巡查与检查，及时排查安全隐患，确保师生员工安全。五是对安全岗位人员实行严格的考核奖惩，以调动安全岗位人员的工作积极性和强化其责任心，但仅有少数县对此有明确的制度规定。

物防建设。云南省中小学物防建设的内容主要包括教学设施、防盗设施、消防设施、安保器械等。其中，消防设施建设受到各地重视。在本研究中，教学设施安全主要指教学仪器设备的安全管理，包括学校实验室、仪器室、计算机网络教室等仪器设备贮存场所的安全。在防盗设施建设方面，收集到的资料显示，仅有 2 条制度涉及学校的防盗设施建设。各地均较为重视学校的消防设施建设，要求专门存放易燃、易爆物品，加强用电安全检查，定期检查、维护灭火设施设备，加强师生的消防安全教育等。各县在安保器械的配备管理不足，仅施甸县对安保器械的配备使用做了制度规定。

技防建设。技防建设主要包括通话配备、视频图像采集装置、安防监控室、紧急报警装置等四个方面的重要内容。云南省各县市在"技防建设"方面投入不足，关于视频图像采集装置和安防监控室和制度管理规定仅有 2 条，而通话配备和紧急报警装置的管理制度缺失。

校园安全专项管理。校园安全专项管理主要体现在三个方面：一是对学生日常学习的安全管理，如教学安全、危险品安全管理、网络安全管理和集体活动安全管理等。其中，集体活动安全管理主要指由学校统一组织的节日活动、学生外出参观游览以及一切社会实践活动，需要向学校申请获批后方可开展。二是学生的学校生活安全管理，如饮食卫生、医疗卫生、校园伤害、交通安全管理和校园周边环境整治等，学校通过制定相应的规章制度确保学生食堂的食品卫生，保证学生的就餐安全，并在疫病发生时期，制定相应的预防救助制度。同时，加大对校园伤害、交通安全管理和校园周边环境整治的管理力度。三是加强校舍安全管理，对学校教室、办公室、师生宿舍、档案室等定期检查，发现问题及时整改，以保障学校师生生命、财产安全和学校教学安全。

安全教育与演练。安全工作，重在预防。学校安全治理是一项长期、复杂的工作，安全教育与演练须做到常规化、制度化。安全教育与演练主要包括安全教育培训、安全教育宣传、应急预案设置、应急演练要求四个方面的内容。其中，安全教育培训主要针对学校安全责任人、保卫人员和教师开展。安全宣传主要是根据环境、季节及有关规律进行防火、防事故、防侵害、防骗、防盗、防中毒、防病等方面的宣传教育，以提高师生员工的防范意识。相应的，各地均制定了众多应急预案，这些应急预案主要为地震、气象灾害、洪水、森林火灾等自然灾害和防溺水、防踩踏等意外伤害预案。同时，部分县市制定相关的应急演练制度，定期组织师生进行应急演练。

安全事故处理。安全事故处理主要体现为安全事故的报送、等级划分和责任追究三个方面。首先，多数县市制定了安全事故的报送制度，在事故发生后及时向上级教育行政部门报告。其次，按照事故的性质、严重程度、可控性和影响范围等因素，对事故进行等级划分，一般分为四级：Ⅰ级（特别重大）、Ⅱ级（重大）、Ⅲ级（较大）和Ⅳ级（一般），而且在各县市提交的制度中，较少对安全事故等级进行明确的划分。最后，各县市均有明确的责任追究制度，由于学校的责任造成安全事故的，由教育主管行政部门根据有关规定，对相关责任人给予相应的行政处分，构成犯罪的，移交司法机关依法追究刑事责任。

（二）学校安全治理的中观分析

从各县市的制度内容分析，20 个县市在校园安全治理的内容上有很多共同点，即多数县市重视学校的人防和物防建设，同时加强对学校安全的专项管理和安全教育与演练。但各个县市在人防建设、物防建设、安全专项管理、安全教育演练和安全事故处理方面制度详略有别。

在安全专项管理方面，各个县市均重视学校的饮食卫生和医疗卫生安全管理。但在具体规定上存在差异，以饮食卫生安全为例，腾冲市在食堂从业人员的管理方面分别列出了三项制度：第十七条，学校食堂应配备足够的合格工作人员并妥善落实人员工资及福利，组织专业培训，从业人员不足的，应优先从富余教师中转岗，也可以采取购买公益性岗位的方式从社会公开招聘；人员招聘按照"学校组织招聘、培训、考核、使用"的原则进行。第十八条，食堂从业人员的基本要求：（1）学校应在食品药品监督管理部门和营养专业人员的指导下对食堂从业人员定期组织食品安全知识、营养配餐、消防知识、职业道德和法治教育的培训。（2）食堂从业人员（含临时工作人员）每年必须进行健康检查，取得有效的健康合格证明。（3）建立食堂从业人员晨检制度，食堂管理人员应在每天早晨各项饭菜活动烹饪开始之前，对每名从业人员的健康状况进行检查，并将检查情况记录在案。发现有发热、腹泻、皮肤伤口或感染、咽部炎症等有碍食品安全病症的，应立即离开工作岗位；有倾向及行为、精神异常等现象的，应立即调离工作岗位。（4）从业人员应具备良好的个人卫生习惯，处理食品及分餐前，处理食品原料及使用卫生间后，必须用肥皂及流动清水洗手消毒；穿戴清洁的工作衣、帽，并把头发置于帽内；不得留长指甲、涂指甲油、戴戒指加工食品；不得在食品加工和供应场所内吸烟。第十九条，食堂应配备专职或兼职食品安全管理员；食品安全管理员原则上每年应接受累计不少于 40 小时的餐饮服务食品安全培训。例如，LH 县第一中学食堂管理规章中，有一条涉及食堂从业人员的制度：食堂工作人员须穿食堂专用工作服才能上岗；要有良好的卫生习惯，不随地吐痰、不乱丢果皮纸屑，养成良好的卫生习惯和职业道德。

综上所述，TC 县的食堂管理制度较为全面且具体，对工作人员的方方面面都做了相应的规定，而不仅仅是条例式的简单说明。

在学校交通安全管理制度方面，不同学校制度存在差异。TC 市 QS 中学在学校交通安全管理制度的内容主要为：一是校园车辆行驶及学生乘车规定，强调自行车、电瓶车的驾驶员必须遵守相关规定。学生乘车的车辆必须符合有关法律法规的规定，确保机动车的证件、号牌齐全，车况和机件良好，乘车时在值周老师的管理下，到校外候车亭排队上车。二是校园自行车、机动车安全管理制度，主要强调了车辆的停放和车辆入校的相关要求。LH 县民族寄宿制学校交通安全管理制度的内容主要为：一是强化学生交通安全知识教育。学校通过多种形式，定期对学生进行交通安全知识教育，每周不少于一次，增强师生安全意识，让学生详细了解交通规则。二是严格落实学校路口安全值勤制度。学校要结合本校实际制定并严格执行学校门口及主要交通路口值班制度，要明确职责，安排好人员，实行无缝隙管理，在学生上学和放学的集中时间，必须有老师值勤疏导交通，监督学生按交通规则行走，并做好值班记录。三是在距学校门口 50 米路段内实行学校责任管理，安排专人在学生上学、放学高峰期，对学生在路上的交通规则遵守情况进行巡查，对违纪学生及时制止，尽心批评教育，做好相应记录。四是在学校门口和学生比较集中的交通路口设置醒目的警示牌，提醒机动车辆注意减速慢行，严禁机动车辆随意出入校园。五是教职工、学生骑自行车要做到八不准：不准"飙车""飞车"；不准多车并行；不准勾肩搭背；不准撒把骑车；不准倒骑车；不准在公路上赛车；不准骑车带人；不准在公路上停车玩耍。六是学校要加大对教职工、学生专用车辆的监督管理力度。督促司机对学生专用车定期保养，按时季检，不准聘用无照司机及车证不符司机。监督学生不乘坐不合格车辆和无合格手续车辆。校园内严禁打闹、追跑、严禁攀爬、围追车辆。七是校外单位在学校举行的所有集体活动，主办单位要有专人维持秩序，学校负责监督检查。在活动无安全保障的情况下，学校有权责令活动中止，校内工程施工人员，必须到学校办理登记手续，并定期接受政教处的安全教育。八是严格实行交通安全目标责任制和责任追究制，学校校长是第一责任人，学校要根据实际，建立健全具有可操作性的安全工作责任制，任务分解到人，实现学生交通安全工作规范化、制度化，达到预防为主的管理目标。九是学生发生交通安全事故的，应立即送医院及时抢救，并责任落实到人。

就内容上而言，LH 县民族寄宿制学校的交通安全管理制度涵盖的内容全面，涉及交通安全教育、安全执勤和责任追究等内容。

总之，各个县市虽然都制定了相关的安全管理制度，但是在具体的某一方面存在差异，如 TC 市在食品安全管理方面制度较为完备，但是在学校交通安全管理制度方面有待进一步完善。

（三）学校安全治理的微观分析

通过对云南省各县市学校制度的内容分析发现，在饮食卫生安全方面，TC 市制定了较全面的食堂管理制度，如制定食品留验和记录制度。食品留样是学校食品安全管理的重要手段，是食品安全事故处置的重要措施。TC 市将每餐售卖的食品取样留存，并明确存放时间、存放地点，安排专人负责管理。同时，在学校食堂卫生管理制度中，一是明确原料采购及索证制度，要求食堂采购员必须到持有卫生许可证的经营单位采购食品、购物要有供货方提供有关食品书面证明材料。二是明确库房管理制度，要求食品需分类、分架、隔墙、离地存放，在食品贮存场所禁止存放有毒、有害物品及个人生活物品，同时定期对食品进行检查处理。三是明确厨房卫生制度及管理制度，强调厨房必须添置"四防一消"设施。要有相对独立的食品原料存放间、食品加工操作间、食品出售场所及用餐场所。严禁非食堂工作人员随意进入学校食堂的食品加工操作间及食品原料存放间。厨房一天打扫三次以上，确保地面无积水、无垃圾。四是明确餐具用具消毒制度，要求餐饮具使用前必须洗净、消毒，禁止重复使用一次性餐具。消毒后的餐饮具必须贮存于专用保洁柜内备用。洗涤、消毒剂必须符合卫生标准或要求，必须有固定的存放橱柜，并有明显标记。用于原料、半成品、成品的刀、墩、板、桶、盆、筐、抹布以及其他器具，容器必须标志明显做到分开使用、定位存放，用后洗净、保持清洁。五是明确餐厅卫生管理制度，每天按时打扫，保持地面整洁，餐厅内门窗干净明亮，餐桌椅无油垢。每周用"84"消毒液消毒两次。六是制定了专门的卫生检查制度，食堂工作人员须进行健康检查，持有健康证方可上岗。凡患有痢疾、伤寒、病毒性肝炎等消化道疾病者，不得从事接触直接入口食品的工作。食堂工作人员在出现咳嗽、腹泻、呕吐等有碍于食品卫生的病症时，应立即脱离工作岗位，待查明病因，排除有碍食品卫生的病症或治愈后，方可重新上岗。食堂从业人员应有良好的个人卫生习惯。必须做到：（1）工作前、处理食品原料后、便后用肥皂及流动清水洗手，接触直接入口食品之前应洗手消毒。（2）穿戴清洁的工作衣、帽，并把头发置于帽内。（3）不得留长指甲、涂指甲油、戴戒指加工食品。（4）不得在食品加工和销售场所内吸烟。七是制定卫生突发事件报告制度，学生如有食物中毒或其他食源性疾患，应在第一时间向学校总值班室和医务室或区卫生防疫机构上报，并向主管领导和教育局报告（上报时间不得拖延两个小时以上）。立即组织人员对中毒师生进行救治，尽快协助有关部门查明事故原因，控制食物中毒事故的进一步扩大。

综上，TC市在饮食卫生安全管理方面，对食物的来源、生产过程及食堂工作人员都制定了具体清晰的制度，既便于食堂的安全卫生管理，也有效保证了师生员工的饮食安全。

为了加强学校安全管理，保障学校及学生、教职工的人身、财产安全，维护学校正常的教育教学秩序，各县市根据《中小学幼儿园安全管理办法》等有关法律法规，制定了学校安全管理责任制度。YJ县在学校安全责任制度中，对学校安全工作实行"一岗双责"，即学校领导、各岗位负责人既要履行自己的工作职责，也要承担安全工作的职责。校长是学校安全工作的第一责任人，分管领导是学校安全工作的直接责任人，各校校长、班主任是学校安全工作的具体负责人，各岗位的负责人同时也是各自岗位安全工作的负责人。上述《办法》具体分述了学校领导和各岗位负责人的工作职责，如在各处室负责人安全职责中，明确了办公室、教务处、政教处和总务处各自的安全管理内容。同时，也具体指出了年级组长、班主任、体育组负责人和实验室组负责人等具体管理职责。这些职责分工，具体明确且涵盖了学校岗位职责的多个方面，便于各安全岗位的管理人员明确自身职责，同时也便于事故发生后的责任追究。

学校安全治理涉及相关安全制度的建设，为学校依法治校提供依据。各县市学校都有相应的安全制度建设，但各项制度的侧重点会有些差异。具体到制度的内容方面，一些县市的学校有较为详细的操作说明，涉及范围较广，不仅为学校依法安全治校提供依据，同时具有较强的可操作性。另一些县市的学校其安全制度建设是纲领性的，在具体内容上有所欠缺，只是为学校依法治校提供了一个方向性的依据，学校在安全治理中需要更多的自主性。

第五章

教育治理能力存在的问题及其原因

一　问卷调查数据分析的若干结论

（一）教育治理主体特征维度的结论

本研究的问卷调查结果表明，从各级教育管理者的自然情况维度上来看，教育管理中大部分人具有教育专业背景，并具有一线教育工作的经历。各级教育管理工作者对当地教育管理工作的目标、重点、过程是比较了解和熟悉的。

从教育治理观念/理念维度现状上来看，各地教育治理中的教育发展思路并没有达到非常清晰的程度，教育治理的各方对当地教育治理的发展目标和思路上缺乏共识，各地的教育治理观念/理念中的主动性还有很大的提升空间。此外，在当地教育管理者的教育治理观念中，持民主观的仍然未占到大多数，教育治理的民主取向尚未得到全面的采用，教育治理中的多主体联合并没有普遍地体现。

从教育治理价值取向维度现状来看，各地教育管理者都赞同当地的教育事务应在国家政策法规要求下，由政府、学校、社会协同管理，体现了现代性的治理价值观。他们普遍体现了偏向于民族的价值取向而非世界的价值取向。

从教育治理行为维度现状来看，当地教育管理者普遍赞同由各类教育治理主体进行合作管理方式，但在当地实际的教育管理决策目前仍然具有明显的封闭性。同时，在当地教育管理决策中，虽然依靠法治已经成为主流的观点，但依据经验的管理决策仍然是存在的。

（二）教育治理能力现状维度的结论

从教育治理能力中的规划能力维度来看，各地的教育规划制定能力得到了大多数教育管理者和教师的肯定。但调查结果也表明，在当地的教育治理中，对教育发展规划的制定、执行和监督等环节，一线教师的参与度明显较低。

从教育治理能力中的决策能力维度来看，在决策科学化方面，各地的教育决策中所存在的主要问题在于与当地发展实际和教育资源的匹配程度难以令人非常满意。另外，少数教育管理者认为大众传媒、专家和相关企事业单位对当地教育决策的影响作用，社会对于当地的教育决策参与度低。

从教育治理能力中的政策、法规执行能力维度来看，各地在政策、法规执行方面处于一种相对不理想的状态，当地的政策、法规的执行能力值得质疑。

从教育治理能力中的教育公平能力维度来看，所涉及的方面比较多。首先，各地的教育资源分配效率处于相对较低的状态，合理利用教育资源方面仍然有较大的提升空间。其次，各地教育治理中对学生的补助政策和对贫困家庭子女的就学保障相关的政策都执行得比较好，但仍有较大的提升空间，各地的控辍保学工作的成效较不容乐观。此外，各地推进教育均衡发展方面，目前首要的不足是教育投入校际差异仍然较为普遍地存在；城市随迁子女的上学难问题也较为突出；保障少数民族学生就学方面，也需要更多地投入。

从教育治理能力中的教育法治能力来看，虽然各地行政部门在依法行政上做得较好，但在教育法制的制度建设上还需要进一步加强。具体到学校层面而言，目前教学设备故障维修问题、补课现象和设置快慢班现象等仍较多地存在于当地学校中。此外，各地学校在依法行政上仍然存在问题，有着较大的改进空间。

综合而言，当地教育管理者对当地的教育治理能力各方面，自评最高的主要体现在教育公平能力中的关注弱势群体和推进教育均衡两个指标的某些方面。此外，自评最高的还有对当地的教育法治能力维度。同时，这些管理者对当地教育治理能力自评最低的方面出现在关注弱势群体和推进教育均衡指标中，同时对资源有效分配的某些方面的认可度也是比较低的。

（三）教育治理能力提升维度的结论

关于教育治理能力的提升，调查结果表明：在教育政策学习维度上，很多教育管理者由于自身具有的教育管理理论或实践经验的积累不足，在具有相应的激励和学习渠道的情况下，对与提升自己工作能力和业绩提升有关的教育政策，具有比较明确和较为强烈的学习意识。对于当地教育治理能力的提升，向各级教育管理者提供更多的培训机会和更丰富的培训内容是很有必要的。教育政策学习途径和方式的多样化，是激发广大教育管理者学习自主意识的重要途径。

关于教育治理能力的提升，在教育管理学习维度上，虽然各地对教育管理者开展的管理能力培训并不普遍，也未常态化。但是，大多数教育管理者还是认可教育管理培训对于提升自身管理能力的必要性。对于当地的教育管理者而言，专业的培训资源的供给，学习时间和制度的保障是促进其教育管理学习理论的重要途径和手段。当地教育管理者最欢迎的教育管理理论学习途径主要是培训、自学和考察，而喜欢脱产进修、借调和挂职锻炼的并不多。

（四）教育治理能力的差异

作为本研究的问卷调查对象的教育管理者和教师样本主要来自云南边疆或多民族地区，同时也从贵州、西藏和广西三个省区的边疆或多民族地区选取了一些教育管理者和教师组成了对照样本，其目的就是通过两组样本间的比较来考察可能在西南边疆不同地区间存在的区域差异。

最终，本研究的问卷调查结果表明，首先，来自云南的教育管理者样本和来自贵藏桂三省区的教育管理者样本在本研究所涉及的主要人口学变量指标上没有显著的差异；同样，两个教师样本之间在主要人口学变量指标上也没有明显的差异。这就为本研究中对分别来自云南和贵藏桂三省区的两组样本在教育治理能力各项调查指标上进行区域间差异比较的可比性奠定了基础。其次，在上述基础上对教育治理能力各项调查指标的区域间差异比较的结果表明，云南和贵藏桂三省区的教育管理者和教师在教育治理主体特征、教育治理能力现状和教育治理能力提升三个领域各个维度的大多数指标上具有高度的一致性。这也反映出本研究通过问卷调查得到关于教育治理能力现状的结果在西南边疆民族地区具有普遍性。

通过云南和贵藏桂三省区的两组样本所得到的调查结果也在少数具体的指标上存在差异，现总结如下。

关于教育治理观念/理念现状的指标中，贵藏桂三省区教育管理者认为"当地的教育发展具有比较清楚或非常清楚的思路"的人所占比重要明显高于云南样本。另外，云南的教师中有反馈所任职学校校长由公选产生的比例在比贵藏桂三省区的教师比例高；而反馈其校长由上级任命的人数比例则比贵藏桂三省区教师的比例低。还有，云南的教师反馈其所在学校有家长委员会和教职工代表大会的比例，均要明显高于贵藏桂三省区教师的比例。

关于教育治理价值取向的指标中，云南仅有部分管理者认为应该大力增加民族特色，更多的管理者认为教育中的民族特色只需要适度体现即可，而贵藏桂三省区的管理者中则有更多的管理者强调当地教育应大力增加或体现民族特色。

关于教育公平能力的指标中，云南的教育管理者或教师对于本地教师的"福利收入"和"住房改善""职称评定"等的评价要低于贵藏桂三省区对于义务教育阶段学生的辍学率问题，云南的教育管理者对当地辍学率的估计要比贵藏桂三省区的教育管理者高。

关于教育法治能力指标中，云南的教育管理者中有大多数的人认为所在单位的教育法制较为完备或非常完备，但在三省区教育管理者中，仅有很少人这样认为，反之很多人则认为其所在单位的"教育法制极不完备，有重大缺陷"。

从对当地教育治理能力的综合评价上来看，云南的教育管理者和教师在对当地教育治理能力现状评价中表现了比较多的不一致态度，而贵藏桂三省区的教育管理者和教师在对当地教育治理能力的评价中的观点基本一致的地方较多。

关于教育治理能力提升的各个指标中，表示"没有学习时间和精力"的云南教育管理者相对更多，而表示"学习和培训缺乏制度保障"的贵藏桂三省区的教育管理者相对更多。

二　教育治理能力存在的问题

依托职能部门协同规划、政策是否符合地方实际、政策连续性、学校教育教学质量管理、学校安全治理几项主题分析了云南20个县份相关职能部门的规划、决策、执行、公平、教育法制等方面的治理能力现状。在此基础上，需要结合本研究划分维度所包含的其他子维度进一步分析其中存在的问题，为后期提出相关改善建议奠定了分析基础。

（一）教育治理规划能力存在的问题

在对各县教育治理规划能力的现状分析中，从职能部门协同规划这个主题着手，那么在做问题分析时，也将从这项入手，并适当地结合其他方面。

1. 各职能部门参与规划时职责模糊不清

教育系统内外的各职能部门的协同规划在具体的职责上存在模糊不清的现象。在政策文本中体现为参与部门很多，但是各部门要负责的工作不明确，容易在协同规划中造成混乱，导致实施该项工作时效率不高。这与各职能部门协同规划高效全面解决教育公共问题的初衷不符。在政策层面上，针对相关职能部门的协同规划并没有硬性的规定或者制度，政策法规不完善，职能部门之间的协同只是相关职能部门之间共同协商的结果，缺乏文本依据。所以容易导致面对相同教育发展问题，在各县参与规划的职能部门在数量、名称等方面存在差异。同时从各县关于协同规划的政策文件数量较少也可看出，各职能部门因在规划中职责模糊，所产生的协同规划能力不高的问题。一方面，教育系统职能部门由于协同规划是自身推动，没有相关的引领和监督机制，所以内部部门协同规划的意识不强；另一方面，与教育系统以外的各职能部门协同规划时，由于各部门职责、功能不同，但在教育政策规划中涉及的教育问题具有特殊性，需要适当调整其职责，但在实际操作过程中由于缺乏明确的职责划分，其协同规划的程度不够。

2. 各职能部门规划教育政策的协同模式不够完善

在对教育政策的分析中，笔者发现各职能部门规划教育政策的协同模式存在较大差异。即使是在突发事件应急建设、安全问题和教育质量提升等各县都非常关注的综合性问题上，在其政策文件中所呈现的协同规划模式差别也较大。如在突发事件应急建设的应急方案中，同样是属于 WS 县的《地震应急准备工作方案》中涉及各部分的工作时仅仅注明了责任单位，没有规定各部门的协同规划机制。尤其是有些政策主题相关职能部门的协同模式是"有关部门配合"，表达不够明确，指向含糊，缺乏政策层面的相关规定，这使相关职能部门在协同规划时难以系统协调，导致所采用的协同模式多是经验性的，对各职能部门的整合缺乏一定的科学性。这种不够完善的部门协同模式，难以发挥各职能部门通力合作的优势。

（二）教育治理决策能力存在的问题

以政策是否符合地方实际为分析角度出发的教育治理决策能力现状分析为基础，进一步对其存在的问题进行探索。

1. 各县教育决策科学化能力发展不均衡

在对云南省 20 个县份的教育政策是否符合地方实际的分析中，从各县份本土化的基础教育政策数量的角度分析了各县份决策科学化能力情况。将各县份做过本土化处理的教育政策的总数分为 0～10 项、11～20 项、21～30 项、31～40 项四段。其中总数处于 0～10 项这段的量最多共有 7 个；处于 11～20 项这段的县份有 3 个；处于 21～30 项这段的县份有 3 个；处于 31～40 项这段的县份有 3 个。制定本土化的基础教育政策最多的 LY 区共有 37 项，而 SM 区、LC 县则最少，仅有 3 项。从中可看出各县份在本土化的基础教育政策数量是不均衡的，从侧面也反映了各县份在制定符合当地需求的本土化教育政策的能力，即各县份的政策决策科学化能力存在不均衡的现象。

2. 因地制宜地对转发政策文件进行具体可操作的决策存在不足

据不完全统计，在政策样本中，20 个县份共有 59 份转发的上级部门的政策文件，但从中对转发文件结合当地实际做了补充说明的只有 22 份，其余 37 份政策文件只是在上级文件前加"关于转发……的通知"或是转发文件首页增加一句"请结合实际执行"，再无其他说明或补充通知。在此，将各县份转发的上级政策文件的以上两类情况做一具体说明。有 XP 县、MJ 县、SM 区、LX 区、ZK 县、LH 县、YJ 县、YB 县、TC 县、LY 区 10 个县份转发过上级部门的政策文件。其中 XP 县对转发的政策文件没做本土化的具体可操作的补充说明的有 3 份；SM 区有 2 份；LX 区、LH 县、YJ 县各有 1 份；ZK 县有 4 份；LY 区有 5 份；而 TC 县对转发的政策文件未做本土化的具体可操作的补充说明的最多，共有 20 份。关于规范教育收费治理教育乱收费工作的政策文件，首先是由教育部等五部门下发，然后再由云南省、BS 市到 TC 县各级政府转发。教育部等五部门所出台的此项政策文件面向全国各地，具有高度的抽象性，需要地方政府根据此政策领会其中的精神，并结合本地实际因地制宜地制定具有可操作性的政策。但云南省、BS 市、TC 县都未对此项政策做任何补充说明，虽然教育乱收费的现象在全国存在共性，但也存在地方个性，如云南省各县份乱收费的现状是怎样的、有哪些具体的形式？为何屡禁不止？若是仅仅依靠教育部等五部门所发的政策文件不根据本地的具体情况做相应的补充说明或者实施细则，那么该项政策的可操作性与适用性也会存在问题，这在一定程度上阻碍了该项政策的有效实施，达不到预期的效果。

（三）教育治理执行能力存在的问题

在分析边疆民族地区教育治理执行能力的现状方面主要是在云南省 20 个县份的教育政策连续性现状的基础上加以探讨的，而对其执行能力存在的问题也将从这个角度入手。

1. 各县教育治理执行能力发展不均衡

以各县教育政策连续性的差异来分析各县相关部门执行能力的差异。对样本县政策文本进行统计后，发现 20 个县在具有政策连续性的政策主题的数量间存在较大差异。以 HQ 县、XP 县、LY 区、MS 县、TC 县、YD 县、YS 县、ZK 县为一类，各县份在教育政策的连续性方面涉及的政策主题项目数量较多，其中 HQ 县、XP 县各有 10 项，LY 区、MS 县、TC 县各有 9 项；YD 县、YS 县各有 8 项；ZK 县有 7 项。而以 MG 县、SJ 县、LX 区、WS 县、FN 县为一类，其各县具有政策连续性的主题项目数量少，其中 MG 县在几年间并未出台过具有连续性的教育政策，SJ 县、LX 区仅各有 1 项，WS 县、FN 县也仅各有 2 项。虽然，仅从各县所出台的具有政策连续性的教育主题数量上来分析具有一定的片面性，但从侧面能反映出所列举的这两类县份其政府在对教育工作的制定连续政策的能力上存在差异，各地政府职能部门的政策执行能力发展不均衡。

2. 政策执行力度不稳定，执行过程缺乏监督

在本研究中政策中断是指往年出台过相关政策，但暂停出台政策 1 年或几年之后，又继续出台了此类主题的政策。据不完全统计，出现了连续性中断现象的政策主题 20 县共有 10 项。虽然连续性中断的政策主题项目不多，但贸然中断政策，不仅不利于巩固已取得的成果，还会在后期无政策约束监督下出现新的问题，若是再次启动该项政策所付出的代价与收效是难成正比的。因此政策中断表明其执行力度不稳定，同时在执行过程中缺乏监督，在停止政策执行时对其成效缺乏科学准确的评估，使政策执行的有效性大打折扣。在此，以 XP 县的教育督导政策为例进行说明。在 2013 年 XP 县教育相关部门连续出台了 4 项关于教育督导的政策，2014 年、2015 年未出台过相关的政策，也没有教育督导执行的年度工作总结一类的文件。在 2016 年相继出台了该项工作的 2 项相关政策，这两项政策出台的背景是：2016 年该县将接受国家义务教育基本均衡督导复评，为确保义务教育基本均衡评估顺利通过，特制定了对应的工作方案。随着上级部门的工作中心的转变调整其执行力度，但此项工作政策中断了两年，前期取得的成果得不到及时巩固，在一定程度上浪费了政策资源，而后此项工作政策再次出台启动，政策执行的效度降低。对教育教学工作的监督指导，关乎教育的长远发展，其相关政策连续性中断必然会影响该项教育工作的推进，最终不利于教育的发展。

3. 政府重点关注的工作主题其政策执行力度较大

教育政策的连续性多集中在政府重点关注的方面，反之政府关注较低的方面，其政策连续性较差，甚至没有政策连续性。这表明政府重点关注的工作主题其政策执行力度较大。在本研究中校园安全、营养改善计划是

政府关注的重点，因此县级部门执行力度强其政策连续性较好，而民办教育发展资金、特殊教育、民族团结教育这些方面，连续性较差。但地方政府出台的政策不应局限在重点方面，而应从全局谋求教育发展，若只是片面追求某一方面的发展而忽视教育的其他方面，对教育的长远发展是不利的。首先，民办教育在一定程度上缓解了政府办学的压力，理应得到扶持，但 20 个县中只有 XP 县连续出台过民办教育发展资金的政策。其次，特殊教育是衡量一个国家教育水平以及整个文明程度的天然尺度，但也仅只有 1 个县连续出台过相关政策。再次，云南是一个多民族的省份，其民族文化多种多样，开展民族团结教育是有必要的，但只有 3 个县连续出台过相关政策。最后，在关于留守儿童方面，据 2007 年调查表明，云南省留守儿童的总数已达 121.34 万人，占全省 1247.5 万 0~17 岁少年儿童的 8.98%。[①] 但涉及留守儿童问题只有零散的几项文件，没有政策连续性。同时云南农村寄宿制学校数量较多，但在农村寄宿制学校管理方面也未曾出台过连续性政策。

4. 在部分政策主题上存在执行效度较低的现象

在本研究的样本政策中，有的政策主题的政策文件在时间序列上的连续性较好，政府各部门制定、发布了一系列相关政策，政策文件的数量较多。例如校园安全与教育突发性事件应急建设、社会主义核心价值与中华传统教育、营养改善计划等。但这一系列政策文件中也存在着一些低效的政策，即政策执行效度较低。以 XP 县校园安全与教育突发性事件应急建设为例，在 2014 年~2016 年共出台了 10 项政策文件，其中仅在 2016 年 7 个月的时间内连续出台了 7 项。杨颖秀认为，不断印发文件会导致政策强度淡化，政策客体不会去选择刺激强度较弱的政策，直至政策成为一纸空文。[②] 因此，虽然 XP 县的校园安全与教育突发性事件应急建设的政策的制定在时间序列上的连续性较好，但数量过多，出台时间过于集中，会使得一些政策得不到很好实施便被淹没在后继的相关政策中，同时政策的强度也会逐渐淡化。这不仅会造成政策文件数量的膨胀，而且这些政策文件所

---

① 云南省妇联：《云南省农村留守儿童现状调研报告摘录》，2007。
② 转引自贺武华《中国教育政策过程本土化研究》，中国社会科学出版社，2015。

能发挥的效能也随之降低，甚至失效。这类政策虽然从表面看来连续性较好，但其中的各项政策的连续影响力却较差。同时，还存在一类低效政策，即在一系列连续性的教育政策文件中存在一些不同年度的相关文件在内容上大致相似的现象，虽然并不是对政策文件的重复出台，却有"政策复制"的痕迹，其中补充的内容较少，创新性的内容更是微乎其微。

（四）教育治理公平能力存在的问题

在分析边疆民族地区教育治理公平能力的现状方面主要是从云南省20个县的学校教育教学管理现状的基础上加以探讨的，而对其公平能力存在的问题也将从这个角度入手。对样本资料进行内容分析后发现，云南省各县学校的教育教学管理在教师权利保障、高效分配资源、合理利用资源等方面存在问题。

1. 各县教育治理中教师权利保障能力存在较大差异

对教师合法权益的保障不仅是教师队伍建设的重要举措，还是政府部门教育治理公平能力的体现。对政策文本进行内容分析发现，在教师队伍建设和教师管理方面表现得最明显，BS市、LP县、YS县、XP县和YB县制定的学校文件较多，文件数量分别是9份、12份、8份、11份、9份，且在内容上也比较丰富，涉及教师师德师风的培养、教师培训、教师的专业发展以及教师行为规范等。但部分县份的学校只提供了一两份文件，如TC市、LH县、YJ县、LC县、RL县等，有的县份的学校只有1份教师队伍建设的调研报告，如SD县，仅从结果我们难以轻易判断其教育治理的公平能力，需要一些具体规划的政策文件作为支撑。同时，部分县份在教师权利保障方面的政策文本的时间延续性不足，例如教师培训，YS县AM中学2013年教师教育技术能力培训实施方案、YD县YD二中2015年教师培训计划等。这些政策文本发布的后续年间并未出台相关的政策文件，在政策文件中也并未注明废止或是继续实行的年限，这会对教师培训工作的开展造成困扰，可能会出现教师培训工作缺乏明确的政策依据等问题，同时也未能在教育政策文本中将教师专业成长的权利得到持续的保障。以上反映了教师权益的保障在政策文本中存在县域差异，从一个方面表明县份间教育治理公平能力存在差异。

2. 物质资源利用不足

资源高效分配合理利用是学校教育信息化建设成功的重要保障。每所学校对学校教育信息化建设情况或建设做文本规划，而且数量较多，同时在内容上，大都倾向于学校多媒体的管理和建设，而在教师的多媒体运用能力方面的文件较少。由此可以看出各县多是分配物质资源，而对于技能或知识类的资源较少，这使已有的物质资源难以发挥提高学校信息化水平的作用。例如，在政策文本中，学校会对该校的信息化情况做大概的介绍，如学校预计的教育信息化物资设备应该达到的水平以及目前已有的多媒体、电子白板的覆盖率和学校网络的布局等。当然，有的文件也会提到教师运用多媒体技能培训，但仅是点到为止，没有具体的文件或者是制度规定。这导致教师缺乏专业信息知识和技能，不能很好地利用信息化设备。例如在 LY 区第六中学提供的"学校教育信息化情况"文件中，该校的微机室能够满足学生上机需求，但由于教师的专业水平不够，教给学生的知识不多，学生的信息技术水平得不到质的提升；专业管理人员的专业知识也不强；教师们使用班班通的水平不高。因此，在拥有资源后，需要进一步学习如何科学合理地使用这些资源，否则会造成资源浪费，难以实现预期的教学目标。

3. 县域间课程资源的开发利用能力存在较大差异

课程资源的开发利用是体现各县相关部门教育公平治理能力中合理利用资源的一个方面。在政策文本样本中，学校关于课程的政策文本数量上差异较小，而在内容方面，呈现出三类：第一，部分县域学校仅制定一个学校课程建设或课程实施方案，缺乏具体的规划，也没有涉及课程资源开发利用的层面；第二，部分县域学校在文本中所呈现的内容较之第一类学校要多，有基础课程的实施方案，也有课程总体规划；第三，部分县域学校利用本土资源开发校本课程并制定实施方案。如 TC 市的完全民族中学、SD 县的第一完全中学、LY 区的第六中学、MS 的 MG 中学和 XP 县的 LC 中学等，都在校本课程的开发和实施方面制定了相应的制度、文件。校本课程的开发能够较好地反映相关部门或学校合理开发教育资源的治理能力，尤其是在边疆民族地区采用的全国统一的课程并不全部切合当地的教育教学，却在当地有较多的课程资源，因此开发本土资源所形成的校本课程较为贴近学生的生活实际，能够教授学生一些知识、技能，这不仅具有教育意义，同时也具有保护和传承本土文化的社会意义。但事实上，样本县域中的学校并不都有校本课程，在校本课程的实施结果方面也不尽相同，因此在对本土资源的开发利用方面，依然存在地域差异。

（五）教育治理法治能力存在的问题

在分析边疆民族地区教育治理法治能力的现状主要是从云南省20个县份的学校安全治理现状的基础上加以探讨的，而对其法治能力存在的问题也将从这个角度入手。对样本资料进行内容分析后发现，云南省各县学校安全治理存在县域间法治能力差异较大、制度建设不够完善等问题。

1. 各地教育法治能力发展不均衡

学校安全治理能力是各县教育法治能力的一个方面，在样本中，云南省20个县份共收集到948份校园安全治理的相关制度。就数量上而言，各县制度数量存在较大差距，其中，TC县、SD县、LY区、YJ县、MS、YS县和XP县均在50份以上，TC市更是多达156份，而QL区、YJ县和WS县均不足20份。相应的，就内容来看，TC市、SD县、YJ县在学校安全治理上更为全面，在"三防"、专项管理、安全教育与演练和安全事故处理方面均有涉及，而QL区、YJ县和WS县三县区共提交的38份制度中，涉及校园安全人防建设6份、物防建设2份、专项管理16份、安全教育培训与演练5份和安全事故处置1份，共计30份。与TC市相比，QL区、YJ县和WS县等在校园安全治理方面的制度管理严重不足。学校安全治理政策文件在数量、内容方面存在较大的县域差异，反映了县域间教育法治能力发展不均衡。

2. 制度建设尚未完善

学校安全规章制度是国家安全管理法规在学校的具体落实，是统一学校教职员和学生从事安全教育、学习、生活的行为准则，是学校安全有效保障的制度条件。可以这样说，没有安全制度的学校，学校安全管理是不可想象的，学校安全更难以保证。[①] 因此，学校安全制度的健全和完善，

---

① 张玉堂：《学校安全工作的三个基本概念》，《教育科学论坛》2008年第1期。

对学校的安全发展以及学校依法治校具有重要作用。

（1）人防建设有待改进。云南省各县在人防建设方面，相对重视安保人员的管理，职责分配和巡检。但还存在以下问题：一是安全管理机构的设置不足，在 20 个县份中，仅有 3 个县在学校设有专门的安全管理机构，其余各县份并未设置该机构；二是安全领导小组不被重视，通过分析各县份的安全治理制度，发现多数县份均是临时成立安全领导小组，但不重视安全领导小组在安全事故上的重要作用；三是没有明确的安保人员聘用制度，各县份均对安保人员制定了相应的管理制度，但缺乏安保人员聘用制度。安保人员的聘用中，门卫是一个特殊的岗位，合格的校园门卫应当具备两个方面的基本条件：一是受过专门培训，掌握专门的知识和技能；二是门卫应当是一个心智健全、心理健康、具有较强法治意识的人。在招聘门卫时，学校应对应聘人员进行专门的考核。[①] 但是各县份收集到的资料显示，关于门卫的聘用并无专门规定，不重视门卫的选任问题。四是缺乏必要的岗位安全考核奖惩条例。公平公开的奖惩制度能激励安全岗位人员的工作主动性，使其牢记安全职责，从而确保校园师生员工的安全，但从收集到的制度来看，多数县忽视了安全考核奖惩条例在校园安全治理中的重要作用。

（2）物防建设投入不足。各县在物防建设方面均较为重视消防设施的建设，但在教学设施、防盗设施和安保器械三个方面投入严重不足。在教学设施方面，仅有 6 份相关制度，其中，主要涉及实验室、微机室等教学设施的检查维修。在防盗设施方面，仅有 SD 县和 XP 县制定了专门的防盗制度，但是内容也较简略。在安保器械方面，仅 SD 县制定有安保器械管理使用制度，明确了学校保安须配备警用钢叉、催泪剂、电警棍，防割手套等警用器械。学校重视消防设施的建设是值得肯定的，但教学设施、防盗设施和安保器械对全校师生的生命财产安全同样起着不可忽视的作用。消防建设仅是物防建设中的一个方面，不能仅仅将消防建设列为物防建设的重点，而使物防建设的其他方面成为学校物防安全的短板，会埋下安全隐患。

[①]　雷思明：《校园安全制度手册》，华东师范大学出版社，2011。

（3）技防建设严重缺失。随着信息技术的发展，校园安保由传统单一的人防为主，逐步向以科技为主的安全防控系统过渡，因此学校技防建设是三防建设的重要组成部分。技防建设能够进一步加强校园安保力量，加密校园安全篱笆，推进校园安全长效机制的建设，强化教育系统安全工作。而在 20 个县提交的制度文件中，涉及技防建设的仅有两条，分别见于 RL 市第一民族中学监控室值班制度和 XP 县校园视频监控系统管理制度。但作为安全建设工作的重要部分，技防建设还包括在学校门卫室、财务室和实验室等重要场所安置紧急报警装置等，以上在政策文本均未体现出来，从中反映出政府职能部门及学校在技防建设规划方面还未能形成系统，进而导致技防建设规划方面存在不足。

（4）安全教育与演练有待进一步加强。学校安全事故发生率较低，因此，很多学校未把安全教育和教学放在同等重要的位置。根据安全教育与演练编码所得数据发现，云南省各县对安全教育培训和安全教育宣传重视程度不够，在各县所制定的制度中，一方面是制度文件数量有限，涉及安全教育培训和安全教育宣传的仅各十条；另一方面是内容流于形式，如 SD 县的小学安全教育制度中有一条："要充分利用现有的宣传教育资料及各年级课本中有关的安全常识，让全体教师参与对学生的安全教育工作，将安全知识渗透到相关学科进行教育。"这条规定不够具体明确，也没有提出考核要求，因此在具体的教学实际中，难以保证教师按要求执行。即使教师将安全教育融入日常的教学活动中也多为单纯的理论教育，对学生来说过于枯燥乏味，缺乏实际演练操作，当发生事故时，便会变得惊慌失措，容易受到伤害。因此对安全教育与演练的实施情况也需要制定相关的制度文本作为进行适时监督和检查的依据。

（5）安全事故处理制度有待完善。近年来我国依法治教、依法治校成效显著，但是与党的十八大和十八届四中全会"全面推进依法治国"的要求相比，教育管理部门和学校依法治校的能力与水平还有很大差距。[①] 在本研究中根据安全事故处理编码所得数据可知，各县的制度文本中仅有少数涉及专门的安全事故报告和责任追究制度，更多散见于各类安全事故应

---

① 封留才：《用法治思维处理学校安全事故》，《人民教育》2014 年第 24 期。

急预案中。缺乏专门的安全事故处理机构和完备的安全事故处理制度以及处理细则。例如，在学校实施的教育教学活动或者学校组织的校外活动中，以及在学校负有管理责任的校舍、场地、其他教育教学设施、生活设施内发生的，造成在校学生人身损害后果的事故的处理办法应该在制度文本中呈现，否则会使学校在安全事故处理中缺乏明确的政策文本依据，给学校依法治校带来一定的困难。

三　教育治理能力问题的成因分析

通过前面的问卷和文本资料分析看出，边疆民族地区在教育治理能力上存在较多问题，主要表现在以下几个方面。

（一）教育治理主体自身存在问题的原因

1. 教育治理主体的治理理念需要更新

教育治理主体是教育治理体系的核心，是治理教育的核心力量，支撑和推动教育机制的有序运行。[①] 传统的一元主体管理模式难以适应现代教育发展的需要，因此，教育治理主体需由过去单一的主体向多元主体转变，形成以国家机关、社会组织、利益群体和公民个体等多主体共同参与的治理格局。通过前面的问卷调查和文本资料分析看出，边疆民族地区各级教育管理者治理理念上主动性、民主性不够，多主体联合治理理念较为缺乏。出现上述问题的原因：一是教育治理主体权责不清。教育治理是多元主体共同参与治理，在具体的治理过程中，针对相应的治理对象，哪些主体能参与治理，以及参与治理的多个主体在哪个管理层级上、在哪些管理内容上、在哪些管理环节上具有决策权，都需要进行明确划分，否则，权责不清、权责重叠，易使教育管理者在工作过程中丧失积极性。二是规则不明。教育治理是共治主体依据规则开展的教育管理活动，涉及管理的多主体、多层级、多因素、多环节。[②] 因此需制定明确的管理规则，使得

① 刘冬冬：《积极推进教育治理现代化的若干思考》，《辽宁教育行政学院学报》2016 年第 2 期。
② 褚宏启：《教育治理：以共治求善治》，《教育治理》2014 年第 10 期。

教育管理者按照规则行使职权，并进行责任追究，从而方能刺激各级教育管理者积极有效的参与教育治理。三是部分教育管理者民主意识和民主能力欠缺。由于部分教育管理者自身观念和素质的影响，在管理过程中滥用权利，忽视了其他主体参与教育治理的必要性。四是社会组织参与不够。社会组织作为政府和学校间的中间调节机制，在教育治理的过程中发挥着重要作用。《教育规划纲要》明确要求："完善教育中介组织的准入、资助、监管和行业自律制度。积极发挥行业协会、专业学会、基金会等各类社会组织在教育公共治理中的作用。"但是调研发现，边疆民族地区在教育治理的过程中社会组织的参与较为缺乏。五是学校非教育教学负担沉重。在多元主体参与的教育治理中，学校是最频繁的参与主体。政府对学校的考核检查项目较多，使其疲于应付。且在政府决策中，学校的话语权受限，导致处于重压下的学校管理者，往往采用简单、专制的方式来处理教育教学问题。六是各方主体价值选择与参与能力各异。各参与主体有着不同利益要求，在参与具体的治理事项时能力有强有弱，因此，各参与主体往往在行动上会发生摩擦与损耗。

2. 各级教育管理者的教育治理价值取向注重当下而非着眼未来

教育治理价值取向指的是教育治理主体依据自身的教育价值观，面对教育治理中所要发生的矛盾、冲突以及关系时所表现出来的对教育中各种问题的基本价值取向和解决问题时所持的基本价值立场和态度。调研发现边疆民族地区各级教育管理者在教育治理的价值取向上偏向于现实和当下的效益。造成该现象的原因一是应试教育观念根深蒂固。学生学习仍是为了升学考试做准备，学校对本校教师教学质量的评价也以考试成绩为最重要依据。二是文化障碍。治理拥有自己的历史、文化和传统，体现在保证社会稳定和延续的法典、机构和规则中，因此，无论是从本质还是使命上看，治理都是一种演变缓慢的体制。民族地区的教育治理也是如此，人们经常受到既定的文化传统、规范标准和思维的禁锢，继而限制了自己的思想和行动。[①] 边疆民族地区，居住着众多不同的民族，各民族都有着独特

---

① 陈国华：《民族地区义务教育治理内卷化研究——基于勐海县的考察》，博士学位论文，西南大学，2014。

的文化传统，丰富的民族文化增大了教育治理的难度，同时，在多数少数民族的文化传统中，教育观念落后，看不到教育的长效性，更为看重教育的当下效益，因此立足于边疆多民族的现实条件，各级教育管理者在教育治理的过程中更为关注教育当下的现实利益，而忽略了未来发展。

（二）教育治理能力存在问题的原因分析

教育治理能力即教育治理主体为达到共同指定的教育治理目标所具有的能力与素质，是一个包含教育治理主体各方面能力的综合性概念。本研究根据我国教育治理能力的发展现状和特点，从规划能力、决策能力、执行能力、公平能力和教育法治能力五个维度对教育治理能力的现状进行调查和分析发现，边疆民族地区教育治理能力存在以下问题。

1. 教育规划中社会参与度低，教育规划执行的预测、监测力度不够

教育规划是指为达成教育目标所进行的长远活动的全面计划和谋略。教育规划能力维度包括规划的制定、执行和对规划执行的监督三个指标。通过问卷调查和文本资料分析发现，在边疆教育治理过程中，对于教育发展规划的制定、执行和监督等环节，主要是由政府和学校管理人员统筹决策，一线教师、学生及社会组织的参与度较低。同时，系统内外的各职能部门的协同规划在具体的职责上存在模糊不清的现象。在政策文本中体现为参与部门很多，但是各部门要负责的工作不明确，在协同规划中造成混乱，导致实施该项工教育作时效率不高。各职能部门规划教育政策的协同模式不够完善，如有些政策主题相关职能部门的协同模式是"有关部门配合"，表达不够明确，指向含糊，缺乏政策层面的相关规定，使得相关职能部门在协同规划时难以系统协调，导致所采用的协同模式多是经验性的，对各职能部门的整合缺乏一定的科学性。此外，对政策规划的预测和监测存在不足，在各县的文本资料规划中，虽然部分县会指出对未来的展望，但更多的是说明预期要达到的目标，并非结合问题的发展、政策环境的变化对政策在未来几年中能否适用、适用的程度如何做分析。造成这一现象的原因：一是沟通渠道不畅。教师处于教育改革的前沿，对教育现实问题比较了解，但是目前，普通一线教师很难参与教育规划的制定和执行中；学生是教育改革的目标和直接受益者，他们也难以在教育规划的制定

和执行过程中发出自己的声音；教育及其他相关领域的专家学者能为教育规划出谋划策，提出咨询意见，但是直接参与教育决策的机会并不多，这都是因为与决策部门沟通的渠道不够通畅。① 二是参与成本过高，社会组织参与教育规划执行、监测，需要克服相应的障碍并付出一定的代价。参与成本可能是金钱和地位，也可能是时间和精力。在市场经济条件下，这些都属于稀缺资源。参与成本高，客观上造成"参与门槛"，使得占有资源优势（经济的或政治的）或话语权的个人或团体能够更有效地表达自身利益，形成参与的垄断局面。② 这影响了部分社会组织参与教育规划制定、执行和监督的积极性。三是部门间权责不清。政府各职能部门间权责混淆，互相推诿责任，各部门间缺乏有效的协调机制。四是缺乏科学的预测性。对教育规划进行科学的预测，利于教育规划的前瞻性发展，但是边疆民族地区在教育治理过程中，缺乏对教育规划的科学预测。

2. 教育决策科学化、民主化、法制化不足

决策是教育治理过程中的重要组成部分。决策是教育治理主体为了实现某一特定的教育目标而对未来一定时期内有关活动方式和方法的选择。本研究以三个指标来衡量决策能力，这三个指标分别为：决策科学化、决策民主化和决策法制化。通过研究发现，边疆民族地区教育治理能力在教育决策科学化、民主化和法制化方面还存在较大的提升空间。如在政策文本中呈现出社会主体参与决策的频次、内容较少，其中最多的是对民办教育的规范，但很少涉及其他方面的政策。同时，各治理主体往往是依据自己社会组织的职能，在对应的领域参与治理，未能打破决策主体间的界限，参与民主化决策的程度有限，难以形成高效的跨界合作民主决策的治理模式。造成这一现象的原因：一是社会参与不够。社会参与教育规划是政府教育决策科学化、民主化的必然要求，但是在边疆民族地区，教育决策主要还是由政府部门和学校和部分教育领域内的专家学者统筹决策，一些社会组织没有机会参与其中。二是决策机制不合理。教育决策机制可以理解为决策相关群体在开放的组织环境中，按照一定的组织运行规则和流

---

① 王晓辉：《论教育规划》，《教育研究》2002 年第 10 期。

② 王鹏：《公民参与是保证教育规划执行有效性的重要途径》，《内蒙古社会科学（汉文版）》2011 年第 3 期。

程形成的相互联系和相互作用的结构及形式。决策主体、组织运行规则、决策环境以及决策流程是教育决策机制的四个重要组成部分。① 研究发现，边疆民族地区教育决策主体缺乏较高的专业素质，教育决策环境复杂化和教育决策流程封闭、滞后。一线教师、大众传媒、专家和相关企事业单位对当地教育决策的影响作用未得到有效发挥。三是依法治教能力不足。依法治教需要制定科学完善的法律法规，用立法引导教育治理方向。但目前，我国在教育领域并没有一套完备的法律法规体系，因此使各教育治理主体在治理过程中缺乏强制有力的法律支撑。四是社会主体参与能力有限。由于社会主体的利益、文化水平、对政策的理解程度等因素的影响，其在参与民主决策的过程中容易畏惧权威不敢提出自己合理的对策建议，或是跟风从众，没有发挥决策民主化的作用，进而使政策决策的科学性降低。例如从学校层面的家长代表大会来说，其实施仍然存在很多问题，如部分家长因考虑到自身利益或是畏惧权威不敢向学校提意见，同时家长也觉得自身无能力与学校进行有效的沟通，因文化水平的限制部分家长难以正确理解把握素质教育、教育管理等方面的内容，因此家长在参与决策学校教育教学管理的过程中，民主决策体现不太明显。这也表明，虽然政府各职能部门逐渐从依赖于传统的内部管制向参与式民主转变，需要外部的认同，但在实际操作过程中，公众参与的民主化程度依然不够，民主化还未能真正有效地从观念落实到实践层面。

3. 执行能力有待提升

执行能力就是指执行主体，使用政策规则、方式方法，将政策转化为一定的行为方式，最终实现政策目标。本研究将教育治理中的执行能力维度划分为政策执行力度、政策执行效度和政策执行过程中的监督三项指标。研究发现，边疆民族地区在政策、法规的执行能力方面存在不足。主要表现为政策、法规执行力度不够；政策、法规执行效度不高；政策、法规执行过程中的监督不足三个方面。同时，造成这一现象的原因，一是政策执行主体专业素质不高。政策执行的效果直接决定着政策文本意图的实现和改进，但是部分执行主体常因自身态度、素质与能力等原因，对政策

---

① 王洪明：《复杂性视角下的教育决策机制研究》，博士学位论文，辽宁师范大学，2008。

执行消极对待。二是教育政策效力欠缺。教育政策的效力来自自身的科学性与权威性，但是许多教育政策目标不够明确，内容不具有针对性，和现行政策难配套，从而使得教育政策在执行过程中缺乏效力。三是缺乏有效的监控机构。政策监督是政策执行的约束力量，当前很多政策的实施，都没有有效的监控机构进行监督指导。

4. 教育公平能力存在的问题

教育公平是人们对教育资源分配的重要追求。研究发现，边疆民族地区在教育公平能力方面还存在不足，主要表现为：资源分配缺乏高效性；资源合理利用度有待提升；控辍保学工作有待加强；教育均衡有待推进等四个方面。造成这一现象的原因有以下四个方面。一是缺乏完善的教育补偿制度。边疆民族各地区在教育资源的软硬件条件方面分配不均，对处于劣势的地区，缺乏完善的教育补偿制度。二是分级管理体制的固有弊端。我国实行以县为主的分级管理体制，各级别的管理者在教育治理过程中，责任不明确、不合理以及城乡与地区间本身存在的发展水平差距影响了教育均衡的有效推进。三是教育教学人员专业水平不高。如部分教师缺乏专业信息知识和技能，不能很好地利用信息化设备，在收集到的样本学校资料中，有学校反映虽然学校的微机室能够满足学生上机需求，但由于学校教师的专业水平不够，教给学生的知识不多，学生的信息技术水平得不到质的提升；专业管理人员的专业知识也不强；教师们使用班班通的水平不高。四是县域间课程资源的开发利用能力存在较大差异。课程资源的开发利用是体现各县相关部门教育公平治理能力中合理利用资源的一个方面。在政策文本样本中，学校关于课程的政策文本数量上差异较小，而在内容方面，呈现出三类：第一，部分县域学校仅制定一个学校课程建设或课程实施方案，缺乏具体的规划，也没有涉及课程资源开发利用的层面；第二，部门县域学校在文本中所呈现的内容较之第一类学校要多，有基础课程的实施方案，也有课程总体规划；第三，部分县域学校利用本土资源开发校本课程并制定实施方案。从样本县域中的学校调研结果来看，并不都有校本课程，而在校本课程的实施结果方面也不尽相同。

5. 教育法治能力有待加强

教育法治能力即教育治理主体依法进行教育治理的能力。教育法治能力作为教育治理能力的重要组成部分，教育法治能力的提高有利于建立合理完善的教育治理体系，提高教育治理能力。研究发现，边疆民族地区存在教育法治制度建设不足，学校依法治校力度不强的问题。造成这一现象的原因有两个。一是教育立法体系不完善。法律法规是依法行政和依法治校的根据，法律法规不完善，就不能完全实现依法行政和依法治校的最终目标。当前我国有关教育立法还不够完善和配套，还不能满足依法行政和依法治校的需要。[①] 二是原有管理体制的束缚。新的教育体制建立之后，原有的管理体制并不会立即消失。它会对新体制的运行与发展产生阻碍作用。行政部门不愿立即放弃其原先掌握的权利，在新的体制下往往法外施权或以权代法。学校也难以在短时间内改变对行政机关的依赖心理，为了维护和上级领导的关系，屈从于行政机关的本不属于它的权力，由此依法治校受到限制。

（三）教育治理能力提升方面存在问题的原因

教育治理能力即教育治理主体为达到共同指定的教育治理目标所具有的能力与素质。与发达国家相比，我国的教育治理能力仍存在很多问题，处于较低发展的水平。研究发现边疆民族地区在教育治理能力提升方面存在的主要问题是教育管理学习的不足。教育管理是主体为完成治理目标，在教育领域所从事的管理活动或方式。教育治理主体的教育管理学习是提升教育治理主体治理能力的重要方式和途径。导致边疆民族地区对教育管理者教育管理学习不足的原因主要是缺乏高效的培训。教育管理能力培训是提高教育管理者管理意识和管理能力的有效途径，但是调研发现，在边疆民族地区对教育管理者开展的管理能力培训并不普遍，也未常态化。

---

① 赵建华、毕凌霄：《依法行政　依法治校——理顺高等学校和政府关系的基本原则》，《中州大学学报》2008 年第 3 期。

第六章

教育治理能力现代化的主要经验

我国目前教育治理能力现代化的先进经验集中体现在各省份学区制的探索过程中，以下通过教育治理的主体特征、教育治理能力现状、教育治理能力提升这三个方面的多个维度和指标来分析各省份学区制的运行情况，从学区制的运行来反映这些地区的基础教育治理能力。

一 教育治理能力现代化的经验：治理主体

教育治理主体特征包括教育治理主体的自然情况、教育治理观念、教育治理价值取向、教育治理方式等4个维度。

（一）教育治理主体的自然情况维度

首先是教育治理主体的自然情况维度，该维度主要考察教师是不是教育专业出身，是否在教育行业中从事过一线工作，以及其对工作岗位的认知程度。目的是探究学区制的微观因素即一线教师的一些基本岗位任职情况。北京市东城区从2004年就开始启动学区制，可以说是学区制的率先垂范。由于学区制的目标是使教育资源在学区内实现共享，这就要求学区教师能够适应在不同的学校的不同岗位之间进行流动。为了能够让教师更好地在学区间流动任职，东城学区通过相应的干部教师轮岗交流机制，将教师身份由原来的学校人转变成为系统人、学区人，同时为教师打造优质教育资源带和搭建师资储备基地校等平台。通过教师跨校任教兼课以及联合教研等形式进行轮岗交流，使教师能够适应学区内不同学校、不同岗位、不同授课内容的考验，也使优秀干部教师、中青年优秀校长、骨干教师能够在学区内流动起来，实现教师资源的共享。这说明北京东城区在推行教育治理现代化过程中能够让一线教师通过轮岗交流机制来加深岗位认知程度，且大多数学区内学校的教师在专业技术上是过硬的，因此北京东城区的学区制改革在教育治理主体的客观现状这一维度下完成情况较好。

（二）教育治理观念维度

教育治理观念维度可分为两个指标加以衡量，即主动或被动指标与民主或专制指标，主动或被动指标主要是用来衡量教育治理主体的态度积极与否。从较早实行学区制的地区来看，由于缺乏相应的配套管理机制，部分省市在推行学区制改革过程中出现了形式大于内容、忽视改革效果的情况。有些教师反映：学校本身的教研任务就较为繁重，还要额外抽出时间应付学区的相关工作，感到疲惫，精力有限，甚至形成一种负担。一些优质学校会将优秀教师放在本部，将表现不好的或者是刚入职的教师派去交流，以避免本校的教学质量下降，同时对于普通学校而言，名校来的教师和领导难以融入普通学校的氛围中，这些主观因素都影响着学区制改革的效果。① 成都在推进学区制过程中大多依靠外部力量来推进改革，学校改革内动力不足，教师、教育资源、共享平台、管理机制均不能很好地支撑学区制的发展。② 可见该地区的教育治理主体被动接受改革，改革的主动性和积极性有所欠缺。贵阳的学区制改革十分强调教师在校际间的流动，为了在学区内统筹教师资源，学区采取强硬措施推动教师的流动，规定"自2009年8月起，教师在同一所学校连续任教的时间不能超过10年。凡拒绝进行交流的教师，不得参加职称晋升，已经获得高、中级职称的教师，取消对该教师高、中级职称的聘任"③。从学区教师轮岗交流制度在各

---

① 晋浩天、陈慧娟：《教育均衡之路的喜与忧——北京学区制改革的故事》，《光明日报》2015年1月12日。

② 黄媛媛、柯玲：《义务教育"学区制"管理实践模式探究》，《教育与教学研究》2015年第11期。

③ 肖慧：《贵阳"学区制"改革彰显教育公平》，《贵州日报》2009年6月29日。

地区的执行情况反映出，教育治理主体接受改革的积极性不高、主动性不强，被动接受改革的情况较为明显，甚至还需采取强硬措施来推进改革。

民主或专制指标是指教育治理主体决策是通过民主的方式还是由领导做主。北京东城区教委在学区成立综合改革领导小组，学区领导小组下设办公室，与其他学区工作委员会形成以学区为中心的新型基础教育治理组织体系。学区领导小组的主要职责是制定该学区未来的发展规划、管理制度，协调处理学区重大事项和资源优化配置等。可见，北京东城区教委在制定学区制相关政策方面充分发扬民主，广泛征求各学区意见，最后再由学区制综合改革领导小组汇总形成最终方案。[①] 海淀区的学区除了管理中心以外还设有学区委员会，学区委员会由社区领导、学区学校校长、家长代表等组成，学区委员会成员共同协商学区内义务教育改革等重大事项，是学区协商共治的一分子，学区委员会的成立体现出该地区的教育治理是趋向于民主和开放的。[②] 成都在推行"学区制"过程中，由于制度设计存在缺陷，缺乏学区管理委员等协商机制，导致教育资源不能合理有效地进行配置，同时行政干预过分，大大降低了改革的力度和发展活力。

（三）教育治理价值取向维度

教育治理价值取向维度主要分为传统或现代指标、现实或未来指标、民族或世界指标3个指标。传统或现代指标是通过教育主体是否按照主管领导意见、政策法规还是政府、学校、社会协同或是惯例管理，来判断教育治理价值取向是传统的还是现代的。从2004年起，经过10年探索和改革，北京市东城区逐渐探索出学区制改革思路，实行区教委领导，学区、社区、家庭等多元参与的学区治理模式，设计出学区各主体共治、共建、共享的治理结构，可见北京东城区的教育治理价值取向是政府、学校教师、社会协同治理的现代治理。现实或未来指标指的是教育的内容是有针对性的现实教育，还是着眼于未来的潜能教育。北京市东城区安交学区（安定门—交道口学区）内学校，校园文化独特，校园历史悠久，在保护

---

① 北京市东城区教育委员会：《加强机制建设学区化管理全面升级学区制》，《北京教育（普教版）》2014年第5期。
② 北京市海淀区：《全面推进学区制改革》，《北京日报》2016年12月14日。

历史的同时也注重让历史与现实完美结合。在安交学区开设具有数字化、传统化和国际化特色的课程，学区还不断探寻新的时代内涵，让学区学校培养出的孩子在未来更有发展潜力。① 北京海淀区八里庄学区开设了探秘海洋、阅读推广、汽车文化体验等系列课程，同时与北京海洋馆开展合作，建立了八里庄学区"青少年海洋教育联盟"，用充满特色、打破传统的课程来激发学生的学习积极性，培养学生探索未知事物的勇气，可以说这是一种现代的、面向未来发展趋势的教育治理价值取向。

（四）教育治理方式维度

教育治理方式维度可分为 3 个指标，即合作式或命令式指标、开放性或封闭性指标、依靠法治或依靠经验指标。合作式或命令式指标是指在教育治理过程中所采取的是合作式治理方式还是命令式治理方式。北京东城区的学区制建设并未局限在划分学校片区，而是政府、学校、社会多方共同参与民主决策、多方合作实施的学区制改革。南宁市高新区的学区制改革也特别注重群众参与，在学校和班级建立家长委员会，把学校开展的各种活动融入社区中，拉近学校与社区的关系，实现合作式的多元治理，提高学校的美誉度。② 学区制改革为社会力量参与学校管理打开了大门，在学区工作委员会组建过程中，家长能够全面参与学校的各项管理工作，建言献策、集思广益，能够调动教师、学生、家长等教育治理直接主体参与管理和治理学校的积极性，形成良好的合作管理模式，而非传统教育体系中教委压制学校、学校压制学生的命令式治理。可见推行学区制改革过程中各省市均采用合作而非命令的方式来治理学区，他们都特别强调教育治理主体的合作和参与，但大多数仍然停留在构建学区工作委员会这种形式上进行合作，推行学区制改革还应该积极创新合作方式，实现全方位多角度的合作。

开放性或封闭性指标是指在教育治理过程中各相关利益主体的参与度。学区制改革是以开放的方式吸纳社会各种力量参与到学校管理中，学

---

① 佚名：《QUESTION 1：东城区在推进"学区制"改革中，将对学校产生哪些影响》，《未来教育家》2014 年第 7 期。

② 陆杰红：《学区制：为提升学校品质加速》，《基础教育研究》2016 年第 4 期。

区工作委员会的组建，就是学校向社会开放的一种体现，学区工作委员会联合学区内资源单位、家长、社区一同参与学校管理，提出积极建议。开放的治理方式能够使学校发展获得多方的帮助，使学校工作得到多方支持，吸收优秀的管理经验和模式，这是教育治理现代化所需要的治理方式，而不是在治理过程中一味地保守。① 位于北京东北部地区的西三旗学区的教育联盟，将政府部门、学区内幼儿园、中小学、校外的一些教育机构、大中专院校、民办大学、地方教育机构，以及驻区的部队、企业、科研院所，全部纳入教育联盟，这既体现出西三旗学区在改革中采取合作的教育治理方式，也从侧面反映出合作要以开放为前提，面向社会开放办学能够让联盟中各主体优势互补、取长补短，能够促进整个教育联盟的不断壮大和高速发展。推广学区制过程中，青岛市在南区 6 大学区中均成立学区理事会，理事会的副主任由街道办事处副主任担任，这就意味着社会力量参与到学校具体的管理中，让学校从管理走向治理，从封闭走向开放。② 学区制改革能够使教育治理的主体用开放、整体、发展的眼光看待教育问题，跳出单个学校的局限，打破封闭的思想，以学区的观念和角度长远地思考问题，获得整个学区的共赢。

依靠法治或依靠经验指标。依靠法治或依靠经验指标是指教育治理主体是否依法行政。虽然我国现阶段对学区制相关的法律法规还有待完善，但从推广的情况来看，各省市在实行学区制前均采取了一系列调查研究，均由各省市教育部门统一部署、规划和试点，虽然也参考了其他地区的改革经验，但也不能说是单纯依靠经验进行教育治理。

二 教育治理能力现代化的经验：能力现状

教育治理能力现状可分为 5 个维度，即规划能力、决策公平能力、执行能力、公平能力、教育法治能力。

---

① 佚名：《QUESTION 2：校长在办学过程中，对"学区制"建设有哪些思考》，《未来教育家》2014 年增刊。

② 刘成：《青岛市市南区：学区制改革均衡优质教育资源》，《经济日报》2016 年 6 月日。

（一）规划能力维度

规划的制定指标是指规划预测能力，对前一个规划进行总结评估能力以及参考上级部门的规划能力，包括规划的制定指标、规划的执行指标和规划的监测指标。各地区在推行学区制时均建立在充分调研的基础上，然后再制定发展方案，最终形成了自身发展模式。成都市武侯区，广州市越秀区，福州市鼓楼区，贵阳市云岩区和南明区，邯郸市邯山区和丛台区，海南省的琼海市、文昌市和万宁市、海口市龙华区，河南省郑州市，宁波市江东区，陕西省西安市，石家庄市桥西区，天津市蓟县和河西区，武汉市硚口区和江岸区，丹江口市等地在推行学区制改革中均采用的是捆绑模式，捆绑模式的特点是注重学区教育发展整体规划，采用学区一体化管理，即使学区内各学校在办学理念、学校具体事务管理、教育教学设施设备、学区教师培训、课程资源、教学管理、教学质量监控、教师评价激励等相一致的，学区内实现"捆绑式"考评，最终以"共同发展学区""大学区""教育发展协作区""学区共同体""联合学区"等形式在各地推广。捆绑模式的优点是学区整体规划容易形成规模优势，且学区总的领导小组能够对各学校采取统一高效的管理，也能够在软硬件条件上达到均衡，教育质量也得到了很好的保障，最终实现学区教育均衡发展。福建省、湖北荆门市东宝区、上海市徐汇区采用以校际"联姻"方式为主的托管模式，主要通过签署委托管理协议让城内发展好的学校托管农村地区资源稀缺的学校。托管模式的特点在于城内优质学校将自身先进的办学理念、制度、经验灌输给农村薄弱学校，帮助其在教师教研水平、学生管理、学校文化建设等方面进行提升。托管模式的优点是薄弱学校能够得到优质学校的直接经验，使发展能够走上快车道。不足之处是优质学校本身位于城市内，各方面资源较为充足，制定出的政策未必适用于薄弱学校。北京市海淀区、河北省、湖北宜城市采取的是拓展模式，"一校多址""名校＋分校"模式，让薄弱的学校直接变成名校的分校，让学生就近享受优质的学区资源。拓展模式能够使薄弱学校借助名校优势，发挥优质教育资源的辐射和带动作用，也能够在短时间内得到更广泛的关注，发展更为迅速。大连市西岗区等地采用的是网络模式，通过建立中小学的"纵向片区

+横向校群"网络化管理体系，使学区制推广更为深入，更能在学区内实现教育资源的充分共享。[①]

规划的执行指标主要考察已制定规划的执行情况。武汉市武昌区教育局在2004年编制了《武昌区2004～2020年中小学布局规划》。该《规划》决定将3所省级和武汉市级示范学校引入南北两片办学，以缩小办学差距，推动教育均衡发展。到2008年，武昌区择校现象明显减少，学区制改革取得成效。可见规划的有效执行，能够使改革落地生根，取得实效。[②] 在教育治理能力现代化过程中，大多数省份把注意力集中在将相关政策写入教育规划，或是制定该地区的改革方案和规划，而往往忽略了这些规划在实际执行中的效果和监督，使规划执行效果不显著甚至偏离预期，因此规划的执行和监督在教育治理过程中就显得尤为关键。

（二）决策能力维度

这一维度划分为3个指标：决策科学化指标、决策民主化指标、决策法制化指标。

决策科学化是指决策是否符合国家政策方针、是否符合当地需求、是否与资源相匹配。科学的决策是推进改革的第一步，也是关系着全局成败的至关重要的一步。北京东城区在推行学区制时认真研究国家相关政策要求，紧密联系当地实际发展需要，决策采用"盟、贯、带"的改革形式。"盟"是指位于北京东城区的和平里第一小学、北京市第一七一中学和北京市第一七七中学建立"深度联盟"，"贯"是指一七一中学和北京市东城区青年湖小学实行"九年一贯制"，"带"是指北京市和平里第四小学、和平里第二小学和北京市东城区师范学校附属小学形成"优质资源带"。"盟、贯、带"的形式体现出北京东城区在决策部署学区制改革时，是经过科学决策分析来选择发展模式的。成都邛崃市的学区是通过横向的小学学区、初中学区、九年一贯制学区和纵向的高中带初中、初中带小学学区构建组成的。学区内以学校编制独立，法人关系和隶属关系不变，实行教

① 习勇生：《县域义务教育学区制改革：从政策到实践》，《教育导刊》2015年第4期。
② 张孺海：《武昌学区制推动教育均衡发展》，《湖北日报》2010年2月18日。

师流通交流制度、统一教学管理、捆绑考核等一系列制度来实现学区教育资源共享。温江区出台了《温江区教育局义务教育阶段学区制改革工作实施方案》，目的是在全区整体推进学区制，把区内所有义务教育阶段学校规划成小学第一、第二学区和初中第一、第二学区。学区内同样也遵循教育资源共享原则，采取教育教学统一管理和捆绑考核评价的工作制度，同时还制定了温江区义务教育阶段学区工作考核评价指标。① 这些改革形式、实施方案、工作模式和考核评价指标等决策的出台说明了该地区相关部门在推进学区制和教育能力提升方面均是从统筹资源的全局出发，通过科学考察和整体部署来选择合适的发展模式并最终形成具体的实施方案。可以看出，学区制改革的每一步都离不开相关人士科学、精心、细致的决策，每个地区推行学区制改革都应该十分重视在学区规划、模式选择、制度构建上的科学决策。再者学区制改革本身就贯彻落实党中央和教育部要求，也能够满足我国推进教育治理现代化和治理能力现代化的实际需要，学区制改革本身就是一项科学的决策。

决策民主化指标。决策民主化主要指决策过程是否民主，决策过程是否民主直接关系到决策是否科学。北京东城区在推行学区制时，组成由教委领导、学校领导、学生家长等参与的学区管理委员会，一同协商管理学区事务，制定学区相关政策，在决策过程中充分遵循民主原则，同时学区内各个学校校长轮值担任学区主席，也能够有效地避免专制，发扬决策民主。让学区制相关群体参与管理过程，充分体现出在教育治理过程中决策的民主化。北京海淀区在每个学区，均成立学区管理中心和学区委员会，目的也是在议事过程中集思广益，制定出符合民众期望的学区政策。

决策法制化指标主要指决策程序是否规范，是否有法律依据。虽然《中共中央关于全面深化改革若干重大问题的决定》能够为学区制建设提供政策性依据，但是各省份在推行学区制改革的过程中，在决策环节仍然缺乏相对规范和完整的政策依据，很容易导致治理主体的责任意识淡化，决策过程缺乏法律保障，使决策不科学，学区制改革的效果得不到充分显现。

---

① 陈瑾：《成都 11 个区（市）县试点学区制》，《成都日报》2015 年 6 月 16 日。

（三）执行能力维度

这一维度划分为政策执行力度指标，政策执行效度指标和政策执行过程中的监督指标。

政策执行力度指标是衡量政策执行情况的指标，政策执行效度指标是衡量政策执行效果的指标。我国各省份推行学区制过程中，在政策执行情况和执行效果方面涉及较少，需要在今后改革过程中加强对政策颁布后执行情况的追踪和反馈以及对执行效果的评估，使政策制定者能够获取政策执行的具体情况，及时对不恰当的内容进行调整以保证政策执行取得良好的效果。

政策执行过程中的监督指标。监督在政策执行过程中起着不可或缺的作用，政策执行效果的好坏与执行过程中的监督密不可分。北京海淀区计划从学区质量监测和督导评价体系建设等多方面入手来完善学区制的相关制度建设，虽然很多省份在学区制改革执行过程中忽略了建立监督机制，随着学区制在我国的推行，越来越多的地方开始重视相关监督体系的建设和执行，目的是保障学区制政策能够产生预期效果。

（四）决策公平能力维度

这一维度分解为高效分配资源指标，合理利用资源指标，关注弱势群体指标，推进教育均衡指标。

高效分配资源是指教育资源能够得到高效分配和利用。北京东城区相关人士认为学区制建设能够加强各个学校间横向和纵向的联系。横向的联系体现在学区制能够让教师资源在学区内流动起来，促进教师之间联合教研，学生也能在学区内自由选择适合的学校，这在一定程度上与原来单一学校单一教师条件下的有限发展不同，学区制能够高效地配置和利用学区内师资和场地资源，让其充分发挥作用，实现效用最大化，也为学生个性化发展需求提供了可能。郑州市将建立 6 个试验学区，名校与弱校捆绑办学，通过互派师资、教育资源充分共享的形式，实现学区内教育资源的高效配置和均衡发展。[①] 牡丹江市第四中学与牡丹江市第六中学在实行学区

---

① 李杨：《各方期待义务教育"学区制"》，《郑州日报》2010 年 1 月 29 日。

制改革时，非常重视教育资源存量的盘活，学区领导统筹规划硬件资源，成功解决了四中资源短缺、空间不足的问题，而六中也相应地改善办学条件，扩大了学校规模，同时也优化整合学区教师资源，解决了生源分布不均和择校问题，促进了学区内教育的均衡发展。

合理利用资源指标是用来衡量教育资源是否得到合理利用的指标。教育资源的合理配置和充分共享是学区制改革的一大特点，北京东城区在对学区教育资源的使用上，不仅考虑固定资源的综合利用，同时也考虑可流动资源的综合利用。青岛市为了实现优质教育资源的充分共享和均衡发展，在推行学区制时非常重视教师交流。以青岛市南区为例，2015 年共有72 名教师参与交流，骨干教师交流率达到 81%，中小学交流参与率达到100%。从 2012 年春季开学起，陕西西安市教育局计划在碑林、新城、雁塔、莲湖 4 个城区启动实施大学区管理制度改革。学区内，图书馆、体育场、实验室、音乐厅、微机室、报告厅、心理咨询室等硬件资源全部实现共享，同时在学区内课程资源和教师等软件资源方面也均是共享的。① 郑州市学区制改革也非常重视教育资源的共享，学校间资源如设施设备、图书馆、操场、实验室、教师资源等均在学区内共享。② 呼和浩特市由于历史原因，城乡发展极度不均衡，因此在教育资源分布上也存在不均衡的现象，城乡之间在教育的软硬件资源配置上存在较大差异，出现超负荷运转和优质教育资源短缺的现象。而农村、近郊学校师资严重不足，发展受限，这种城乡巨大的反差使呼和浩特市在推进学区制过程中阻力重重。合理利用教育资源实现均衡发展是学区制改革的初衷，同时在推行学区制改革过程中合理地利用各学校的软硬件资源也能将学区制的功效释放到最大化。

关注弱势群体指标，是指教育治理主体在治理过程中关注弱势群体的情况。地区经济发展的不平衡势必会使不同地区在基础教育硬件条件和教学质量产生差距，学区制改革就是要打破校际壁垒、关注弱势群体，促进地区间教育均衡发展，让每个学龄儿童有公平享受基础教育的权利。学区

① 李颖科：《学区化办学改革的"西安模式"》，《人民教育》2014 年第 7 期。
② 柯杨：《学区制改革，改善择校现象的"退烧药"》，《河南日报》2011 年 3 月 24 日。

制的推行者说，"无论是小学入学，还是小升初，我们都能客观、公平地对待每一个孩子，让家长、孩子在心理感受上享受到公平的教育"。对于学龄儿童来说，户籍问题关系到他们能否顺利升入小学，然而非北京户籍的适龄儿童在幼升小问题上明显属于弱势群体，为了解决这一特殊群体的"上学难"问题，北京温泉苏家坨学区首次实行非京籍适龄儿童计算机派位入学，同时还邀请学生家长、媒体、公证人员到场见证，这一举动让252位非京籍适龄儿童顺利地进入志愿学校，同时清河地区的102名非京籍适龄儿童也全部实现了在学区内就近入学。广州佛山在推行学区制时，不断通过增加公办学位、非户籍常住人口子女入读公办学校实施办法以及异地中考办法来解决存在弱势群体中的教育不平等现象。在特殊教育方面，残疾儿童15年免费教育体系将进一步完善，特殊教育学校、随班就读和附设特教班以及送教上门三类形式组成的特殊教育体系也将逐步建成。[1]这些都体现出学区制尤其关注弱势群体的受教育问题，在帮助弱势群体、促进教育公平方面效果显著。可以说关注弱势群体是实现教育公平的必要途径。

推进教育均衡指标是衡量校际、城乡间教育的必要指标。学区制最终目的就是要通过建立学区，打破校际、城乡间的教育鸿沟，让学区内的学校由竞争对手变成合作伙伴，消除恶性竞争，实现教育均衡。郑州在划分学区制时，特别注重将名校、普通学校和弱势学校搭配在一起，互相帮扶实现该学区教育的均衡发展。学区制能够改变由教育资源分布不均衡产生的择校、不规范招生、"小升初"等教育难题，通过高效合理地配置教育资源以及对弱势群体的关注，攻克存在于教育体系中的种种不公平现象，让公民公平地享受教育。

（五）教育法治能力维度

这一维度分为制度建设指标、教育部门依法行政指标、学校依法治校指标。

制度建设指标是衡量教育制度是否健全、合理的指标。规章制度的制

---

[1]　吴岚岚：《试行学区制落实就近入学》，《佛山日报》2014年4月18日。

定，有利于在推行学区制改革中各学校有规可守、有章可循，能使上级部门对学区内各学校进行有效的管理。

北京东城区学区的保障制度由学区资源配备机制、教育教学一体化管理机制、社会资源的引入机制以及相应的教育服务补充机制组成，同时建立完备的0~6岁学前教育服务体系，能够使学区内的中小学形成贯通和衔接，能够让市民有众多教育学习的品牌可以选择。学区学生身心健康服务中心和重点学科实验室等配套设施为师生提供教学保障，社会专业机构、专家团队等第三方力量为学区发展提供智力支持和指导。

南宁市高新区在推行学区制过程中就非常重视建章立制，先后制定出《南宁高新区义务教育学区制管理改革自治区试点工作方案》《南宁高新区义务教育学区制管理改革自治区试点工作总体规划（2014.06—2016.12）》《南宁高新区义务教育学区制管理工作制度》《南宁高新区义务教育学区制管理督导评估工作制度》《南宁高新区义务教育学区教育资源共享工作制度》和《南宁高新区义务教育学区学科中心组教科研工作制度》。各学区、学校根据相关制度和规划，分别制定本学区、学校的制度和总体规划。通过构建工作制度和工作规划使南宁市高新区基础教育学区制改革工作能够有条不紊地开展并迅速取得成绩。①

贵阳市在学区内实行教师绩效工资制，根据省、市关于绩效工资考核分配的有关规定，制定学区内各学校教师绩效考核实施方案，让学区内各学校教师的工资与考核结果相关联。参与学区交流的教师，绩效工资上有相应的奖励，在教师职称的评定上，学区管理委员会充分参考考核的结果。

郑州市为了推进义务教育均衡发展，积极开展义务教育学区制的试点工作，计划采取法人编制独立，隶属关系不变，学区内学校在实质上联合办学，教师流动交流制度，构建学科资源共享平台，"捆绑考核""教育联盟""强校托管""强校兼并"的改革措施和"老校＋新校""强校＋弱校"等模式。同时，还建立教育教学统一管理制度、统一质量检测制度，

---

① 曾雪丽：《学区制管理的实践探索——以南宁高新区为例》，《基础教育研究》2016年第17期。

力争同一学区，在课程、学习进度、考试方面均保持一致，使同一学区的教育质量也趋向一致。

山西永济市教育局在全市积极推进学区制，一是成立以局长为组长、全体领导班子成员共同参与的学区制协调领导小组。同时，实行校长联席会议制度，各学区设立学区长和联络员，学区长由学区内各校校长轮流担任或由学区联席会议选举担任，联络员由市教育局各科室成员产生。定期召开学区联席办公会议，协商解决学区相关问题。二是制定出台了《中小学学区制工作实施方案》，在全市中小学初步划分和建立试验学区，实行合作办学；学区初中学生向高中学生寻求指导，使学习更有针对性；同时学区初中学生也能够了解到职业教育学校的相关报考信息。三是实现全方位管理，即：各学区制定工作实施方案，建立教育教学统一管理制度，建立统一教研制度，建立统一的质量检测制度，建立教师交流任教制度，建立统一的办公会议制度，设立专项研究课题，建立特色学校建设制度；教育局建立专项督导制度加强对各学区的考核。①

成都都江堰市构建了"六统一"和"四机制"的学区发展共同管理模式。学区联合教研制度、学生教育质量联合考评制度、每月综合考核制度、艺体联谊活动制度、划片招生制度等都是很有创新性的制度设计。

在运行学区制时，一些地区非常重视制度的设计和执行，因此在推行学区制改革过程中受益匪浅。然而还有一些地区在学区制改革制度建设上较为滞后，仍停留在改革模式和教师考核等一系列较为微观的层面，没有从宏观层面提出成体系的制度，制度的不完善和缺失会使学区制在不同学区实际推广中产生不同效果，从而影响整体效果。

教育部门依法行政指标是衡量教育法治能力的首要条件。"教师流动"是学区制共享教育资源的一个较为显著的特征，2010年前后，"建立健全义务教育学校教师和校长流动机制"的相关规定已经写入了《国家中长期教育改革和发展规划纲要（2010—2020年）》，江苏等省份还为"校长、教师交流制度"立法。与此同时，2013年11月召开的中共十八届三中全

---

① 谢全登、寇筱：《一个统一 三种共享 五项统筹——永济市以学区制推进教育均衡发展》，《山西教育管理》2011年第6期。

会通过了《关于全面深化改革若干重大问题的决定》，其中将"校长教师交流轮岗"作为改革的一项重要举措推广开来。① 虽然目前关于学区制的相关法律法规还比较少，但随着学区制的广泛推广运行，各方面、各环节的法律法规也将日渐完善。

三　教育治理能力现代化的经验：能力提升

将教育治理能力提升途径可划分为两个维度，分别为教育政策学习维度与教育管理学习维度。在这两个维度中又都包含学习意识指标、学习内容指标和学习途径指标。

在教育治理能力提升方面，各省份较多地把关注点放在学习途径方面，而关于教育治理主体是否具有学习意识以及学习的内容应该涵盖哪些方面上关注较少。因此，各省份在推行学区制改革和提升基础教育治理能力过程中应该培养教育治理主体主动学习的意识，在学习内容的选择上也应该与时代紧密结合，同时切合教师教学实际需要，注重教师综合能力的提升，避免内容过于单一。

学习途径方面，武汉在探索学区制过程中，通过"委托管理"模式让汉江大学与黄陵中学、子林小学结对组成共同体，帮助两所学校探索现代学校制度，建设学校教师队伍，为教师提供专业的研修和培训活动，十分重视教师在学区制以及教育治理能力中的作用。② 2014 年广西南宁高新区通过"三校合并"开始推行学区制，由于学区制改革打破了校际壁垒，丰富多样的教研活动在学区里开展，使教师共享教学经验，提高了学区教师整体水平，同时利用信息化技术开展教师的培训工作，使教师与时俱进，接受现代化教学方式。牡丹江四中学区创新教师研修机制，以教师节为契机，开展教师论坛，命题培训，集体教研，研讨课评比，学科内、班主任之间进行拜师结对等活动提升教师专业能力，目的在于通过专家引领，骨

---

① 王强：《我国近 30 年"教师流动"的主语演变与信心博弈》，《全球教育展望》2014 年第 6 期。

② 余学泉：《以学区制推进区域教育优质均衡发展》，《湖北教育（综合资讯）》2016 年第 6 期。

干示范，创设多元成长平台等途径实现教育治理能力的提升。[①] 北京东崇前学区（东花市—崇文门—前门学区）通过教研课、专家讲座以及举办展示课等形式联动学区内的 6 所学校进行培训。在学区制改革中，大多数省份的学区是通过培训以及研修等方式来提升教育治理能力，这样的优点在于能够较为直接地吸收该领域相关知识，能力提升比较迅速，但学习效果往往受制于参加培训人员的接受能力等一些主观因素。因此，各学区在推进学区制过程中还应该积极探索其他途径来提升教育治理能力。

四　对教育治理能力提升的启示

我国西部地区经济、文化发展水平与我国发达省份存在明显差距，这就使西部地区的基础教育也远远落后于发达省份，在推行学区制改革提升基础教育治理能力方面也明显滞后于发达省份。想要迎头追赶，还须在很多方面齐抓共管。

（一）积极运用政策工具实现教育治理能力提升

研究发现，我国其他省份推行学区制改革，在治理的"教育部门依法行政指标"和"学校依法治校"方面均存在不足。因此，西部地区在推进学区制过程中，应充分发挥政府的主导作用。教育部门要尽早认识到学区制在解决择校问题、提升教育质量、均衡教育资源等方面的作用，把学区制作为一种先进制度在西部地区广泛宣传，让学区内的学校和教师充分做好前期思想准备；同时政府应该从宏观层面引导学区制改革，出台一系列教育政策和法规鼓励各省市相关教育部门到其他地区学习先进经验，鼓励各省市学校试点学区制；出台法规保障"教师流动"制度，建立相关保障机制，吸引和鼓励广大优秀师范毕业生到农村薄弱学校执教；同时通过政策倾斜、扩宽融资渠道和经费支持，加大对农村硬件设施较为薄弱学校的资金投入力度，帮助农村资源薄弱的学校进行建设；规范学区内的招生政

[①] 姚志伟：《探索"学区制"改革路径促进教育均衡发展——牡丹江市四中学区制改革实践》，《牡丹江教育学院学报》2015 年第 3 期。

策，鼓励按照户口所在地就近入学，避免因不规范的择校，导致学区内学校生源不均衡的现象出现，影响学校办学和发展。政府还应该认真调研，注重整体规划，积极把优质教育资源的规模扩大，再因地制宜科学合理地划分学区。划分学区时可以"对流动性人口及学区内其他长期人户分离人员的子女以其法定监护人工作地及长期居住地作为辅助参考，以此来保证子女与其父母在义务教育阶段的亲子关系和紧密联系。入学学生户籍所在地、监护人工作地和居住地都应成为学区内入学的参考标准"①。这样能够解决进城务工人员等弱势群体孩子受教育问题，从关注弱势群体方面实现教育治理的公平能力维度。政府还应该参与选取适合本地区的学区制模式，学区制的模式要有利于发挥优势学校对周边薄弱学校的辐射、引领和带动作用，政府要督促学区将模式形成相关发展规划，并监督规划落实。

（二）加强制度建设以促进教育治理能力的提升

1. 成立组织管理机构

就学区制而言，要实行法人独立，以保证学区领导权的相对独立，以便学区能够自行决策自身事务，在制度建设、招生政策、课程设置、教学改革等诸多方面有充分的自主权。加强学区的顶层设计，领导层面由市（区）县分管教育的领导、教育局领导、学区轮值主席、学校领导组成领导小组，负责协商学区发展规划的制定、学区发展模式的选择等一系列学区重大的事项；同时应该采取扁平化的多元治理体系，由学区相关负责人、学校相关负责人、教师代表、学生家长代表等组成学区工作委员会，负责发扬民主，集思广益，使学区制度的制定更能够兼顾相关群体的利益，让决策更为民主化。学区工作委员会还要协助教育部和学区领导推动本学区教育改革，要为学区发展提出意见，监督学区的工作，落实学区相关制度。同时赋予学区轮值主席一定的实际权力，"作为牵头校校长或学区长的权力范围要介于学校校长与教育局之间，要赋予一定和适当的人事任免、经费使用、组织会议等行政权力"。学区轮值主席定期组织召开学

---

① 龚冬梅、孙玉波：《义务教育阶段试行学区制改革的政策分析》，《现代中小学教育》2015年第 31 期。

区例会，学区内各校负责人参与一同协商学区发展规划、规章制度、考评制度、教学质量提高等事项，制定的学区制度要与学校制度相融合，避免冲突和教师负担的加重，使学区管理更为灵活机动。

2. 建立学区制相关制度和做好相关规划

在教育治理现状方面，教育规划的制定、执行以及制度建设是其中两个重要的指标，因此在推进学区制以提升基础教育治理现代化过程中应该强调学区相关制度的建设，把学区建设的管理活动均用制度来规范，并形成制度体系，以确保学区内各学校有章可循和学区制改革出成效。同时，制度还需要在实践中不断创新，与时俱进，能够满足学区内学校、师生实际管理的需要。建立相应的监督检查制度，由专门的人员负责监督各项制度的执行情况并及时反馈处理意见，保障各项制度得到良好执行。重视学区会议制度的建设和规范，学区领导小组、学区工作委员会应该定期召开会议，沟通思想、统一认识、解决问题，促进学区工作的有序开展。推行学区制还应该在广泛调查研究的基础上，科学划分学区并由学区领导小组讨论制定适合本学区发展的规划，规划应该充分考虑学区发展的现状、软硬件资源条件、教育部门相关政策、生源情况等因素，应该包含短期目标和中长期目标并规定相应的时间节点和监督机制，还要制定相关保障机制和奖惩机制以确保规划按照预期执行。

3. 搭建学区教师教科研平台和建立课程资源共享机制

基础教育治理能力的提升以及学区制改革，最终都要落实到学区内各所学校教育教学质量的提升上来，学区的优质发展也要靠对教研工作的重视来促进学区内教师的专业技能的提升。教育治理过程中是否通过合作的方式，开放的途径是考察教育治理能力行为维度的指标，可见提升教育治理能力离不开合作和共享。在学区内为教师搭建教学科研交流平台，成立各学科的教科研工作小组，小组利用课余时间，通过整合学区内教育资源研究学科教学内容和方法，并对好的研究成果在学区内进行推广，以实现学区内教师的共同成长。学区教科研交流工作平台能够促进学区教师交流，分享经验，改进教学方法，激发教师活力，推进学区教师轮岗制的实施，让教师从"学校人"转变成为"学区人"。同时在学区教科平台上，教师的优质课程资源也是公开和共享的，教师采用的教材、教案、资料及学生作品、都可利用互联网在学区间进行交流共享，定期组织召开教学科研交流平台的线下活动，如学术沙龙、教育研讨座谈会等，让教师进一步加强沟通和相互学习。通过学区教师教科研平台和课程资源共享机制，最终实现教育资源在学区共享的目标。

4. 建立合理的学区考评和激励制度

首先学区内各学校要对考评制度认可和熟知，建立教育局、学区管理委员会、学校联合考评机制，对学区内学校进行"捆绑考核"。对教师的考核，以教师自评为主，借鉴360度绩效考核相关方法，让校长、学生、家长都参与到考核过程中，综合各方打分结果使考核结果更为客观。对教师考核的相关绩效指标，不仅应该包括教学质量方面，还应该包括道德、科研、发展等其他方面，从而能够全面考核学区教师。学区内实现绩效工资制度，把考核结果运用到工资核定中，激励考核表现突出的教师，奖励积极参与交流轮岗制度的教师，让教师积极参与学区制改革。值得注意的是，学区内各学校教师应该实现同工同酬，缩小优质学校和薄弱学校教师工资的差距，从工资方面打消教师交流轮岗的顾虑，实现学区内公平。建立起学区监督体系，监督考评和激励的全过程。

5. 实行教育教学统一管理制度

教育教学统一管理制度就是"同一学区的学生，课程计划一样，学习进度一样，考试安排和评价也一样。还将建立学区统一质量检测制度，各学区每年至少组织两次统一的质量检测，统一试卷、统一时间、统一评卷、统一分析"①。教育教学统一管理制度是在教学的每个环节上均实现统一步调，以此来实现整个学区在教学质量上的一致，并且能够兼顾学区内学校的自主办学地位，推动学区义务教育的均衡发展。但也要注意教育教学统一管理制度并不是要求把学校之间的差异都消除，而是在实行学区统一管理制度的同时也要注意培养每个学校的优质差异化以形成该学校的品牌。如北京西城区为了学校的特色发展，打造了"华夏女子中学办学联合体"以及一些以外语、书法、民族教育为特色的学校，丰富了学区学校的

---

① 李亚楠：《郑州今秋试行学区制，师资由"独有"变"共享"》，《新华每日电讯》2010年7月18日第001版。

多样性。西部地区推行学区制改革也应该鼓励各学校发挥各自特色，以满足学生的个性发展需求，实行学区学校有特色的均衡。

（三）重视教育治理的多元参与和价值革新

随着我国教育实践的不断深入，我国教育治理改革越来越偏重教育治理主体方面。有学者认为推进高等教育治理体系与治理能力现代化关键在于重建大学的主体性，让其自主管理、自主办学，以独立法人的资格来处理大学与政府和社会的关系。从微观层面上讲，开始关注教师的任职资格和经验，北京市东城区为了能够让教师更好地在学区间流动任职，通过制定相应的干部教师轮岗交流机制，将教师身份由原来的学校人转变成为系统人、学区人，同时为教师打造优质教育资源带和搭建师资储备基地校等平台，通过教师跨校任教兼课以及联合教研等形式进行轮岗交流，使教师能够经受学区内不同学校、不同岗位、不同授课内容的考验，也使优秀干部教师、中青年优秀校长、骨干教师能够在学区内流动起来，实现教师资源的共享。

我国教育治理理念也是与时俱进、同步发展的，教育治理体系与治理能力现代化已将善治作为最终目标，努力实现高等教育公共利益最大化。为了充分发扬民主的教育治理理念，北京东城区教委在学区成立综合改革领导小组，学区领导小组下设办公室，与其他学区工作委员会形成以学区为中心的新型基础教育治理组织体系。学区领导小组的主要职责是制定该学区未来的发展规划、管理制度，协调处理学区重大事项和资源优化配置等。北京东城区教委在制定学区制相关政策方面充分发扬民主，广泛征求各学区意见，最后再由学区制综合改革领导小组汇总形成最终方案。[①] 海淀区除了管理中心以外还设有学区委员会，学区委员会由社区领导、学区学校校长、学生家长代表等组成，学区委员会成员共同协商学区内义务教育改革等重大事项，成员是学区协商共治的一分子，学区委员会的成立体现出该地区的教育治理是趋向于民主和开放。在价值取向方面，更加提倡

---

① 北京市东城区教育委员会：《加强机制建设学区化管理全面升级学区制》，《北京教育（普教版）》2014 年第 5 期。

现代化、面向未来的教育治理价值取向。经过 10 年探索和改革，北京市东城区逐渐摸索出学区制改革思路，实行区教委领导，学区、社区、家庭等多元参与的学区治理模式，设计出学区各主体共治、共建、共享的治理结构，可见北京东城区的教育治理价值取向是政府、学校教师、社会协同治理的现代化治理。在课程设置上，一些学校在保护传统课程过程中也非常注重让历史与现实完美结合，开设具有数字化、传统化和国际化特色的课程，学区还不断探寻新的时代内涵，让学区学校培养出的孩子在未来更有发展潜力。[①] 北京海淀区八里庄学区开设了探秘海洋、阅读推广、汽车文化体验等系列课程，同时与北京海洋馆开展合作，建立了八里庄学区"青少年海洋教育联盟"，用充满特色、打破传统的课程来激发学生的学习积极性，培养学生探索未知事物的勇气，可以说这是一种现代的、面向未来发展趋势的教育治理价值取向。

（四）教育治理行为是合作、开放和法治的

现代化的教育治理，在教育治理行为上倡导采用合作型、开放型和法治型的行为。北京、南宁等地均推行政府、学校、社会共同参与多方合作的民主决策，在教育改革过程中也十分注重群众参与，在学校和班级建立家长委员会，把学校开展各种活动融入社区中，拉近学校与社区的关系，实现合作式的多元治理，提高学校的美誉度。随着教育系统的不断扩张，社会参与和教育治理行为的关系日益加深，学校和社会的关系已经发生了根本性的变化，社会力量更多地参与到了学校内部管理当中。社区作为教育治理的利益相关者，越来越多参与到教育的协同治理当中，切实发挥着日渐重要的作用，高校可以与社区密切结合，将其优质资源对社区开放，如图书馆和学术讲座等。同时，高校也可以通过社区与科技园区结合，将先进的学术研究成果扩展到企业中，使科研成果得到转化，企业创新发展得到推动，同时社区还能够充分了解该阶段受教育者的需要。[②] 学区制改革也为社会力量参与学校管理打开了大门，在学区工作委员会组建过程

---

① 佚名：《QUESTION 1：东城区在推进"学区制"改革中，将对学校产生哪些影响？》，《未来教育家》2014 年 7 月。

② 雷沙沙、宫新荷：《利益相关者视角下我国社区教育治理研究》，《成人教育》。

中，学生家长能够全面参与学校的各项管理工作，建言献策、集思广益，能够调动教师、学生、家长等教育治理直接主体参与管理和治理学校的积极性，形成良好的合作管理模式，而非传统教育体系中教委压制学校、学校压制学生的命令式治理。从改革趋势上看，社会参与、全方位多角度合作的教育治理行为才是未来的发展目标。

党的十八届四中全会以来，全面建设社会主义法治国家和法治体系在全国广泛地部署开来，现代化的教育治理必然要在现代化的法治精神和理念的引导下进行，教育改革的全过程要充分运用法治的方式和精神。在改善教育外部治理的方式和内容时，也坚持做到了有法有据，依法推动。在建设全国中小学统一电子学籍系统、创新学籍管理方式以及招生工作和免试入学等工作中，虽然新问题层出不穷，但《教育法》《教师法》《民办教育促进法》等法律条文的不断修订为教育治理能力的现代化提供了保障。[①]

（五）采取全面的措施以提升教育治理能力

在教育规划制定能力方面，各地区在推行教育治理能力改革时均建立在充分调研的基础上，然后再制定发展方案，最终形成了自身发展模式。我国各地在推动教育治理能力现代化的过程中越来越重视用科学的手段在实地调研的基础上，制定符合本地区的规划方案。规划的执行主要考察已制定的规划的执行情况。武汉市武昌区教育局在 2004 年编制了《武昌区2004～2020 年中小学布局规划》。规划决定将 3 所省级和武汉市级示范学校引入南北两片办学，以缩小办学差距，推动教育均衡发展。到 2008 年，武昌区择校现象明显减少，学区制改革取得成效。可见规划的有效执行，能够使改革落地生根，取得实效。[②] 在教育治理能力现代化过程中，大多数省份把注意力集中在将相关政策写入教育规划，或是制定该地区的改革方案和规划，而往往忽略了这些规划在实际执行中的效果和监督，这使规划执行效果不显著甚至偏离预期，因此规划的执行和监督在教育治理过程

---

① 王定华：《以现代法治精神统领义务教育治理》，《教育研究》2015 年第 1 期。
② 张孺海：《武昌学区制推动教育均衡发展》，《湖北日报》2010 年 2 月 18 日。

中就显得尤为重要。

在决策能力方面，科学的决策是推进改革的第一步，也是关系全局成败的至关重要的一步。我国各地教育部门在制定决策时均重视加强顶层设计，把是否符合国家政策方针、是否符合当地需求、是否与资源相匹配列入决策程序进行考量。与此同时，决策过程是否民主直接关系到决策是否科学。目前，越来越多的学区组成由教委领导、学校领导、学生家长等参与的学区管理委员会，共同协商管理学区事务，制定学区相关政策，在决策过程中充分发挥民主原则，同时学区内各个学校校长轮值担任学区主席，也能够有效地避免专制，发扬决策民主。让学区制相关群体参与管理，充分体现出在教育治理过程中决策的民主化。成立学区管理中心和学区委员会，目的也是在议事过程中集思广益，制定出符合民众期望的教育治理政策。决策程序是否规范，是否有法律依据是决策能力一个重要的考量维度。《中共中央关于全面深化改革若干重大问题的决定》为教育治理能力提供了很多政策性依据。在此基础上，各省份在推行教育治理改革的过程中，在决策环节重视规范和完整的政策依据，有效避免了治理主体的责任意识淡化、决策过程缺乏法律保障、决策不科学、教育治理能力提升的效果得不到充分显现。

除了注重规划和决策外，教育治理主体越来越重视教育治理现状的公平维度，该维度可以通过高效分配资源指标，合理利用资源指标，关注弱势群体指标，推进教育均衡指标来考量。高效分配资源是指教育资源能够得到高效分配和利用，合理利用资源是指教育资源得到最为合理的利用。宁波市根据政府出台的指导性文件，本着高效分配、合理利用资源的目的，在项目规划、土地划拨、财政经费方面全力支持高校基础设施建设。教育资源的合理配置和高效利用是学区制改革的一大特点，郑州市教育局局长翟幸福介绍说，郑州市将建立 6 个试验学区，提供名校与弱校捆绑办学、通过互派师资、教育资源充分共享的形式，实现学区内教育资源的高效配置和均衡发展，同时也非常重视教育资源的共享，学校间资源如设施设备、图书馆、操场、实验室、教师资源等均在学区内共享。[1] 对弱势群

---

[1]　李杨：《各方期待义务教育"学区制"》，《郑州日报》2010 年 1 月 29 日。

体的关注是教育治理能力现状维度下一个重要的衡量指标。地区经济发展的不平衡势必会使不同地区在基础教育硬件条件和教学质量上产生差距，我国教育治理能力的改革就是要打破校际壁垒、关注弱势群体，促进地区间教育均衡发展，让每个人都有公平享受基础教育的权利。

教育法治能力也逐渐成为教育治理能力现状的一个重要组成部分，它又包括制度建设指标、教育部门依法行政指标、学校依法治校指标。越来越多的教育部门开始重视当地的教育制度是否健全，教育部门是否依法行政，学校是否依法治校。宏观上，利用法律体系肯定各种治理主体，尤其是非政府教育治理主体的法律地位，微观上通过教育治理制度化安排的不断完善为教育治理主体参与具体的教育实践提供指引。同时也能通过相应的激励制度、监督制度、问责机制来为教育治理实践活动提供发展平台，监督教育治理行为不与目标发生偏离，防止教育主体的失职行为的发生，从而从多个层面推动教育治理能力的现代化。[①] 规章制度的制定，有利于在推行教育治理改革中各学校有规可守、有章可循，能使上级部门对各学校进行有效的管理。有些地区通过《义务教育学习管理标准》的实施来明确学校的权利和义务，从而建设学校内部制度，使依法治校的内部机制得到完善。同时，通过国务院教育督导条例、《县域义务教育均衡发展督导评估暂行办法》以及教育部和各省份签署的《义务教育均衡发展备忘录》的实施来依法进行教育质量评估和教育督导工作，把依法行政和依法治校切切实实地落到实处。

（六）通过强化教师的培训以提升教育治理能力

教育治理能力提升途径可分为两个方面，分别为教育政策学习与教育管理学习。在这两个维度中又都包含学习意识指标、学习内容指标和学习途径指标。实现教育治理能力现代化需要教育治理的主体不断与时俱进，教育政策和管理的学习意识、内容以及学习途径是教育治理能力提升维度中的指标。边疆民族地区的教育治理水平整体上落后于我国发达地区，因

---

① 沈亚平、陈良雨：《人民满意视阈下教育治理能力提升途径研究》，《学术论坛》2015 年第 6 期。

此在西部地区推行学区制更应该注重教育治理能力的提升。培训是加强学习、提升能力的一个较为有效的方法，首先要充分认识到培训工作的重要性，让培训形成常态化。强化学区教师的学习意识，积极动员学区教师参与培训，避免教师出现故步自封的现象，鼓励教师自发参与培训活动，并且强化培训结果的运用。在培训内容选择上，应该更有针对性，侧重于提高教师专业技术、解决基础教育教学中的突出问题、教育方法研讨等方面，避免培训内容空洞无用、培训制度过于形式化。培训方式的选择应该更加多样化，以集中授课为主，同时还可以采用多媒体远程培训以方便乡村教师参与。积极选拔骨干教师，制定适合其自身的培训制度，鼓励骨干教师的发展，发挥其模范带头作用。①

在学习途径方面，西安结合自身特点和多年探索形成了一条集"教研、科研、培训、评价"为一体的教师综合素质提升途径，首先是以学校教研活动为基础，发挥教研组提高教学质量的基地作用，为教师专业的成长提供良好的外部环境。其次是努力为教师搭建成长平台，在全市范围内构建教师学习交流的平台，让广大教师用科研的目光看待课堂，提升教学水平。同时实施"大学区管理制"，开展跨行政区域的大学区教研，其中网络平台的建设更是为广大教师交流学习以及提升能力提供很好的途径和平台。《教育信息化十年发展规划（2011—2020年）》强调"提高教师网络学习的针对性和有效性，促进教师专业化发展"。近年来，新媒体以及各种互动式教学、研修平台层出不穷，加上"一校带多校"的教学教研组织模式以及"校本研修"培训模式的大力推广，使得教师们普遍开始利用网络信息技术"改进教学方法、创新教学模式，推进课堂信息化教学全面普及"。在培训内容上，针对培训对象在学校中的不同角色，确立不同的培训内容、目标，培训的内容更能符合实际需要。"研训一体"的教师培训模式，把培训内容定位在教学中存在的问题、新课程改革背景下教学遇到的困境、教育教学发展的策略以及教师专业化发展的途径，使教师的教

---

① 蒋喜龙：《学区制下义务教育均衡化发展对策研究——以伊春市为例》，硕士学位论文，黑龙江大学，2015。

育教学水平得到真真切切的提升。①

就基础教育阶段学区制的运行来看，健全干部教师交流轮岗机制是提升教育治理能力的重要方式。教师是实现基础教育治理能力提升的承载者和学区制改革的推动者，在两者的发展中起着至关重要的作用。教师是教育治理的主体，教师的专业素养、工作经验以及对工作岗位的认知程度都会影响教育治理能力的提升。学区制推行的初衷就是要让优质的教育资源从优质学校流向弱势学校，最终在学区内或者是整体上实现教育资源的均衡分布，其中很重要也是最为直接的途径就是教师的轮岗交流。教育部在2014年下发的《关于推进县（区）域内义务教育学校校长教师交流轮岗的意见》中讲道，"加快建立和不断完善义务教育学校校长教师交流轮岗制度，促进校长教师优质资源的合理配置，重点引导优秀校长和骨干教师向农村学校、薄弱学校流动"。可以说教师轮岗交流制度的运行关系到学区制改革的发展，健全学区干部教师交流轮岗制度能够保障教师资源的有序流动。教师交流轮岗制度，应该打消教师的顾虑，在充分尊重教师自身意愿的基础上合理安排，给予下乡交流教师津贴和在职务（职称）评聘和特级教师评选方面的优惠政策，鼓励教师支援乡村学校教育。学区内各学校的校长也应该多加强沟通和合作，积极交流两校办学理念和管理经验，也可以通过举办联谊活动和研讨活动等多种方式增进学区内各学校师生之间的交流。

---

① 解慧明：《基于提高教育质量的教师综合素养提升途径的实践探索》，《中小学教师培训》2016 年第 4 期。

第七章

边疆民族地区教育治理能力现代化对策研究

教育治理能力是教育现代化建设的重要保障。边疆民族地区教育治理能力还存在若干不足。本部分针对目前边疆民族地区教育治理能力存在的问题，提出该地区教育治理能力现代化建设的建议。

一 更新教育治理理念，实现多主体联合治理

先进的教育理念是教育现代化区别于其他领域现代化的根本标志和灵魂。离开先进的教育理念指引，就不可能有真正的教育现代化。[①] 同样，要实现教育治理现代化，也需要先进的教育治理理念进行引导。迄今为止，我国研究者对教育治理和教育治理现代化还没有一个统一的认识。因此，要提升教育治理能力，需要各级教育管理者正确把握教育治理、教育治理现代化这两个概念的内涵。

什么是"教育治理"？不同学者从不同的视角出发，对教育治理做了不同定义。王晓辉从"governance"的内涵来理解治理，认为"教育治理"就是"尊重教育主体的多元化，以契约联结政府与学校、以协商为基本教育决策机制、以评估为教育政策调节工具和构建教育系统导航机制"[②]。褚

[①] 陈国良：《理念·体系·治理：教育现代化的基本要素与标志》，《教育发展研究》2011年第1期，第3页。

[②] 王晓辉：《关于教育治理的理论构思》，《北京师范大学学报》2007年第4期，第7～10页。

宏启从共治与善治的角度来定义教育治理，认为"教育治理"是指国家机关、社会组织、利益群体和公民个体，通过一定的制度安排进行合作互动，共同管理教育公共事务的过程。[①] 柳燕和李汉学认为教育治理的定义应包含六个核心要点：一是政府职能的转变；二是政府、学校、市场、社会等多元管理主体；三是管理手段多样化；四是强调各主体之间的自愿、平等与合作；五是体现现代教育的内涵与特征；六是提倡学校自我管理、自我约束和自我发展。[②] 陈雪梅从学校主体性的角度强调，教育治理在于转变以往的管理方式，强调学校的主体性和自我管理，认为教育治理在于激发学校内驱力，使学校不断从"上级管理"走向"自我治理"[③]。综合来看，教育治理就是强调政府、社会、学校、市场等多主体共同参与、管理教育公共事务的过程，并在参与管理过程中不断提高自身的管理能力。2013 年党的十八届三中全会通过的《中共中央关于全面深化改革若干重大问题的决定》提出："全面深化改革的总目标是完善和发展中国特色社会主义制度，推进国家治理体系和治理能力的现代化。"教育治理现代化是对传统教育管理方式的超越，最鲜明的特征是通过不同利益群体参与公共事务的管理，逐步消除人治显性或隐性存在的可能，最终实现教育"共治"的目标。[④] 詹春青认为，教育治理现代化是指在先进的教育治理理念引导下，以政府为主导的多元治理主体通过科学有效的治理方式，使教育观念、教育内容、方法与手段等逐步提高到世界先进水平，推动教育改革与发展的过程。[⑤] 李华兴从治理体系现代化和治理能力现代化两方面出发，认为教育治理现代化就是建立健全以治理制度为核心的治理体系现代化和改进、完善治理能力的现代化。[⑥] 教育部袁贵仁部长指出，从 2015 年开

[①] 褚宏启：《教育治理：以共治求善治》，《教育研究》2014 年第 10 期，第 5 页。

[②] 柳燕、刘汉学：《浅析我国教育治理中"管办评分离"的改革路径》，《天津师范大学学报》2015 年第 3 期，第 15 页。

[③] 陈雪梅：《全面优化教育治理体系打造包河教育品牌》，《第四届皖台基础教育论坛交流合集》2015 年第 9 期，第 23 页。

[④] 张旭：《以县为主管理体制下教育治理现代化的困境与突破》，《现代教育论丛》2015 年第 2 期，第 14 页。

[⑤] 詹春青：《区域基础教育治理现代化的现实路径》，《教育评论》2016 年第 3 期，第 48 页。

[⑥] 李华兴：《西藏教育治理现代化之内涵、特点、价值取向及实现路径——兼议"管办评分离"及其决策》，《决策与信息》2016 年第 10 期，第 133 页。

始，基本实现教育现代化并进入全面攻坚阶段。[①] 当今时代，伴随着经济全球化、信息化和一体化的发展趋势，要提高教育治理能力、实现教育治理现代化，就必须对教育治理理念提出更高的要求。

前文的分析发现，边疆民族地区各级教育主管部门在教育治理理念中还存在较多问题，主要表现为缺乏一定的主动性、民主性以及多元主体联合治理的现代教育治理理念。为此，需要从以下几方面入手来更新教育治理理念。

（一）提高各级教育管理者参与教育治理的主动性

提高各级教育管理者参与教育治理的主动性，有利于充分发挥各级教育管理者的主观能动性，使其自觉提高自我管理素质和管理能力，从而确保教育治理的高效开展。要提高各级教育管理者参与教育治理的主动性，需要从以下几方面着手：一是设立合理的奖惩制度，针对具体的治理事项，明确奖惩制度。二是完善制度保障，用具体的规章制度明确各级教育管理者在教育治理中的权利与责任，使其在治理过程中能充分发挥自己的主观能动性。三是积极调整心态，提高服务意识。各级教育管理者的工作任务是为教育教学服务的，面对烦琐的任务，要学会自我调节，增强心理抗压能力，培养乐观积极的情绪，提升积极情感投入，从而提高工作适应能力服务意识，进而提高自己的管理水平。

（二）推进教育治理民主化

教育治理倡导多元主体联合治理，发挥各主体在教育治理过程中的独特作用。民主化是教育治理的典型特征。但是，受自上而下的行政体制的影响，各级教育主管部门在教育治理过程中拥有绝对的话语权，往往忽视了教师、学生、其他社会组织在教育治理过程中的重要作用。褚宏启教授认为，教育治理的突出特征是多元主体参与的合作管理、共同管理和共同治理，教育治理更多地体现出基层民主、直接民主、协商民主的特点，是

[①] 柴葳：《基本实现教育现代化进入全面攻坚阶段》，《中国教育报》2015年1月24日，第1版。

以"共治"求"善治"，是教育管理民主化在新的发展阶段的集中体现。[①]
因此，可以认为，教育治理民主化是指在教育治理过程中多元主体共同参
与、管理教育公共事务。要提高各级教育主管部门的民主观念，可以通过
举办相关培训活动，在培训中渗透民主的管理观念，重视其他主体参与教
育治理的权利，增强其民主意识，提高其民主能力。同时，各级教育主管
部门要明确实施民主的规则、程序，并依此推进教育治理的民主化进程。

（三）重视多元主体联合治理

多元主体参与教育治理既体现了民主精神，也体现了科学和理性精神，
因它以制度化的方式征询"民意"和"民智"。所以，教育治理中的多元主
体参与是教育管理民主化与科学化的内在统一，体现了教育管理现代化的本
质要求。[②] 同时，在教育治理中，不同主体所发挥的作用有其独特价值，
而且不可相互替代。利益相关者的多种利益表达、社会组织专业化的智力
支持、学校的自治、政府的主导，对于教育治理都有其独特贡献，而且在
功能上互补，这种功能互补恰恰是教育治理这种"共治"机制之优越性的
体现。相对于单一主体的政府管理，多元主体参与的教育治理会带来教育
管理的现代化，以及更加优质、公平、高效、有序的教育新格局。[③] 因此，
教育治理应当从单一的行政管理转向参与式的多元管理。具体如下两方
面：一是要制定明确的规章制度，保障教师、家庭等其他社会群体参与教育
治理的合法权益；二是要畅通沟通渠道，确保教育行政部门下发的各项文件
信息能及时、有效地被其他利益群体了解，并与其进行沟通进而实行。总
之，政府部门要在充分发挥政府科学决策作用的同时，合理引导学校、家庭
和社会发挥其主体作用，共同加快推进教育治理的现代化进程。云南省 RL
市 L 镇在"控辍保学"方面，通过制定 RL 市 L 镇控辍保学共同责任制度，
倡导多主体协同参与治理，"控辍保学"工作取得了较好的效果。

---

① 钟亚利、孙金鑫、孙雪莲：《以民主的方式焕发学校的整体活力（一）——褚宏启教授与
中小学校长对话教育治理》，《中小学管理研究》2014 年第 6 期，第 16 页。

② 褚宏启、贾继娥：《教育治理中的多元主体及其作用互补》，《教育发展研究》2014 年第
19 期，第 2 ~ 3 页。

③ 褚宏启、贾继娥：《教育治理中的多元主体及其作用互补》，《教育发展研究》2014 年第
19 期，第 6 页。

案例：L镇政府进一步加大对九年义务教育行政管理力度、依法督查力度和教育管理力度，明确各方职责，构筑以法督学、以教保学、以情劝学的全方位"控辍保学机制"。具体为：（1）纪委：督促、检查包村领导和包组干部贯彻执行《义务教育法》情况、各村两委对控辍保学目标责任的落实情况，严肃查处党员及机关工作人员违反《义务教育法》的行为，督促各村两委、镇直相关单位抓好"控辍保学"共同责任制度的落实。（2）中小学：自觉贯彻落实《义务教育法》《未成年人保护法》等相关法律法规，及时向镇党委、政府汇报控辍保学的工作情况，把控辍保学当作义不容辞的责任，不断提高教师的教学水平和能力。学校通过用机智风趣的教学手段，深入浅出、通俗易懂地讲授教学内容来吸引学生，不断加强学生思想教育和养成教育，让学生自觉自愿完成义务教育。（3）社会保障服务中心：对有辍学学生的城镇居民、农村村民五年内不予安排城镇及农村最低生活保障，三年内不予安排各种社会救助。（4）村镇规划建设服务中心：对有辍学学生的村组和家庭五年内不予安排农村危旧房改造、安居工程、扶贫贴息贷款及其他扶贫优惠补助，学生辍学现象突出的村组三年内不予申报任何惠农项目，当年出现辍学学生的将取消省、州、市新农村建设、民宗、扶贫、发改等相关部门的建设项目。（5）经济发展办公室：对有学生辍学的村组和家庭五年内不予安排妇联贴息贷款及其他优惠补助，对学生辍学现象突出的村组三年内不予申报、安排道路和新农村建设等建设项目。（6）文化广播电视服务中心：负责协助镇中小学做好教育法相关法律法规的宣传工作，对学生辍学现象突出的村组三年内不予申报、安排文化和体育等方面相关设施的建设。（7）农业综合服务中心：对有辍学学生的村组和家庭三年内不予申报、安排农科、农机、畜牧等国家相关扶持政策，对正在享受畜牧扶持政策的辍学学生户要坚决取消扶持。（8）农经站：有辍学学生的村组五年内不予安排农村一事一议财政奖补项目。（9）林业站：对有辍学学生的家庭户五年内不予安排林业采伐指标，对学生辍学现象突出的村组三年内不予安排林业采伐指标。（10）司法所：加强对教育法律法规的宣传，不断提高人民群众的法律意识。（11）农行、信用社：

建议对有辍学学生的家庭五年内将不得为其提供信贷等金融服务。（12）村两委：将控辍保学工作纳入日常主要工作抓紧抓实，形成可行的控辍保学制度并纳入村规民约中。村规民约中明确规定未完成九年义务教育阶段学业的未成年人，不允许加入任何组织，父母也不能为其举行婚礼。各村两委开展好《义务教育法》《未成年人保护法》的宣传工作，负责落实好本组的控辍保学工作。在安排各种补助和优抚政策时，对出现辍学现象的村组三年内暂缓申报各种扶持项目、安排各种优惠政策，对有辍学学生的农户五年内不得安排各种扶持项目和享受各种优惠政策。（13）村民小组：负责宣传、贯彻、落实《义务教育法》《未成年人保护法》，负责督促辖区内群众自觉把子女送入学校。这一工作机制有效遏制了学生辍学流失的现象，降低了辍学率。例如，"RL第四中学入学率达100%，巩固率达93.8%，2014～2015学年毕业率达98.4%。"（RL市第四中学提供）

RL市弄岛镇的"控辍保学"共同责任制度，明确了各方职责，发挥了多元主体联合治理的优越性，较为全面且细致地构筑了一道控辍保学墙，使控辍保学工作卓有成效。

此外，要更新教育治理理念，还需要各级教育主管部门积极主动地借鉴其他国家的先进治理理论和经验。解决教育治理问题和实现教育治理理论创新的有效途径之一，就是科学地借鉴域外先进的理论和经验。[①] 各级教育主管部门应在借鉴他国先进经验的基础上，联系本土实际情况，进行理论创新，形成新的教育治理理念，以破除旧有观念的束缚，推动边疆地区教育治理能力的提升。

（四）树立立足当下着眼未来的教育治理价值取向

不同的价值取向，对教育实践的发展具有直接影响。在一定时期内，它可以使教育朝着一定方向发展。甚至在特定的意义上，可以说人们按照一定的教育价值取向，通过主体的能动作用，可以创造出具有特定价值模

---

① 刘冬冬：《积极推进教育治理现代化的若干思考》，《辽宁教育行政学院学报》2016年第2期，第30页。

式的教育。人们要教育发挥什么功效，要新生一代朝着什么方向发展，即创建什么类型的教育和培养什么类型的人，这些根本问题无不受教育价值观决定。① 可以看出，教育价值取向影响着教育的发展方向。对于教育价值取向的定义，刘旭东认为，教育价值取向是教育主体在教育活动中根据自身需求进行教育选择时，所表现出来的一种价值倾向性。② 吴黛舒认为教育价值取向是教育主体根据特定时期人们需要的变化，对价值系统中居于统治或核心地位的教育价值重新选择的过程，即打破旧的价值结构中各要素比例的均衡状态，重新组建新的价值结构的过程。③ 综上所述，教育价值取向就是教育主体在教育实践过程中，从特定的时代背景和教育实际出发，所表现出来的一种价值倾向。推进边疆民族地区的教育发展，应该着眼于未来教育价值需求，紧扣未来教育发展价值的主题，而不是只关注当下。具体而言，各级教育管理者要加强自身建设、保障教育发展的正确价值取向，不能故步自封，要用发展的眼光看待自身、看待教育事业。同时，推动设立正确的教育发展取向保障机制。政府对教育制度、教育政策的制定是在价值判断的基础上做出的抉择，制度本身的合理性对教育实践具有直接导向作用。因此，从制度入手可有效保障教育治理正确的价值取向。

二　积极转变政府职能，合理配置教育资源

政府是教育治理的主体之一，其自身改革和完善是提高教育治理能力的重要条件。政府管理改革的中心任务是要推进法治建设，依照法律并完善法律，在法律的指引下进行教育治理；同时，转变政府职能，积极简政放权，做到"小政府"和"服务型政府"的有机结合。④ 具体来说，需要

---

① 孙喜亭：《教育原理》，北京师范大学出版社，1993，第136页。
② 刘旭东：《论教育价值取向》，《青海师范大学学报》（哲学社会科学版）1992年第1期，第94页。
③ 吴黛舒：《影响教育价值取向的因素分析》，《齐鲁学刊》2002年第1期，第96页。
④ 胡伶：《教育社会组织发展及其中的政府行为研究——基于部分区域抽样调查的分析》，《教育发展研究》2010年第17期，第9～11页。

做到以下五个方面。

（一）政府积极简政放权

在现代教育治理理念下，政府、学校和社会都是教育管理权力的主体。但在我国以县为主的教育管理体制视域下，政府在教育治理中仍然占据主体地位，其他主体的作用空间未能充分发挥，如教育规划中存在社会参与度低，教育决策科学化、民主化程度不高，政策执行力度、效度不高问题等。这些都是政府部门教育行政权力混淆不清所导致。因此，政府要积极转变教育行政职能，做好简政放权工作。简政放权是就为了提高行政管理效率和激发社会活力，针对政府管理过多的社会公共事务，对经济社会主体造成过多束缚的行政权力而言的。① 所以，要求政府转变职能，放掉该放的，管好该管的。教育治理过程中简政放权主要表现在以下三方面：一是政府向学校"下放"权力。政府向学校放权，使学校成为自主办学的主体，实质上是要求学校进行校本管理，使之符合"以基层为本进行管理"的大趋势。② 二是向市场"转移"权力。市场作为一种中介机制，对教育治理中起着微观调控的作用。三是向社会组织"转移"权力。由于政府与市场都存在失灵的现象，社会组织作为政府与市场的中间调节机制，在一定程度上可以弥补政府与市场的缺陷，协调相关利益群体。③ 在简政放权的过程中，要明确三者各自的权力和责任，以规避权力缺位和越位的情况出现。

由于我国教育行政机构臃肿，且各部门权责不清，行政权力配置存在教育、人事、财政等部门管理权限相互交叉、边界模糊的现象。例如，一些原本由教育行政部门掌握的权限却分散在其他政府部门。在教育财政权力配置方面，财政、发展改革与教育行政部门之间边界不清、多头管理，导致无法直接监管和考核教育资金的使用效益。④ 为此，需要政府精简机

---

① 严仍昱：《社会治理创新视阈下的简政放权》，《理论与实践》2014 年第 12 期，第 69 页。

② 褚宏启：《教育治理：以共治求善治》，《教育研究》2014 年第 10 期，第 9 页。

③ 张旭：《以县为主管理体制下教育治理现代化的困境与突破》，《现代教育论丛》2015 年第 2 期，第 18 页。

④ 王有升：《中国教育治理体制的历史演变、现实问题与改革动力探析》，《华中师范大学学报》（人文社会科学版）2016 年第 6 期，第 170 页。

构，加强教育治理整合。具体而言，首先，将教育人事权力还给教育行政部门，包括教师招聘、专业职称晋级以及相关教师专业发展事务，人事部门只负责审核编制；其次，将学校干部的任命与管理还给教育部门，组织部门不再负责；最后，赋予教育部门更大的财务自主权，财政部门只负责预算的审核、拨款及对经费使用效益的监管。①

需要注意的是，教育管理权力的分配分为纵向分配和横向分配。从静态的观点来看，纵向上的教育管理权力分配必须注意权力的层级性，使各级政府清楚自己管理的权限和职责，不能越位以免造成权力和责任的混乱；横向上的教育管理权力分配主要在政府、学校和社会之间，要明确各自的权力性质和作用对象，避免权力的缺位或权力的滥用。② 政府在简政放权的过程中，要处理好纵向和横向上的权利分配问题，保障各部门都明确自己的职责范围。

（二）建立政府宏观管理与跨部门协同规划机制

政府肩负着确定教育发展方向、目标和标准的重任，为社会多方参与管理提供共同的行动目标和行为规则。③ 政府在教育治理中占据主导作用，对教育治理发挥宏观管理的作用。从我国教育发展实际来看，我国学校的自主管理能力尚弱、自我管理机制尚不健全，社会、市场和相关中介组织发育还不成熟，多元主体利益分歧、目标分化、治理活动碎片化等问题较为突出。因此，充分发挥政府治理宏观管理作用不可或缺。④ 边疆民族地区在教育治理过程中存在资源分配缺乏高效性、资源合理利用度不高、教育均衡有待推进等问题。为此，必须加强政府宏观管理能力，进行合理的资源配置，以实现教育公平，推进教育均衡的实现。

① 王有升：《中国教育治理体制的历史演变、现实问题与改革动力探析》，《华中师范大学学报》（人文社会科学版）2016 年第 11 期，第 173 页。
② 王珊、苏君阳：《走向现代教育治理的教育管理权力重构》，《现代教育管理》2015 年第 5 期，第 30 页。
③ 魏海苓、孙远雷：《论治理视野下的教育行政管理体制改革》，《辽宁教育研究》2006 年第 6 期，第 30 页。
④ 李华兴：《西藏教育治理现代化之内涵、特点、价值取向及实现路径——兼议"管办评分离"及其决策》，《决策与信息》2016 年第 10 期，第 135 页。

充分发挥政府的宏观管理作用，不仅要求政府做好简政放权工作，还需要其做好集权工作。由于我国教育宏观调控体系仍未定型，加强政府的宏观管理作用，需要政府在简政放权的同时，适度集权以克服教育改革分散化、碎片化等问题。集权是指某些教育行政权力的集中和强化，集权包括纵向和横向两种。在纵向集权方面，主要是加大中央政府和省级政府统筹教育发展与改革力度；横向集权方面，需要合理划分同一行政层级中教育行政部门与人事行政部门、党务组织部门、财政部门间的权责，加大各级教育行政机关统筹教育发展的权限，使事权、财权、人事权相对集中于教育行政机关，尤其是加强中央教育行政机关即教育部对于同一行政层级的相关部委的统筹能力。①

同时，充分发挥政府宏观管理作用，还需政府部门积极采取各种治理技术，以提高自身治理能力。有效的教育治理技术，可以提高政府决策的科学性，强化政府宏观管理能力。例如，当前项目制度在资源配置方面的广泛采用，绩效考核制度在人事管理中的普遍实施，审计制度在财务管理中的强化，考试权力的日渐集中，量化评价制度的普遍实施等，② 都有利于充分发挥政府的宏观管理作用。此外，大数据的兴起，也在一定程度上提高了政府的宏观管理能力。大数据作为积极的技术型治理资源，能够优化教育治理过程的生态环境，拓展教育制度框架设计的弹性空间，诱发教育制度变迁和治理转型。③ 美国互联网数据中心将大数据界定为：基于高速捕捉、分析与发现技术，从海量数据中获取价值的一种新型技术架构。这一架构可用更大容量、更加多样、更快速度以及更高价值来概括（Gantz et al.，2011）。就教育治理而言，大数据可以采用一定的分析技术，对大量的教育数据资源进行分析，有利于政府依靠其对未来教育发展趋势进行预测，从而制定教育发展计划。同时，也利于政府准确把握当下教育实践难题，制定出较为科学的合理的解决方案。

---

① 褚宏启：《教育治理：以共治求善治》，《教育研究》2014 年第 10 期，第 10 页。

② 王有升：《中国教育治理体制的历史演变、现实问题与改革动力探析》，《华中师范大学学报》（人文社会科学版）2016 年第 11 期，第 173 页。

③ 姚松：《大数据时代教育治理转型的前瞻性分析：机遇、挑战及演进逻辑》，《现代远程教育研究》2016 年第 4 期，第 34 页。

此外，针对需要各职能部门协同规划处理的教育问题，如义务教育均衡发展、教育扶贫、教育质量监督等，仅仅依靠教育行政部门是难以治理得当的，往往需要政府其他部门的配合、参与。调动其他部门配合，需要政府充分发挥其宏观管理职能，就如何协调各方利益、发挥协同部门的数量优势，在系统协调的原则上建立完善的跨部门协同规划机制。针对产生于教育系统内的重大事件，可以采用联席会议制度，由上级行政部门牵头，平级部门之间要明确各部门的职责，在联席会议制度的基础上推进教育优先发展；针对复杂的突发性公共事件，政府部门应及时制定好应急预案，由高层领导做出会议决策，总体协调规划突发性公共事件的应急处理；对于临时性的各职能部门之间的合作规划，需要根据亟待解决的问题的性质，以某个部门或是某几个部门为政策方案的规划领头人，优化各职能部门的牵头制度，形成政策方案规划核心组，这样不至于因为临时各职能部门间的合作协同，而出现工作效率低的现象。

（三）调动地方政府教育治理积极性

在中央宏观调控下，地方各级政府依据中央指示和地方实际开展教育治理工作。在教育治理过程中，应从以下几方面调动地方政府教育治理的积极性：首先，完善政府官员的政绩考核，严格规范离任交接程序。政绩考核是地方政府官员工作的指挥棒，政绩考核不应只看短期的效益，而应该着眼于地方基础教育的长远发展，并对政绩考核严格要求、实事求是，鼓励民众监督。改变地方政府官员片面追求短期政绩、大肆消耗教育资源的现状。同时，引导地方政府官员树立正确的政绩观念，为地方教育的长远发展制定切合地方实际的工作计划。虽然，地方政府官员的离任、调任不可避免，但可以做好离任交接程序，不至于将某些工作计划中断。上一届地方政府官员在离任时应将一切与教育相关的事务仔细整理，使继任的地方政府官员能够继续推进上一任未完成的工作。在政府官员轮换间交接有序，使其教育治理力度继续深入，保障相关部门顺利执行，达到预期成效。其次，加强各县市政府的交流学习，取长补短。例如，教育治理工作较好的县市带头分享其经验，其余各县市吸取相关经验并查找自身问题。同时，派遣官员到其他县市学习、考察，或在此方面工作较好的县市派遣官员去其他的县市从旁协助、指导。这些县市同处于边疆民族地区，地域差异性较小，相关经验方法较为实用。最后，地方政府在教育治理过程中，要合理利用政策弹性空间，结合地方实际灵活、科学地开展教育治理工作。就教育决策而言，政策文件多具有高度的概括性与抽象性，或是指明问题解决的大方向，而且各地区存在差异，这给地方各级政府在领会上级政策文件后制定相应具体政策时，留有一定的政策弹性空间。这种空间的存在，赋予政策决策主体一定的裁量权，如政府在选择什么作为、什么不作为、怎么作为、何时何地作为等政策行为时，存在一个自由裁量度的问题。① 虽然，政策弹性空间存在负面影响，但政策空间也存在其合理之处，如地方各级政府可根据政策目标的弹性，在执行上级政策时灵活、变通地制定适合地方实际需要的具体政策。但同时，省级、市级部门转发政策文件时在结合地方实际做补充说明的前提下，依然要为县级政府部门留有一定的政策空间，让县级政府各部门能够保持科学决策的积极性与灵活性，预防政府出现另一种依赖行为，逐步提高县级各部门科学决策的能力。

（四）合理配置教育资源，推进教育均衡

范先佐认为，投入教育过程的一般是人力、物力和财力，它们的总和，即教育资源。② 王善迈认为，教育资源即教育领域通过社会总资源配置所取得的所有人力资源、物力资源及财力资源的总和。③ 康宁对此概念进行拓展，认为教育资源包括人力资源、物力资源、财力资源、信息资源、时空资源、制度资源等几个方面。④ 可以看出，教育资源的内涵极其丰富。我国边疆民族地区间教育资源占有不均，需要政府发挥其宏观管理作用，将有限的教育资源在教育系统内部各组成部分间或在不同的子系统间合理地进行分配。例如，在人力资源方面，积极推进教师轮岗交流制，

---

① 贺武华：《中国教育政策过程本土化研究》，中国社会科学出版社，2015，第 7 页。
② 范先佐：《教育经济学》，人民教育出版社，1999，第 260 页。
③ 王善迈：《教育经济学简明教程》，高等教育出版社，2000，第 122 页。
④ 康宁：《中国经济转型中高等教育资源配置的制度创新》，教育科学出版社，2005，第 18 页。

构建农村义务教育教师专业发展支持体系等，缩小各地区间的师资差距，同时加强管理监督，保障落实教师合法权益。一方面，县级部门应该设立监管部门，下发通知不应止步于政策文本，还应进行实地考察，确保相关政策具体落实，发挥教育公平的治理作用；另一方面，学校自行监督管理，严格按照县政府部门的要求落实相关政策制度，在学校日常的教学与管理中协助职能部门保障教师的合法权益，共同发挥教育公平的治理作用。在财力资源方面，在考虑不同地区财政收入差距的基础上有差别地投入。在物力资源方面，开展相关培训，高效利用物质资源。在学校教育信息化方面，边疆民族地区存在着物资设备资源充足与知识技能水平较低的矛盾局面。因此，加强教师信息技术培训，有利于高效利用现有物质资源，缓解学校教育信息化的矛盾局面。具体来说有以下几个方面：一是注重专业人才的引进，为教育信息化注入新鲜的血液；二是鼓励教学人员充分运用"三通两平台"现有的设备进行教育教学，积极开展诸如电子备课、课件制作等信息化技能培训工作，指导教师学习和使用信息技术，提高教师信息技术的整体水平；三是经常组织教师进行电脑课件制作比赛等活动，不断积累经验，拓展信息化教学能力；四是积极开展教育技术的研究与交流，探索信息技术教育的规律，促进信息技术与学科教学的整合，不断提高教师教育技术的整体水平；五是制定运用信息技术开展教育教学活动的激励措施和管理办法，加快推进教育信息化进程，使其在教育教学中发挥最大作用。

同时，科学开发地方课程资源。校本课程资源的开发是合理利用资源的一个方面，同时也从侧面体现相关部门教育治理的公平能力。因此，需要教育部门与学校通力合作、科学合理地开发本土课程资源。具体来说，可从以下几方面进行：第一，遵循因地制宜的原则。在开发当地课程资源时，需要考虑地区与学校的实际条件，做到开发的本土课程资源与其他教育内容协调配合，共同促进学生的发展。第二，遵循个性原则。不同地域、学校、学科，可开发的本土课程资源具有差异性。因此，课程资源的开发不应强求一律相同，应从实际出发，发挥地域优势，强化学校特色，突出个性特点。第三，遵循针对性原则与开发性原则，地方课程资源的开发应有课程目标的设定，能够促进学生的健康发展。资源开发者以开放的心态对待人类创造的一切文明成果，尽可能开发有益于教育教学活动的本土课程资源，同时避免课程开发过程中的盲目性。

为此，缩小教育差距，实现教育均衡发展，必须改变教育资源配置政策的基本取向，对教育资源配置的整体设计做出调整，从强势倾斜转向弱势倾斜，从弱势倾斜转向弱势补偿，建起完善的教育补偿制度。①总的来说，边疆民族地区政府部门要充分发挥其宏观管理作用，立足于教育实践的基础上，调整教育资源配置的政策取向，合理地进行资源配置，从而逐步缩小城乡、校际、班际之间的差距，推进教育均衡的实现。

（五）完善督学、督政、监测三位一体的教育督导体系

教育督导是《教育法》规定的教育基本制度之一，要提高边疆民族地区教育治理能力，政府除了简政放权，依法治教之外，还应该进行必要的监督管理。目前，我国基础教育治理正处于过渡阶段，各方面制度还不健全、基础教育治理各主体的职能边界尚不清晰，治理主体的主体意识、规则意识和责任意识尚未完全建立。在这样的背景下，如果单纯强调政府简政放权、强调多元主体的自愿合作，很可能出现"相互推诿扯皮、责任体系混乱"②，从而弱化"共治"的合力，不利于"善治"的实现。只有进一步完善督学、督政、监测三位一体的教育督导体系，进一步完善教育督导制度，才能扎扎实实地推进教育发展，实现教育治理现代化。③ 孙玉洁针对我国教育督导制度存在的问题，指出从以下几方面强化教育督导：一是实现行政过程中决策与执行的分离；二是教育督导职能实现由"控制"向"服务"的转变；三是教育督导队伍实现由"经验型"向"专业型"的转变。④ 黄崴根据我国教育督导中存在的问题指出，要强化教育督导需要从以下方面

---

① 许丽英：《教育资源配置理论研究——缩小教育差距的政策转向》，博士学位论文，东北师范大学，2007，第86页。
② 郑言、李猛：《推进国家治理体系与国家治理能力现代化》，《吉林大学社会科学学报》2014年第2期，第10页。
③ 袁贵仁：《深化教育领域综合改革加快推进教育治理体系和治理能力现代化：在2014年全国教育工作会议上的讲话》，《中国教育报》2014年2月13日，第1版。
④ 孙玉洁：《我国教育督导制度存在的问题与改进建议》，《教育研究》2004年第10期，第67页。

入手：一是教育督导机构独立化；二是教育督导职能一体化；三是教育督导业务社会化；四是教育督导人员专业化；五是教育督导方式个性化。[①]
张旭指出，在以县为主的教育管理体制下，加强教育督导主要表现在：第一，重视社会公众监督，社会监督是教育治理体系和治理能力现代化的重要组成部分。第二，改变教育督导方式，由原来结果性的督导转变为过程常态化的督导，将每一次督导报告向社会公示，每一件教育大事都要出教育督导报告。第三，倡导学校开放，对社会力量和社会组织进行大力扶持，并积极引进到学校参与管理。[②] 2015 年 2 月，国务院教育督导委员会办公室印发了《教育督导报告发布暂行办法》，这为教育督导结果的规范使用，尤其是教育问责奠定了基础。普遍建立行之有效的问责机制，把教育督导结果作为考核、问责和实施奖惩的重要依据[③]，对考察教育治理能力的提升具有重要意义。总之，在教育治理实践中，政府作为一大主体，起着非常重要的作用。政府在依法治教、简政放权的同时，要切实履行好自己的引导和监督功能，协助基础教育各主体树立主体意识和规则意识，从而实现共治、善治，以提升边疆民族地区教育治理能力和治理水平。

例如，云南省 XD 县通过聘任责任督学，构建教育监督评价机制，以完善该县教育督导工作，这一做法值得借鉴。

案例：XD 县聘任 49 位县级政府责任督学，要求督学定期、不定期地开展教育督导工作，每学期至少开展一次督导工作，每年至少向县人民政府教育督导室上交两篇督导工作情况报告。督学们通过走访校园、听取汇报、推门听课、教师座谈、问卷调查等形式，对学校的办学行为、育人环境、师德师风建设、教育科研等各方面进行专业评估。责任督学还随机抽看教师备课、作业批改，与家长代表、社区代表、教师、学生座谈等，保证评价科学、公正、合理，充分发挥第三

[①] 黄崴：《我国教育督导体制现状、问题与改革路径》，《教育发展研究》2009 年第 1 期，第 18~19 页。

[②] 张旭：《以县为主管理体制下教育治理 + 现代化的困境与突破》，《现代教育论丛》2015 年第 2 期，第 18 页。

[③] 赖长春：《教育治理体系现代化背景下的教育督导发展趋势》，《现代教育论坛》2016 年第 4 期，第 8 页。

方教育评价的针对性、导向性、鉴别性及激励性作用。在对教育教学环境、校长和教师教育教学行为定点、定量、定性分析后，对学校的成绩给予充分肯定。同时，测评对学校的满意度，数据分析对比，通过责任督学合议后给予学校令人信服的反馈。另外，督导室要求责任督学对学校进行经常性随访督导，督促学校认真落实国家教育法律法规、方针政策及省市有关教育规章制度，规范办学行为。通过加强专项督导，对影响基础教育健康发展中存在的重点、难点问题，制定具有针对性的专项督导评估方案，实行专项督导，促进学校内涵发展。

三　推进管办评分离，理顺政府、社会、学校三方关系

推进管办评分离是实现教育治理体系的重要途径；推进管办评分离是解决政府管办评一肩挑的重要举措；推进管办评分离是调动社会各界积极参与办学、监督的重要手段。[①] 史华楠认为"教育管办评分离"就是在现代治理理念与国家法律的框架下，政府、学校和社会尊重各自主体地位，恪守各自权责边界，在政府转变职能、学校自主办学的同时，引导社会力量有序参与教育评价监测，构建上下衔接、左右协调、各方互动的教育管理体系，形成政府宏观管理、学校自主办学、社会广泛参与、相关主体各安其位、有关部门各司其职的教育善治格局。[②] 自 1985 年发布《中共中央关于教育体制改革的决定》后，开启管办评关系的多次调整，成功实现各级政府及部门间的管理职能调整和权力转让，形成了中央宏观指导、省统筹和基础教育县管体制，调动了地方政府管理教育的积极性。但是，学校自主办学问题和社会参与权并未取得突破性进展，"管强办弱评差"的现象长期存在。[③] 2014 年，教育部部长袁贵仁在全国教育工作会议上指出："大力推进教育治理体系和治理能力现代化，要以构建政府、学校、社会

---

① 刘想元：《"管办评分离"改革的意义与关系重构》，《教学与管理》2016 年第 18 期，第 29 页。

② 史华楠：《教育管办评分离的条件、目标和策略分析》，《中国教育学刊》2015 年第 7 期，第 65～66 页。

③ 曾天山：《如何把管办评分离落在实处》，《中国高等教育》2015 年第 20 期，第 1 页。

新型关系为核心，以推进管办评分离为基本要求，建立运行有效的制度体系，形成政府宏观管理、学校自主办学、社会广泛参与的格局。"① 阐述了"教育治理"和"教育管办评分离"二者间的关系。2015 年 5 月《关于深入推进教育管办评分离促进政府职能转变的若干意见》的出台标志着管办评分离改革由倡导走向执行。该《意见》明确勾画出了管办评分离的行动路线图。教育管办评分离实际上是教育管理权、学校办学权、教育评估权三种权力之间相互分离、相对独立的权力分配关系。② 做好教育管办评分离工作，有利于提高边疆民族地区的教育治理能力。为此，做好教育管办评分离工作，需要政府部门在把握好自身"管理权"的同时，将"办学权"还给学校，将"评价权"还给社会。并且确保政府发挥好宏观调控的行政职能，学校和社会则在微观调控和监督评价方面发挥出其应有的作用。做好教育管办评分离工作，需要从以下三个方面入手。

（一）明确各主体的权责及相互关系

明确"管""办""评"各自主体及权责是管办评分离改革的基础。③ 当前，在边疆民族地区，部分地方教育行政部门越位、缺位、错位的现象普遍存在。主要表现为：一是地方教育行政部门现代治理意识还未完全树立，行政集权仍是地方行政部门的主要办事方式，管办评依然以教育主管部门为主；二是一些地方教育行政官员观念滞后，不愿简政放权，导致学校办学自主权没有落实；三是受政绩观影响，地方教育行政部门尚未建立质量公报制度和多主体参与管理制度，管理不够透明、社会监督无法介入、社会机构参与权无法得到落实；四是一些地方教育行政部门管理力量不足，疲于应付日常事务，对购买服务、委托管理、发挥社会中介作用等新生事物缺乏研究，没有做到专业化管理和高效管理。因此，在教育治理过程中，需要明确政府、学校、社会三者的权责关系，理顺三者的功能关

① 袁贵仁：《深化教育领域综合改革加快推进教育治理体系和治理能力现代化：在 2014 年全国教育工作会议上的讲话》，《中国教育报》2014 年 2 月 13 日，第 1 版。
② 周家荣、李慧勤：《教育管办评分离：实质基础、行动逻辑和体制障碍》，《高等教育研究》2016 年第 7 期，第 17 页。
③ 柳燕、李汉学：《浅析我国教育治理中"管办评分离"的改革路径》，《天津师范大学学报》（基础教育版）2015 年第 3 期，第 17 页。

系。具体来说，政府部门作为学校机构的主导者，对学校的管理应为宏观管理、间接管理，同时监督学校的办学行为，为学校提供充裕的办学经费；学校应落实自主办学，致力于独立发展，如自主招生、设置课程、编制教材、聘任教师、设计教学法等；社会组织作为"评"的主体，也应承接政府的一些责任，建立多元教育评估体系，进行督导评估和有效问责。①

（二）完善技术支持

以大数据、云计算等为代表的教育信息化正在引发教育领域的深刻变革。教育管办评分离改革，客观上离不开基于信息化的技术支持。② 在信息化背景下，信息技术手段能够全面实时采集、分析大量的教育教学信息，提高教育行政管理效能；能够实现教育信息最大限度的公开透明，促进教育公平公正；能够实现政府、学校、社会及时互动，为社会服务及监督提供平台；能够帮助厘清政府、学校、社会三者的权责，为教育体系的有效运作提供保障。在治理进程中，需要充分发挥各主体作用，运用各种先进技术，建设各级各类教育管理行政部门、教育机构管理信息系统，构建全国教育管理信息化体系。通过教育管理信息化体系的全面应用，在保障教育信息系统完整真实地反映教育事业发展的基础上，建立与完善教育信息公开发布机制，提高教育治理透明度，规范教育管理过程，从而加快教育决策的科学化、民主化进程，促进教育从管理到治理的转变，实现教育治理的现代化。③

（三）构建管办评分离与联合的共同运行机制

袁贵仁在全国教育工作会议上提出，"政府、学校、社会，管、办、评三者之间，权责边界既应当是清晰的，又一定是相对的，既相互制约

① 柳燕、李汉学：《浅析我国教育治理中"管办评分离"的改革路径》，《天津师范大学学报》（基础教育版）2015年第3期，第16页。
② 范国睿：《教育管办评分离改革：理论假设与实践路径》，《教育科学研究》2015年第5期，第18页。
③ 任友群：《教育治理视角下的教育管理信息化顶层设计》，《中国教育信息化》2014年第18期，第23页。

又相互支持"①。这表明教育管办评三者间并非完全分离，提高边疆民族地区的教育治理能力，需要构建管办评"分离"与"联合"共同运行机制。构建管办评"分离"与"联合"共同运行机制，就是要在"管""办""评"分离的基础上形成"绩效问责"联动。② 具体来说，政府在确立教育标准、绩效标准与经费标准等基础上，与社会专业组织或学校签订购买评估、绩效管理等合约。例如，政府可以通过购买第三方专业评估，对政府与学校间的绩效管理合约中校方所提供的服务质量进行客观评价，并构建问责机制；对于政府与社会专业组织签订的绩效合约，政府也可以通过这种方式对其服务质量进行客观评估，并构建问责机制③；此外，政府还可以针对具体问责内容，征询被委托管理对象的意见，并根据意见进行补充修订。

四　推进依法治教，实现教育治理法制化

法制是现代基础教育治理的基本特征，教育治理需要法制的支持。健全法律体系对于边疆民族地区教育治理能力的提升，具有重要的支撑作用。我国在教育领域一直重视开展法治建设。例如，1982 年，中共中央、国务院在《关于普及小学教育若干问题的决定》中提出"要搞好教育立法"；1985 年，中共中央在《关于教育体制改革的决定》中指出，要"在简政放权的同时，必须加强教育立法工作"；1993 年，《中国教育改革和发展纲要》具体明确，要"加快教育法制建设，逐步走上依法治教的轨道"；1999 年，中共中央、国务院《关于深化教育改革全面推进素质教育的决定》再次强调，"全面推进素质教育，根本上要靠法治、靠制度保障"。④目前，教育领域相关法律法规的建设尚不完善，我国还没有形成完备的法

① 袁贵仁：《深化教育领域综合改革，加快推进教育治理体系和治理能力现代化——在 2014 年全国教育工作会议上的讲话》，《中国教育报》2014 年 2 月 13 日，第 1 版。

② 柳燕、李汉学：《浅析我国教育治理中"管办评分离"的改革路径》，《天津师范大学学报》（基础教育版）2015 年第 3 期，第 17 页。

③ 柳燕、李汉学：《浅析我国教育治理中"管办评分离"的改革路径》，《天津师范大学学报》（基础教育版）2015 年第 3 期，第 17 页。

④ 邱勇、张晓燕：《关于依法治教的理论探讨》，《法制与社会》2016 年第 11 期，第 232 页。

律法规体系，教育治理法制化还有很长的路要走。在以往的研究中，学者张建指出，可以从以下三个方面实现教育治理法制化：一是适时将成熟的教育治理政策与制度上升为教育法律或法规；二是基于教育治理制度创新的合理需求，做好相关法律制度的"立"与"破"；三是构建和完善各治理主体行为规范体系，同时，也为多元主体间的互动、协调关系的建立和维系提供法律制度支持。① 刘冬冬指出，不断地完善和丰富教育法律制度，是实现教育治理现代化的前提和根本保障。因此，必须做好以下几方面的工作：一是将教育治理政策与相关制度置于教育法律或教育法规的范畴中，为教育治理的实践提供良好的法治环境和法理依据；二是教育治理体系的各项制度设计和程序运行，都以现代法律法规为准绳，进行科学的探索与创新；三是多元治理主体的行为规范和能力的发挥，必须以法制规范为指导。② 总的来说，教育治理应依据国家宪法和教育法律法规开展或进行，确保教育治理的权力运行、制度设计都严格以现行法律法规为参照，进行科学的实践探索和创新，从而保证教育治理过程、治理方式、治理结果的科学性、民主性。

需要指出的是，政府需要依据法律，制定和完善旨在提高边疆民族地区教育治理能力且具有明确性和可操作性的教育政策。此外，在实践法律的过程中，政府需要严格依法治教，依据法律对政府职能边界的规定，把握好与学校、社会等治理主体的界限。推进法治建设，既体现出政策的变革，又反映出政府自身职能的转变。③

五 加强制度建设，建立现代学校制度

学校是教育治理的主体之一，也是教育治理实践的落脚点。边疆民族地区在教育治理过程中，学校对相关教育事务参与力度不够，弱化了教育

---

① 张建：《教育治理体系的现代化：标准、困境及路径》，《教育发展研究》2014 年第 9 期，第 29 页。
② 刘冬冬：《积极推进教育治理现代化的若干思考》，《辽宁教育行政学院学报》2016 年第 2 期，第 29 页。
③ 袁贵仁：《深化教育领域综合改革，加快推进教育治理体系和治理能力现代化——在 2014 年全国教育工作会议上的讲话》，《中国教育报》2014 年 2 月 13 日，第 1 版。

规划和教育决策能力。要提高边疆民族地区教育治理能力，学校必须完善其内部治理结构，加强自身办学自主权建设，承担起相应的责任和义务，从而提高其办学自主性，推进教育治理的实践进程。

（一）实现学校自治与内部分权共治

学校自治是指构建新型的政校关系，推进政校分开、管办分离，政府简政放权，改变直接管理学校的单一方式，减少不必要的行政干预，切实落实学校办学自主权，使学校真正成为独立的办学主体，能够自主管理、自主办学。① 长期以来，由于受计划体制的影响，我国学校长期依附于政府，学校办学自主权严重受限，学校办学活力严重不足。在管理内容上，政府在管理学校中，管了一些"不该管"的事，管了一些"管不好"的事，还有一些该管而"没管好"的事；在管理方式上，政府对学校的管理过于直接和微观。其结果是压抑了学校的办学活力，滋长了学校对政府的过度依赖。② 例如，2010 年《国家中长期教育改革和发展规划纲要（2010—2020 年）》明确提出：落实和扩大学校办学自主权。政府及其部门要树立服务意识，改进管理方式，完善管理制度，减少和规范对学校的行政审批事项，依法保障学校充分行使办学自主权。2012 年教育部印发的《全面推进依法治校实施纲要》也明确提出：要切实转变管理学校的方式、手段，从具体的行政管理转向依法监管、提供服务；切实落实和尊重学校办学自主权，减少过多、过细的直接管理活动。这些法律政策都为学校自治提供了政策依据。

学校分权共治是指多元主体对于学校内部事务的共同治理和民主管理。学校内部管理机构、教师、学生、家长、社会组织、专家学者都可以成为学校治理的主体。③ 由于学校治理主体较多，在治理过程中，需要明确不同的主体、管理事务、管理环节之间的关系，亦即明确某一个主体对

---

① 褚宏启：《自治与共治：教育治理背景下的中小学管理改革》，《中小学管理》2014 年第 11 期，第 10 页。
② 褚宏启：《自治与共治：教育治理背景下的中小学管理改革》，《中小学管理》2014 年第 11 期，第 17 页。
③ 褚宏启：《教育治理：以共治求善治》，《教育研究》2014 年第 10 期，第 10 页。

于哪些管理事务、在哪些管理环节上，具有哪些权利、权力、义务和职责，必须对这些有明确的界定。否则，必然导致管理的混乱，并带来治理的失败。[①] 因此，学校可通过完善集体决策制，健全师生参与、家长参与学校治理制度等，协调整合内部各主体间的关系，明确各主体的权责，实现学校共治工作有序、高效地开展。

总之，为了提升边疆民族地区教育治理水平，各学校当前亟须做的就是"从依附走向自主，从他治转到自治"，实现学校自治与内部分权共治，使其与政府平等对话，扩大其办学自主权，强化办学活力。

（二）推进依法治学

完善的学校管理制度是保证学校内部治理高效开展的条件之一。当前，边疆民族地区学校应在教育法律法规的指导下，结合本校实际制定相应的学校制度。具体而言，建立"一个章程，三种制度"。其中，"一个章程"是指建立一套具有指导意义和操作性强的学校章程，以目前边疆民族地区各校的教学、安全、收费等学校日常管理为核心内容，完善各种具体制度，实现有章可循、严谨治学；"三种制度"是指：一是建立学校民主管理制度，旨在通过定期召开校务公开专题会议等提升民主管理水平；二是建立家校联系制度，实现家长参与学校发展规范化，设立学校开放日，密切学校与家庭之间的联系；三是建立社会参与学校评价制度，定期向社会和利益相关者通报学校办学情况，邀请家长和所在地乡镇、村委、社区及人大代表、政协委员等参与学校评价。同时，对学校其他管理制度，如设备管理使用制度、财产管理制度和校务公开制度等进行补充修改。此外，学校还应对旧的、不合理的制度进行整合，根据当下教育理念和学校发展的实际情况创造性地设立新制度，从而规范学校内部各部门的职责，理顺学校内部关系。

法制是教育组织权力运营的有效保障，建立健全学校法制体系是增强学校自我管理能力的有效保障，也是教育治理现代化对学校治理改革的要

---

① 褚宏启：《自治与共治：教育治理背景下的中小学管理改革》，《中小学管理》2014 年第 11 期，第 17 页。

求之一。在完善学校制度的基础上，要推进学校依法治学。"大力推进依法治校"是《国家中长期教育改革和发展规划纲要（2010—2020年）》提出的明确要求。① 学校依法治学才能保证国家教育方针的贯彻执行；才能保证学校依据自身的内外环境和具体任务，独立自主地处理各种内部事务；才能保证学校的各种资源得到充分的开发和利用，提高办学的质量与效率。按照教育部《全面推进依法治校实施纲要》的要求，把法治作为解决校内矛盾和冲突的基本方式，建立并综合运用信访、调解、申诉、仲裁等各种争议解决机制，依法妥善地、便捷地处理学校内部各种利益纠纷。② 具体而言，学校要依据《中华人民共和国教育法》的规定，结合本校实际，尽快构建起以学校章程为核心的内部法制体系，为学校依法行政、合法履职提供强有力的法制保障。

总之，学校通过加强制度建设，逐步完善依法治校的内部机制，推动《义务教育学校管理标准》贯彻落实，从而明确学校办学责任和权力，实现依法治学，推动边疆民族地区学校现代化建设进程，提升本地区教育治理能力。

（三）推进校本管理

校本管理（school - based management）是20世纪80年代西方学校改革运动中出现的一种新的教育管理模式，在国外教育管理领域有着重要的影响。许多学校在这种新的管理理念的引导下，对学校的管理工作进行重大变革，取得了良好的效果。③ 边疆民族地区在推进教育治理的过程中，需要各校推进校本管理，提升学校治理能力。校本管理是指学校获得一定的自主办学权，能依照学校实际，自主分配各类教育资源，从而优化学校管理的一种管理模式。要推进学校的校本管理，应从以下几方面入手：一是提升校长的专业素质和管理能力。我国中小学实行校长负责制的管理模

① 李明舜：《推进依法治校需要防止的九种错误倾向》，《北京教育》2016年第3期，第36页。
② 李明舜：《推进依法治校需要防止的九种错误倾向》，《北京教育》2016年第3期，第37页。
③ 毛亚庆：《论校本管理理论》，《北京师范大学学报》（人文社会科学版）2002年第1期，第75页。

式，在学校管理过程中，校长拥有绝对的话语权。因此，校长自身素质和能力对学校的管理模式和管理风格有重大影响。作为领导，不能把自己仅仅混同于一个管理者，应该是未来组织目标的筹划者，塑造着组织成员的信念、价值和态度，发展他们未来选择的能力，[①] 为学校营造一种良好的氛围。二是建立学校董事会。建立学校董事会并确立其法律地位，是学校实施校本管理的制度保证。董事会作为学校的最高权力决策机构，有利于形成民主决策，体现集体领导，更好地运用办学自主权。[②] 从而保证学校执行权和管理权的分离，使校长与董事会互相监督制约，保障学校决策的公平与公正。

（四）构建校长、教师与学生联动发展机制

就学校内部治理而言，我国基础教育阶段实行的是校长负责制，是逐层向下的科级管理，校长拥有绝对的话语权。这样的治理机制，虽然便于统筹资源、规范管理，但也易造成权力的失控和滥用，损害教师和学生合法权益，导致学校发展的脆弱性和不可持续性。因此，通过建立和完善相关制度，构建校长、教师与学生联动发展机制，有利于完善学校内部治理结构。就校长而言，根据《义务教育学校校长专业标准》，建立《校长队伍管理制度》，对校长队伍定期开展培训，规范校长队伍的培养、选拔任用、轮岗交流、考核奖惩等工作，进一步提高边疆民族地区中小学学校长队伍的整体素质和管理水平，更好地适应社会发展对现代教育管理提出的新要求，逐步实现学校管理规范化、科学化、现代化，促进本地区教育改革和发展。就教师而言，建立《教师队伍管理制度》，规范对教师队伍的管理，依据《小学教师专业标准》《中学教师专业标准》等相关文件，严格开展教师招聘、晋级、交流、考核等各项工作。同时，持续开展多形式能力提升工程，如名师工作室等，调动一线教师教学教研积极性，构建促进教师专业发展的支持体系，通过高校研修、名校挂职、导师指导、课题研究等措施，有力提升教师队伍的专业能力素质。此外，学校管理者在学

---

① 毛亚庆：《论校本管理理论》，《北京师范大学学报》（人文社会科学版）2002 年第 1 期，第 79～80 页。

② 罗明东、陈瑶：《校本管理探究》，《云南师范大学学报》2001 年第 2 期，第 7 页。

校治理过程中，应问政于师，充分尊重教师创造精神；问计于师，充分发挥教师主体作用；问需于师，切实解决教师切身利益问题。就学生而言，主要做好以下五项工作：一是建立平等对待每位学生的管理制度，并根据国家规定，制定招生入学、均衡编班、控辍保学、随班就读等各项制度；二是完善学校课程体系，围绕促进学生全面发展这个核心目标，从文化环境、安全健康、德育工作、体育艺术、社会实践、课堂教学、发展评价等多方面入手，在严格落实国家课程标准的基础上，积极开发丰富多样的、适合学生身心成长并具备学校特色的校本课程，真正做到以学生发展为本；三是建立教学质量保障体系，根据学生的兴趣、动机和需求有针对性地开展教学，有效提升课堂教学效率和质量；四是健全学生减负机制，创新作业方式，避免以作业手段代替教学目的，加强日常管理，切实减轻学生过重的学业负担；五是建立学生综合素质评价体系，改变以往单纯以成绩为评价标准、忽略学生全面发展的现状，摆正教育治理应追求价值理性的目标。[①]

六　培育教育中介组织，发挥社会监督作用

在公共教育治理中，教育中介具有提供信息服务、提供决策咨询、推进政府教育职能转变、增强协调管理与监控、促进公众参与、实现教育善治等重要作用。边疆民族地区在教育治理实践进程中，过度依赖教育行政部门的力量，忽视教育中介组织的作用，制约其教育治理能力的提升。2010 年 5 月，《国家中长期教育改革和发展规划纲要（2010—2020 年）》明确指出："培育专业教育服务机构。完善教育中介组织的准入、资助、监管和行业自律制度。积极发挥行业协会、专业学会、基金会等各类社会组织在教育公共治理中的作用。"[②] 表明国家对各类教育中介组织参与教育治理的重视。何为教育中介组织？其称呼来自西方话语体系，又称为缓冲

① 赵朝辉：《碁域基础教育治理研究——山西省 X 市为例》，硕士学位论文，山西大学，2015，第 28～29 页。

② 李子彦：《教育中介组织参与公共教育治理：功用、困境及路径》，《黑龙江高教研究》2017 年第 3 期，第 44 页。

组织、中介团体、志愿组织、第三部门等，在我国有时称为民间组织或社会团体。① 关于教育中介组织，迄今没有一个统一的定义。陈文娇认为教育中介组织是按照一定的法律法规，遵循独立、公开、公平、公正的原则，在社会活动中发挥服务、沟通、评估、监督功能的社会组织。它既不是政府的派出机构，也不是具体的办学实体，而是介于政府与学校之间、学校与学校之间、学校与社会其他组织或个人之间的组织，是连接政府、市场、学校的桥梁和纽带。② 范履冰、曾龙认为教育中介组织是依据一定的法律法规成立，介于政府、学校和社会之间的，遵循公开、公平和独立的原则，参与各种教育活动、促进教育发展的公益性社会中介组织。③ 叶敏认为教育中介组织是按照一定法律或者根据政府委托建立的，介于政府、学校和市场之间，遵循独立、客观、公正的原则在教育活动中起到服务、协调、监督功能，促进教育发展的社会中介组织。④ 综合来看，教育中介组织是指在一定的法律法规的指导下，建立起来的具有服务、沟通、评估、监督功能的社会组织，是连接政府、市场、学校的桥梁和纽带。当前，边疆民族地区在教育治理过程中对教育中介组织的培育和发展不够重视，教育中介组织面临角色定位存在偏差、法制不健全、专业服务能力不强、缺乏社会沟通机制等问题，阻碍了教育中介在教育治理过程中发挥其应有的功用。要充分发挥教育中介组织在教育治理过程中的重要作用，提高边疆民族地区教育治理能力，需要从以下五个方面入手。

（一）明确政府部门与教育中介组织的关系

1994 年 7 月，《国务院关于〈中国教育改革和发展纲要〉的实施意见》正式提出："为保证政府职能的转变，使重大决策经过科学的研究和

---

① 冯芳：《教育中介组织发展的现实困境与出路》，《当代教育科学》2014 年第 21 期，第 27 页。

② 陈文娇：《我国教育中介组织失灵与治理之研究》，硕士学位论文，华中师范大学，2006，第 5 页。

③ 范履冰、曾龙：《论教育中介组织的角色和作用》，《国家教育行政学院学报》2011 年第 8 期，第 15 页。

④ 叶敏：《教育治理背景下中介组织发展的策略性思考》，《教育参考》2015 年第 6 期，第 23 页。

论证，要建立健全包括高等学校设置和学位咨询机构、教育评估机构在内的社会中介组织。"① 2003 年通过的《民办教育促进法》中规定："教育行政部门及有关部门依法对民办学校实行督导，促进提高办学质量；组织或者委托社会中介组织评估办学水平和教育质量，并将评估结果向社会公布。"② 阐述了政府与教育的关系，明确教育中介组织承接由政府转让部分社会管理职能。当前，我国现有的教育中介组织多为政府职能部门的延伸，不可避免地受到政府的监督、领导和管理，其独立主体地位难以真正得到确立。③ 而且对政府部门存在较强的依附性，导致其在教育实践的过程中过于偏重政府要求，忽视学校和社会的利益诉求。但是，教育中介组织在本质上是一个民主开放的教育共同体，它应以社会旨趣而非国家职能为基础，④ 这些教育中介组织越靠近政府，与其他社会主体的距离就越远。⑤ 因此，教育中介组织要明确其与政府部门的关系，保证自身独立性。具体而言，从以下方面入手。首先，政府部门正确看待教育中介组织的作用。政府对教育中介组织的态度在很大程度上影响着教育中介组织的发展。因此，作为政府，应当明确自己的权力界限，并合理让渡权力，将其主要职能放在公共教育的整体性规划与宏观调控上⑥，将部分权力转交给教育中介组织，尤其是将教育评估、考试、专业评议与咨询等专业领域的事项转交给教育中介组织。其次，赋予教育中介组织自主自治权。政府要赋予教育中介组织更多的自主自治权，鼓励教育中介组织根据发展的需要制定行业发展规则，并向政府部门提出制定修改和完善相关政策法规的合理建议，使其成为自主发展的主体，保障教育中介组织的独立性。⑦ 最后，

---

① 国务院：《国务院关于〈中国教育改革和发展纲要〉的实施意见》（国发〔1994〕39 号），1994 年 7 月 3 日。

② 全国人民代表大会常务委员会：《中华人民共和国民办教育促进法》，2013 年 9 月 1 日。

③ 叶敏：《教育治理背景下中介组织发展的策略性思考》，《教育参考》2015 年第 6 期，第 23 页。

④ 梁正瀚：《教育中介组织内部生态优化研究》，《当代教育科学》2014 年第 15 期，第 9 页。

⑤ 叶敏：《教育治理背景下中介组织发展的策略性思考》，《教育参考》2015 年第 6 期，第 24 页。

⑥ 叶敏：《教育治理背景下中介组织发展的策略性思考》，《教育参考》2015 年第 6 期，第 25 页。

⑦ 刘耀明：《教育中介组织发展的制度变革》，《教育发展研究》2012 年第 5 期，第 67 页。

政府与教育中介组织建立互惠合作关系。进一步完善政府购买服务制度，专业评估、认证和咨询等服务由教育中介组织以合同竞标方式获得。为此，政府必须完善竞争择优机制，对官办和民办教育中介组织一视同仁，刺激和督促各中介组织间的良性竞争，推动内涵式发展，提高服务质量，最终实现教育决策的针对性和科学性。①

（二）健全教育中介组织参与教育治理的制度供给

制度的建立和完善，不仅仅在于构建静态的框架系统，更应根据社会变化和组织发展而不断修订，适应新形势新任务的要求，加快教育中介组织的发展进程。② 当前，我国尚未拥有完备的关于教育中介组织的制度规定。关于教育中介组织的规定，更多的是散见于《教育法》《民办教育促进法》《国家中长期教育改革和发展规划纲要（2010—2020 年）》等相关法律政策中。因此，政府要重视相关法律法规的制定，增加制度供给，保障教育中介组织在教育治理过程中发挥相应的作用。具体来说，应从以下几方面入手：首先，简化审批制度。针对目前教育中介组织的成立，需经过教育主管部门的核准同意及民政部门的审批登记，所以有必要将双重管理制度转变为民政部门负责的统一管理制度③，进而减少审批事项，简化审批程序，提高审批效率。其次，完善法律救助体系。当前，我国法律尚缺乏对教育中介组织法定救济途径的规定④，政府部门要通过立法为教育中介组织提供行政复议、行政诉讼等法定保护和救济途径。最后，建立基于绩效的分类激励机制。政府部门要采取政策措施鼓励教育中介组织服务学校、服务社会。⑤对于一些做得较好的教育中介组织，给予相应的补贴和奖励。

---

① 叶敏：《教育治理背景下中介组织发展的策略性思考》，《教育参考》2015 年第 6 期，第 26 页。

② 叶敏：《教育治理背景下中介组织发展的策略性思考》，《教育参考》2015 年第 6 期，第 25 页。

③ 张杰：《我国教育中介组织发展的政策环境析论》，《教育理论与实践》2014 年第 4 期，第 29 页。

④ 周光礼：《论教育中介组织的法律地位》，《高等工程教育研究》2006 年第 5 期，第 50 页。

⑤ 张杰：《教育治理视域下教育中介组织的角色定位》，《教育理论与实践》2015 年第 34 期，第 23 页。

（三）提高教育中介组织专业服务能力

专业化、高水平的服务是教育中介组织的安身立命之本。[①] 教育中介组织一是明确自身优势，找准发展方向，从而在相关专业领域有所作为。二是重视专业研究。教育中介组织作为连结政府、学校、市场三者间的纽带，需要其创造性发挥相应作用，而非执行一些简单的教育公共事务。教育中介组织要加强对教育发展的理论研究，深化对教育服务市场的认识，掌握运用相关的技术和方法，从而提高教育中介服务的效度和信度，形成教育中介组织的核心竞争力。[②] 三是积极开拓服务空间。教育中介组织应充分发挥其独立性，积极主动寻求与政府、学校合作。一方面为政府、学校排忧解难，另一方面，提高自己的社会影响力。四是要建立完备的人员聘用制度。建立和引入竞争机制、激励机制和人才流动机制，充分调动员工的积极性，形成年龄层次合理、学历水平高的格局，培养一批既有先进的公共管理理念又熟悉教育业务的专业性人才。[③] 五是加强行业信用机制建设。深化教育中介组织内部改革，建立行业内人员信用等级制度。加强职业道德建设，建立自我约束、自我发展、自我完善的自律机制，同时要建立起相应的外部管理监督机制。[④] 此外，积极吸纳学校、教师、学生、家长等多元社会主体对其进行评估监督，实现"他律"和"自律"的有机结合，以此提升教育中介组织的信用度和服务水准。

（四）完善教育中介组织的社会沟通机制

在教育治理背景下，教育中介组织在响应政府号召、关注基层学校发展之外，更应关注社会公众利益诉求。一个良好的社会沟通机制是教育中介组织发挥其角色作用的必备条件。[⑤] 要完善教育中介组织的社会共同机

[①] 张杰：《教育治理视域下教育中介组织的角色定位》，《教育理论与实践》2015 年第 34 期，第 23 页。

[②] 张杰：《教育治理视域下教育中介组织的角色定位》，《教育理论与实践》2015 年第 34 期，第 23 页。

[③] 叶敏：《教育治理背景下中介组织发展的策略性思考》，《教育参考》2015 年第 6 期，第 26 页。

[④] 肖云：《论政府对教育中介组织的管理》，《现代教育科学》2004 年第 9 期，第 82 页。

[⑤] 张杰：《教育治理视域下教育中介组织的角色定位》，《教育理论与实践》2015 年第 34 期，第 24 页。

制，应做到以下几点：一是建立健全信息交流机制。教育中介组织要关注一些存在较多争议的教育热点、难点问题，并从专业角度出发，给出相对客观的、公正的回应，从而引导社会大众对该类现象有更深层次的认识。同时，将民众关注的教育问题收集、整理、分析，及时反馈给政府相关部门和学校，并制定相应的解决方案。二是建立业务活动公开制度。教育中介组织要通过新闻媒体、人脉关系等多种渠道进行相关活动宣传，让社会成员了解其机构设置、业务范围、人员配备、工作计划等，充分发挥其社会影响力。

（五）充分发挥社会监督作用

调研发现，边疆民族地区学校和社会的联系并不紧密，主要表现为学校和家长之间的联系。多数学校成立了家长委员会，但在通常情况下，家长委员会形同虚设，没有发挥其真正作用。可以看出，在边疆民族地区教育治理过程中，社会参与、监督教育力度不够。社会力量的介入，不仅是学校从封闭式管理走向开放式治理的催化剂，也是基础教育治理主体多元化、治理过程互动化的题中之义。同时，也是实现基础教育治理目标、推进基础教育治理现代化的重要力量。[1] 因此，提升边疆民族地区的教育治理能力，需要明确社会是教育治理主体之一，应发挥其监督作用，从而使教育治理过程更具开放性、更加民主化。阳光公开是最好的防腐剂，社会监督本就是国家治理体系和治理能力现代化的题中之义，这在基础教育领域中同样适用。借鉴政府权力清单制度，在学校中也要推行该制度，通过信息的及时公开，让社会各界在公开中实现对学校的监督。[2] 为此，应从以下几方面入手：首先，政府部门和学校要摆正心态，主动公开教育经费预算、课程设置等相关教育事务信息，主动让社会参与了解；其次，吸纳社会公众参与教育决策，尤其是教育部门在出台相关教育政策制度之前，向广大群众征询意见，在考虑群众需求的基础上进行修改制定；最后，学

---

① 王定华：《推进基础教育治理体系和治理能力现代化》，《基础教育参考》2014 年第 15 期，第 7 页。
② 袁贵仁：《加快推进教育治理体系和治理能力现代化的重点任务》，《理论参考》2014 年第 8 期，第 7 页。

校要将教育结果公开，侧重将社会各界关注的结果诸如教育质量评估标准、教育治理测评结果、学校的办学条件及时向社会公布①，及时回应广大社会群众提出的问题，树立其良好形象。总之，发挥社会监督作用，让社会参与教育治理进程，为教育治理提供智力支持和反馈意见，推进教育治理的科学化和理性化。②

七　重视学习提升，强化教育管理者治理能力建设

对教育治理能力的界定有三种取向，分别是治理主体的能力、制度能力和治理的主体与客体这三个角度。研究者对治理能力的内涵界定，通常表现为：一种是将治理能力解释为治理主体的能力。持这种观点的研究者们认为，由于治理主体具有多元性，而治理能力是反映治理主体的整体能力，所以治理主体的能力也是多元的，包括政府、社会以及个体的能力。另一种是将治理能力理解为制度能力。江必新认为，国家治理能力是运用国家制度来治理国家和社会各方面事务的能力。③ 徐桂庭认为，"治理能力就是某组织运用制度或机制管理组织各方面事务的能力，即制度执行力。有了好的治理体系才能提高治理能力，提高治理能力才能充分发挥治理体系的效能，治理能力提升的关键环节是人的素质，特别是人的思想道德素质和科学文化素质"。④ 此外，还有研究者从主体客体的角度来界定教育治理能力。陈金芳和万作芳结合上述治理主体的能力和制度执行的能力，侧重于研究教育治理的过程性，认为教育治理能力包括三个主要构成要素：理解能力、执行能力和创新能力。理解能力指对于代表大多数人利益的教育价值观的认同与维护；执行能力指教育治理体系的制度形成能力、制度

---

① 赵朝辉：《碁域基础教育治理研究——山西省 X 市为例》，硕士学位论文，山西大学，2015，第 30 页。
② 赵朝辉：《碁域基础教育治理研究——山西省 X 市为例》，硕士学位论文，山西大学，2015，第 31 页。
③ 江必新：《国家治理现代化基本问题研究》，《中南大学学报》2014 年第 3 期，第 139 页。
④ 徐桂庭：《关于职业学校治理体系与治理能力建设的若干思考》，《中国职业技术教育》2014 年第 21 期，第 167 页。

实施能力、制度调适能力等；创新能力指制度学习能力与制度创新能力。① 董辉和杜洁云认为教育治理能力可以理解为参与治理的主体在教育治理实践的过程中，应具备的各项专业能力与合作共事的能力。② 综合而言，教育治理能力可以理解为教育治理主体在参与教育公共事务过程中，表现出来的解决相关教育问题的能力。

调研发现，要强化边疆民族地区各级教育管理者的教育治理能力，最主要的途径是进行教育管理学习提升。本研究主要从教育政策方面，探讨其学习提升途径。首先，要加强教育政策学习的深度。教育政策在教育治理过程中具有重要地位。但当前，人们对它的含义尚无统一的界定。吴志宏、陈韶峰等认为教育政策是政府在一定时期为实现一定的教育目的而制定的关于教育事务的行动准则。③ 孙绵涛等认为教育政策是一种有目的、有组织的动态发展过程，是政党、政府等政治实体在一定历史时期，为了实现一定的教育目标和任务而协调教育内外关系所规定的行动依据和准则。④ 张乐天认为，教育政策是一个政党和国家为实现一定历史时期的教育发展目标和任务，依据党和国家在一定历史时期的基本任务、基本方针而制定的关于教育的行动准则。⑤ 综合而言，教育政策是由党和国家在一定时期为实现一定的教育目标而制定的一套行为准则或规范。各级教育管理者必须在政策范围内治理教育事务，因此需要准确把握教育政策。虽然边疆民族地区对各级教育管理者开展教育政策培训学习活动，但是关于教育政策学习不够深入，学习效果不明显。要加强教育政策学习深度，需要从以下几方面入手：一是给予充分的学习时间。足够的学习时间是保障学习效果的必要因素。要合理安排学习时间，与行政事务忙碌时间错开，以保障各级教育管理者有足够的学习时间。二是丰富教育政策学习的途径和

① 陈金芳、万作芳：《教育治理体系与治理能力现代化的几点思考》，《教育研究》2016 年定 10 期，第 27 页。
② 董辉、杜洁云：《对教育治理及其体系与能力建设的认识与构想》，《教育发展研究》2015 年第 8 期，第 42 页。
③ 吴志宏、陈韶峰、汤林春：《教育政策与教育法规》，华东师范大学出版社，2003，第 4 页。
④ 孙绵涛等：《教育政策论——具有中国特色的社会主义教育政策研究》，华中师范大学出版社，2002，第 11 页。
⑤ 张乐天：《教育政策法规的理论与实践》，华东师范大学出版社，2002，第 20 页。

方式。教育政策学习是一个持续性的学习过程。在政策学习过程中，充分
采用离岗进修、访学、外出考察参观等培训方式，调动各级教育管理者的
学习积极性。而且要及时整合政策文件，强化政策执行效度。各县市政府
部门可组织开展政策文件清理工作，将那些适用期限已过、适用对象消失
或是被其他政策文件所替代的政策，以及自动失效的政策文件整理出来并
清除，并反思出现这一现象的原因，这对以后政府科学行政有一定启示作
用。同时，保持其政策连续性并不意味着要制定大量的相关政策，一项具
有长效机制的政策比大量低效的政策文件更具有执行效度。因此，在制定
政策时，要有一定的前瞻性、针对性、可操作性等，明确规定政策执行的
监督、评估等措施。当政策效用时间已过，或是因政策环境发生变化，需
要出台新的相关政策时，后继政策可以对先前的政策进行废止说明。例
如，2008 年 11 月 2 日，浙江省人民政府《关于进一步加强和改进进城务
工人员子女教育工作的意见》（浙政发〔2008〕69 号文件），该文件的最
后一句话是："《浙江省人民政府办公厅关于进一步做好流动儿童少年义务
教育工作的意见》（浙政发〔2004〕109 号）同时废止。"① 这种废止，不
仅有利于政策文件的清理，而且对政府科学行政具有一定的鞭策作用。政
府在制定政策文件时要做长远打算，而不是出台一系列具有救急性的短期
政策，应提高各级教育管理者对于政策制定的前瞻性及其政策执行效度。

---

① 贺武华：《中国教育政策过程本土化研究》，中国社会科学出版社，2015，第 7 页。

后 记

　　本书系李慧勤研究员主持的国家社科基金项目"边疆多民族地区教育治理能力现代化研究"的成果。课题由李慧勤、李孝轩策划、统筹调研。课题组查阅了大量文献，并深入云南、贵州、广西、新疆、西藏等地调研。参与撰稿的人员有蒋小杰、王艳玲、李鹏、周家荣、陈顺、方泽强等。全书由李慧勤、李孝轩、陈顺统稿。

　　感谢甘肃省、青海省、贵州省、新疆维吾尔自治区、广西壮族自治区、西藏自治区等省区教育厅、教育科学研究院（所）等相关部门的大力支持，感谢课题组成员的辛勤付出。感谢中国人民大学秦惠民教授等，他们指导并参与了调研。

　　感谢云南省社会科学界联合会的充分认可，给予出版资助。

　　时间仓促，对于书中的错漏恳请读者不吝赐教。我们将虚心学习，在今后的研究中加以改进。

课题组

2019 年 10 月

图书在版编目（CIP）数据

教育治理能力现代化：基于民族地区的调研 / 李慧
勤，李孝轩著 . --北京：社会科学文献出版社，2019. 11
（云南省哲学社会科学创新团队成果文库）
ISBN 978 - 7 - 5201 - 4486 - 5

Ⅰ. ①教…　Ⅱ. ①李…　②李…　Ⅲ. ①民族地区 - 教
育管理 - 研究 - 中国　Ⅳ. ①G527

中国版本图书馆 CIP 数据核字（2019）第 047421 号

·云南省哲学社会科学创新团队成果文库·

教育治理能力现代化：基于民族地区的调研

著　　者 / 李慧勤　李孝轩

出 版 人 / 谢寿光
组稿编辑 / 宋月华　袁卫华
责任编辑 / 孙以年

出　　版 / 社会科学文献出版社·人文分社（010）59367215
　　　　　　地址：北京市北三环中路甲 29 号院华龙大厦　邮编：100029
　　　　　　网址：www. ssap. com. cn
发　　行 / 市场营销中心（010）59367081　59367083
印　　装 / 三河市东方印刷有限公司

规　　格 / 开 本：787mm × 1092mm　1/16
　　　　　　印 张：14.25　字 数：226 千字
版　　次 / 2019 年 11 月第 1 版　2019 年 11 月第 1 次印刷
书　　号 / ISBN 978 - 7 - 5201 - 4486 - 5
定　　价 / 148.00 元

本书如有印装质量问题，请与读者服务中心（010 - 59367028）联系

▲ 版权所有 翻印必究